2025 최신개정판

LOGIN

세무회계 2급
기출문제집

김영철 지음

도서출판
어울림
www.aubook.co.kr

머리말

회계는 매우 논리적인 학문이고, 세법은 회계보다 상대적으로 비논리적이나, 세법이 달성하고자 하는 목적이 있으므로 **세법의 이면에 있는 법의 취지를 이해하셔야 합니다.**

회계와 세법을 매우 잘하시려면
왜(WHY) 저렇게 처리할까? 계속 의문을 가지세요!!!
1. 회계는 이해하실려고 노력하세요.
2. 세법은 법의 제정 취지를 이해하십시오.
3. 이해가 안되시면 동료들과 전문가에게 계속 질문하십시오.

회계를 잘하시는 분이 세무회계도 잘합니다. 세무회계도 회계입니다.
특히 법인세는 회계이론이 정립된 상태에서 공부하셔야 합니다. 법인세는 세무회계의 핵심입니다. 법인세는 회계나 마찬가지입니다. 법인세는 세법의 꽃입니다. 법인세를 모르면 세법을 안다고 할 수 없을 정도로 우리나라의 가장 중요한 세법입니다.
또한 부가가치세법과 소득세법도 회계에서 나왔을 정도로 회계는 세법의 뿌리입니다. 마냥 암기하는게 세무회계가 아닙니다. 회계라고 생각하시면서 공부하시면 됩니다.
세법은 우리들의 실생활과 밀접한 관계가 있습니다. 그리고 세법은 매년 변경됩니다. 이러한 변경은 수험생들에게 짜증날 정도입니다. 그러나 **큰 틀에서 세법은 똑같습니다. 뼈대를 공부하십시오.** 지엽적인 것에 너무 깊게 공부하지 마시고, 큰 흐름에서 세법의 흐름을 이해하십시오.
마지막으로 기출문제를 80분안에 푸는 연습을 하시면 세무회계2급 자격증을 취득함으로서 여러분들은 세법의 전문가가 되는 것입니다.

회계와 세법은 여러분 자신과의 싸움입니다. 자신을 이기십시요!!!

마지막으로 이 책 출간을 마무리해 주신 도서출판 어울림 임직원에게 감사의 말을 드립니다.

2025년 2월
김 영 철

합격수기

DAUM카페 "로그인과 함께하는 전산회계/전산세무"에 있는 <u>수험생들의
공부방법과 좌절과 고통을 이겨내면서 합격하신 경험담을 같이 나누고자 합니다.</u>
아래 장한수님은 2017년 54회 세무사시험에 합격하였습니다.

세무회계 2급 합격했습니다. 올 한해 모두들 수고 많으셨습니다★

장한수님

안녕하세요. 오늘 세무회계 2급과 함께 올해 자격증 취득 일정은 모두 종료 되었습니다.

제가 비록 컴퓨터 OA 강사 7년차였지만 회계, 세법은 고등학교때 상업을 배웠던 것이 전부였을 정도로 기초 지식이 전혀 없었습니다.

하지만 저의 강의 영역을 넓히고 궁극적으로 더 밝은 미래를 개척해 나가야겠다는 생각에 크게 마음먹고 공부를 시작했었습니다.

올해 딱 30세인데 지금 잘 준비해서 40세가 되기 전까지 조금 더 확실한 기반을 다져놓자고 굳게 마음 먹고 일과 공부를 병행했는데 사실 정말 쉽지 않았었습니다.

그런 와중에 **로그인 교재와 카페를 알게 되었고 많은 힘이 되었습니다.**

그리고 **기왕 공부를 시작한 김에 저도 세무사님처럼 훌륭한 세무전문인이 되고 싶습니다.**

요 근래 제가 카페에 자주 들리지 못했던 것은 올해부터 방송통신대학교 교육학과 3학년에 편입하는 바람에 기말고사와 세무회계 2급 시험 일정이 겹쳤었기 때문이었습니다.

지금 생각해보면 세법과 회계 공부를 하기로 했다면 경영학과로 편입을 했어야 했는데...애초 목표가 회계 공부가 아닌 교육대학원에 가서 정교사 2급 자격증을 취득하고 직업훈련교사 3급까지 취득하는거였기 때문에 교육학과로 학사편입을 했었습니다. 즉 겨울에 편입을 먼저 하고 회계 공부를 하기로 마음 먹은것이 봄이였기 때문에 어긋나 버렸죠^^

지금 두 개 분야 공부를 일과 병행하는게 머리가 터져 버릴 정도로 벅차고 힘들지만 오늘 세무회계 2급 발표까지 끝나고 나니 이제서야 안도의 한숨을 쉬며 보람을 느끼고 있습니다.

올해 방송통신대는 운이 너무 좋아서 전액 장학금을 받았고 덕분에 책 값만 내고 3학년을 마치게 되었는데 이번 기말고사 성적도 공부한거에 비해 꾀 괜찮게 나와서 내년 1학기까지도 책 값만 내면 될것 같습니다^^

제가 로그인 카페에 저의 모든 상황을 이야기하는건 자랑을 하거나 위로를 받으려는게 아닙니다. **다른 회원님들도 아무리 상황이 어렵고 힘들더라도 꿈을 위해 노력하고 절대 포기하지 마시라고 말씀드리고 싶어서입니다.**
근데 저처럼 너무 독하게는 하지 마세요~ 지나치게 몸을 혹사하면 건강에 해로울수도 있습니다^^ 사실 저도 건강에 이상신호가 생겼던 적이 몇번 있었는데 가끔씩 운동 좀 하고 5층에 살면서 엘레베이터 안탄지도 거의 1년이 되어갑니다 ㅎㅎ

그리고 가끔 저한테 원래 똑똑하고 공부잘하지 않았냐고 물어보시는 분들 있는데 전혀 아닙니다. **IQ가 높은 것도 아니고 학교 다닐때 공부를 잘했던것도 아니였습니다. 단, 굳건한 의지와 끈기는 누구에게도 뒤지지 않았습니다. 이것이 가장 큰 무기였던것 같습니다.**

<u>**세무회계 2급 시험을 보고 느낀 점은 확실히 전산세무 1급보다 세무회계에 있어서는 더 깊이 있는 이론을 다루는것 같았습니다.**</u>

국세기본법 같은 경우는 조금 어려운 내용들도 있었는데 결국 법의 취지를 이해하는 것이 고득점이 지름길이요, 오래 기억하는 유일한 방법인것 같습니다. 로그인 교재로 공부하면서 기출문제좀 풀어보면 합격은 큰 문제가 없을것 같습니다. 그리고 세무회계 2급을 합격할 정도면 어느 정도 세법 이론이 뒷받침 되는 것이니 전산세무 자격증 취득에도 큰 도움이 될 것입니다.

전산회계 1,2급 → 전산세무 2급 → 회계관리 1,2급 → 전산세무 1급 → FAT 1급 → 직업상담사 2급 → TAT 1급 → 세무회계 2급까지 취득하면서 전산세무 1급이 가장 애착이 갑니다 ☆

이제 내년엔 토익 700점 만들기를 최우선 과제로 삼고 재경관리사, ERP 회계 1급, 전산회계운용사 1급, 기업회계 1급, 세무회계 1급, IFRS 관리사 취득을 목표로 설정하였습니다.

이미 중급회계, 세무회계, 원가관리회계 책을 구해서 공부 하고 있는데 정말 만만치 않네요^^ 세무사 시험 레벨과 거의 흡사하다는 세무회계 1급과 IFRS 관리사가 가장 큰 벽이 될것 같은데 한 번 도전해보겠습니다. 그리고 다른 분들이 로그인 교재를 보고 합격하는데 제가 조금이나마 도움이 될 수 있도록 노력해보겠습니다. 모두들 올 한해 마무리 잘하시고 열공하시느라 수고하셨습니다. 마지막으로 세무사님, 카페 주인장님,
　나머지 모든 회원님들 감사합니다★

- 장한수 올림 -

다음(Daum)카페 **"로그인과 함께하는 전산회계/전산세무"**
1. 오류수정표 및 추가 반영사항
2. Q/A게시판

로그인카페

NAVER 블로그 **"로그인 전산회계/전산세무/AT"**
1. 오류수정표 및 추가반영사항
2. 개정세법 외

[로그인 시리즈]			
전기	당기	차기	차차기
20x0	**20x1**	20x2	20x2
2024	**2025**	2026	2027

[2025년 세무회계 자격시험(국가공인) 일정공고]

1. 시험일자

회차	종목 및 등급	원서접수	시험일자	합격자발표
115회		01.02~01.08	02.09(일)	02.27(목)
116회		03.06~03.12	04.05(토)	04.24(목)
117회		05.02~05.08	06.07(토)	06.26(목)
118회	세무회계1,2,3급	07.03~07.09	08.02(토)	08.21(목)
119회		08.28~09.03	09.28(일)	10.23(목)
120회		10.30~11.05	12.06(토)	12.24(수)
121회		**2026년 2월 시험예정(2025년 세법기준으로 출제)**		

2. 시험종목 및 평가범위

세무회계 2급 (80분)	• 세법1부 : 법인세법, 부가가치세법	각각 객관식 25문항
	• 세법2부 : 국세기본법, 소득세법(조세특례제한법 원천징수사항 포함)	

3. 시험방법 및 합격자 결정기준

1) 시험방법 : 객관식(4지 선다형) 필기시험으로 함.
2) 응시자격 : 제한없음(**신분증 미소지자는 응시할 수 없음**)
3) 합격자 결정기준 : 세법 1,2부로 구분하여 각 부가 40점 이상 & 합산 120점 이상

4. 원서접수 및 합격자 발표

1) 접수기간 : 각 회별 원서접수기간내 접수
   (수험원서 접수 첫날 00시부터 원서접수 마지막 날 18시까지)
2) 접수 및 합격자발표 : 자격시험사이트(http://www.license.kacpta.or.kr)

차 례

Ⅰ. 기출문제

2024년 5회분과 2023년 ~ 2021년 시행된 기출문제 중 합격율이 낮은 10회분 수록

이전 시험은 세법 1부,2부 각각 객관식 25문항, 주관식 5문항으로 출제되었습니다.

I. 기출문제

세법 1부, 2부 각각 **객관식 25문항만 출제**됩니다.
세법 2부에서 조세특례제한법 중 **소득세 원천징수 관련 문제**만 나옵니다.

20**년 **월 **일 시행
제**회 세무회계자격시험

A형

종목 및 등급 :

세무회계2급

제한시간 : 80분

페이지수 : 10p

수험번호 : _____

성   명 : _____

▶시험시작 전 문제를 풀지 말것◀

♣ 수험준비요령

① 시험지가 본인이 응시한 종목인지, 페이지수가 맞는지를 확인합니다.

　 종목과 페이지를 확인하지 않은 것에 대한 책임은 수험자에게 있습니다.

② OMR카드에는 반드시 컴퓨터싸인펜을 사용하여야 하며, 수험번호, 주민등록번호,

　 성명, 응시종목/급수, 문제유형 란에 정확히 마킹하십시오.

③ 컴퓨터싸인펜 외에 다른 필기구를 사용하거나 다른 수험정보 및 중복 마킹으로

　 인한 채점누락 등의 책임과 불이익은 수험자 본인에게 있습니다.

④ 시험을 마친 OMR답안카드는 감독관확인을 받은 후 제출하십시오.

제114회 세무회계2급

합격율	시험년월
31%	2024.12

세법1부 법인세법, 부가가치세법

객관식 문항 당 4점

01. 다음 중 법인세법에 대한 설명으로 가장 옳지 않은 것은?

① 외국법인이란 외국의 법률에 따라 설립된 법인을 말한다.

② 주무관청의 인가를 받아 설립한 사단으로서 등기되지 않은 단체도 법인세 납세의무를 진다.

③ 외국의 정부·지방자치단체는 비영리외국법인으로서 법인세 납세의무를 진다.

④ 영리 아닌 사업을 목적으로 설립된 비영리내국법인이라 하더라도 수익사업에서 발생하는 소득에 대한 납세의무를 진다.

02. 다음 중 법인세법상 결산서에 계상하지 않은 경우로서 추후 경정청구가 가능한 것은?

① 파손·부패 등의 사유로 정상가액으로 판매할 수 없는 재고자산평가손

② 생산설비의 폐기손

③ 주식을 발행한 법인이 파산한 경우 주식평가손

④ 상법에 따른 소멸시효가 완성된 외상매출금

03. 다음 중 법인세법상 반드시 기타사외유출로 처분하지 않는 것은?

① 임대보증금 등의 간주익금

② 기업업무추진비의 한도초과액

③ 업무용승용차 처분손실 중 한도초과액

④ 대손충당금 한도초과액

04. 다음 중 법인세법상 세금과 공과금에 대한 설명으로 가장 옳지 않은 것은?

① 각 세법에 규정된 의무 불이행으로 인하여 납부하였거나 납부할 세액(가산세를 포함)은 손금에 산입하지 아니한다.

② 비영업용 소형자동차의 구입 · 임차 · 유지관리에 관한 매입세액은 손금에 산입하지 아니한다.

③ 과태료(과료와 과태금을 포함)는 손금에 산입하지 아니한다.

④ 가산금 및 강제징수비는 손금에 산입하지 아니한다.

05. 다음 중 법인세법상 손금불산입 항목에 해당하지 않는 것은?

① 업무무관자산을 취득 · 관리함으로써 생기는 비용

② 법인세 공제세액에 대한 농어촌특별세

③ 소액주주 임원에 대한 사택 유지비

④ 주식할인발행차금

06. 다음 중 법인세법상 지출증명서류에 해당하지 않는 것은?

① 신용카드 매출전표   ② 현금영수증

③ 세금계산서   ④ 계약서

07. 다음 중 법인세법상의 기부금에 대한 설명으로 옳지 않은 것은?

① 기부금은 그 지출한 날이 속하는 사업연도에 귀속한다.

② 기부금이란 내국법인이 사업과 직접적인 관계없이 무상으로 지출하는 금액을 말한다.

③ 특례기부금을 금전 외의 자산으로 제공한 경우 장부가액과 시가 중 큰 금액으로 한다.

④ 당해연도에 발생한 기부금과 이월기부금이 있는 경우 발생순서가 오래된 기부금부터 먼저 공제한다.

08. 다음 중 법인세법상 퇴직급여가 손금불산입 되는 경우는?

① 법인의 직원이 해당 법인의 임원으로 취임한 때

② 법인의 임직원이 그 법인의 조직변경에 의하여 퇴직한 때

③ 법인의 임원이 연임된 경우

④ 「근로자퇴직급여 보장법」에 따라 퇴직급여를 중간정산하여 임원에게 지급한 때

09. 다음 중 법인세법상 자산·부채의 평가에 대한 설명으로 옳지 않은 것은?

① 「보험업법」이나 그 밖의 법률에 따른 유형자산 및 무형자산 등의 평가(장부가액을 감액한 경우만 해당) 시에는 평가 후의 금액을 법인세법에서 인정한다.

② 유형자산으로서 천재지변·화재 등의 사유로 파손되거나 멸실된 것은 그 장부가액을 감액할 수 있다.

③ 재고자산으로서 파손·부패 등의 사유로 정상가격으로 판매할 수 없는 것은 그 장부가액을 감액할 수 있다.

④ 가상자산은 선입선출법에 따라 평가해야 한다.

10. 다음 중 법인세법상 손비로 계상한 수선비를 감가상각자산의 자본적 지출로 보지 않는 것은?

① 개별자산별로 600만원 미만으로 지출한 수선비

② 빌딩 등에 있어서 피난시설 등의 설치

③ 재해 등으로 인하여 멸실 또는 훼손되어 본래의 용도에 이용할 가치가 없는 건축물·기계·설비 등의 복구

④ 본래의 용도를 변경하기 위한 개조

11. 다음 중 법인세법상 세액공제에 대한 설명으로 옳지 않은 것은?

① 법인이 재해로 인하여 자산총액의 30% 이상을 상실하여 납세가 곤란하다고 인정되는 경우 재해손실세액공제가 적용된다.

② 재해손실세액공제 계산 중 타인 소유의 자산으로서 상실로 인한 변상책임이 법인에게 있는 것은 상실된 자산가액에 포함한다.

③ 사실과 다른 회계처리로 인한 경정에 따른 세액공제는 이월공제가 가능하다.

④ 외국납부세액공제는 국외원천소득에 대한 이중과세를 조정하기 위한 제도이다.

12. 다음 중 법인세법상 과세표준의 신고에 대한 설명으로 옳지 않은 것은?

① 성실신고 확인대상 내국법인이 성실신고확인서를 제출하는 경우에는 각 사업연도 종료일이 속하는 달의 말일부터 4개월 이내에 과세표준과 세액을 신고하여야 한다.

② 내국법인으로서 각 사업연도의 소득금액이 없거나 결손금이 있는 법인의 경우에도 과세표준과 세액을 신고하여야 한다.

③ 관할지방국세청장은 신고서 또는 그 밖의 서류에 미비한 점이 있거나 오류가 있을 때는 신고기한을 연장할 수 있다.

④ 과세표준 신고 시 세무조정계산서를 첨부하지 아니한 경우 무신고로 본다.

13. 다음 중 법인세법상 가산세에 대한 설명으로 가장 옳지 않은 것은?

① 업무용승용차 관련비용 명세서를 제출하지 아니한 경우 : 업무용승용차 관련비용 등으로 손금에 산입한 금액의 100분 1

② 주주 등의 명세서를 제출하지 아니한 경우 : 주식 등의 액면금액 또는 출자가액의 1천분의 5

③ 성실신고 확인대상 법인이 성실신고확인서를 제출하지 아니한 경우 : 수입금액의 1만분의 20

④ 증명서류 수취 불성실 가산세 : 증명서류를 받지 아니한 금액의 100분의 2

14. 다음 중 부가가치세법에 대한 설명으로 옳지 않은 것은?

① 수익사업을 하지 않는 비영리법인은 사업자에 해당하지 아니한다.

② 재화를 수입하는 자는 부가가치세를 납부할 의무가 있다.

③ 사업자가 재화의 공급 시 부가가치세를 거래징수하지 못한 경우에도 부가가치세를 납부할 의무가 있다.

④ 법인격 없는 사단·재단도 부가가치세를 납부할 의무가 있다.

15. 다음 중 부가가치세법상 사업장에 대한 설명으로 옳지 않은 것은?

① 부동산매매업을 영위하는 개인은 업무를 총괄하는 장소를 사업장으로 한다.

② 사업자가 사업장을 두지 아니하면 사업자의 주소 또는 거소를 사업장으로 한다.

③ 재화를 보관하고 관리할 수 있는 시설만 갖춘 장소로서 하치장으로 신고된 장소는 사업장으로 본다.

④ 재화를 수입하는 자의 부가가치세 납세지는 「관세법」에 따라 수입을 신고하는 세관의 소재지로 한다.

16. 다음 중 부가가치세법상 재화의 공급에 해당하지 않는 것은?

① 상표권의 양도　　　　　　　　　② 상품권의 양도

③ 건물의 현물출자　　　　　　　　④ 전기의 공급

17. 다음 중 부가가치세법상 사업자단위과세에 대한 설명으로 옳지 않은 것은?

① 사업자단위로 등록신청을 한 경우에는 사업자단위과세 적용 사업장에 한 개의 등록번호를 부여한다.

② 사업장 단위로 등록한 사업자가 사업자단위과세 사업자로 변경하려면 사업자단위과세 사업자로 적용받으려는 과세기간 개시 20일 전까지 사업자의 본점 또는 주사무소 관할 세무서장에게 변경등록을 신청하여야 한다.

③ 사업자 단위로 등록하는 법인사업자는 지점 관할세무서장에게 등록을 신청할 수 있다.

④ 사업자단위과세 사업자가 각 사업장별로 신고·납부하려는 경우에는 그 납부하려는 과세기간 개시 20일 전에 사업자단위과세 포기신고서를 사업자단위과세 적용 사업장 관할 세무서장에게 제출하여야 한다.

18. 다음 중 부가가치세법상 용역의 공급시기에 대한 설명으로 옳지 않은 것은?

① 장기할부조건부로 용역을 공급하는 경우 : 대가의 각 부분을 받기로 한 때

② 공급단위를 구획할 수 없는 용역을 계속적으로 공급하는 경우 : 대가의 각 부분을 받기로 한 때

③ 사업자가 폐업 전에 공급한 용역의 공급시기가 폐업일 이후에 도래하는 경우 : 폐업일

④ 부동산 임대용역을 공급하는 경우에 임대보증금에 대한 간주임대료가 발생한 경우 : 역무의 제공이 완료되고 그 공급가액이 확정되는 때

19. 다음 중 부가가치세법상 영세율에 대한 설명으로 옳지 않은 것은?

① 국외에서 공급하는 용역에 대해서는 영세율을 적용한다.

② 수출하는 물품에 대해서는 영세율을 포기할 수 있다.

③ 영세율은 비거주자 또는 외국법인에 대해서는 상호주의를 적용한다.

④ 부가가치세 신고 시 영세율첨부서류를 제출하지 않는 경우 가산세가 부과된다.

20. 다음 중 부가가치세법상 과세표준에 포함되는 것은?

① 환입된 재화의 가액

② 재화 또는 용역의 공급과 직접 관련되지 아니하는 국고보조금과 공공보조금

③ 장기할부판매의 경우 할부이자 상당액

④ 공급에 대한 대가를 약정기일 전에 받았다는 이유로 사업자가 당초의 공급가액에서 할인해 준 금액

21. 다음 중 부가가치세법상 불공제되는 매입세액에 해당하지 않는 것은?

① 면세사업 등에 관련된 매입세액

② 사업과 직접 관련이 없는 지출에 대한 매입세액

③ 기업업무추진비 및 이와 유사한 비용과 관련된 매입세액

④ 운수업 등에 직접 영업용으로 사용되는 자동차의 구입과 관련된 매입세액

22. 다음 중 부가가치세법상 의제매입세액공제율로 옳지 않은 것은?

① 음식점을 경영하는 법인사업자 : 8/108

② 음식점을 경영하는 해당 과세기간 과세표준 2억 이하인 개인사업자 : 9/109

③ 음식점을 경영하는 해당 과세기간 과세표준 2억 초과인 개인사업자 : 8/108

④ 개별소비세법에 따른 과세유흥장소의 경영자 : 2/102

23. 다음 중 부가가치세법상 세금계산서 발급 의무가 면제되는 경우가 아닌 것은?

① 내국신용장에 의하여 수출업자에게 공급하는 재화

② 부동산임대용역 중 간주임대료

③ 공급받는 자에게 신용카드매출전표 등을 발급한 경우

④ 간편사업자등록을 한 사업자가 국내에 공급하는 전자적 용역

24. 다음 중 부가가치세법상 예정신고를 반드시 해야 하는 사업자는?

① 예정부과기간에 세금계산서를 발급하지 아니한 세금계산서 발급대상인 간이과세자

② 직전 과세기간의 공급가액의 합계액이 2억원인 법인사업자

③ 사업부진으로 각 예정신고기간의 공급가액 또는 납부세액이 직전 과세기간의 공급가액 또는 납부세액의 3분의 1에 미달하는 자

④ 간이과세자에서 해당 과세기간 개시일 현재 일반과세자로 변경된 경우

25. 다음 중 부가가치세법상 조기환급에 대한 설명으로 옳은 것은?

① 영세율 적용대상 사업자는 예정신고 시까지 영세율 적용대상 과세표준이 없는 경우에도 예정신고 기간분에 대한 조기환급을 받을 수 있다.

② 사업설비를 신설·취득하는 경우에는 감가상각자산이 아니라 하더라도 조기환급을 받을 수 있다.

③ 관할 세무서장은 조기환급세액을 각 예정신고기간별로 그 예정신고기한이 지난 후 15일 이내에 예정신고한 사업자에게 환급하여야 한다.

④ 수출과 내수를 겸영하는 경우에는 수출 부분에 상당하는 매입세액만을 조기환급 받을 수도 있다.

세법2부 국세기본법, 소득세법(조세특례제한법)

객관식 문항 당 4점

01. 다음 중 국세기본법상 특수관계인의 범위에 해당하지 않는 것은?

① 3촌 이내의 인척

② 6촌 이내의 혈족

③ 배우자(사실상의 혼인관계에 있는 자 포함)

④ 친생자로서 다른 사람에게 친양자 입양된 자

02. 다음 중 국세기본법상 기한연장에 대한 설명으로 옳지 않은 것은?

① 기한연장은 3개월 이내로 하되, 해당 기한연장의 사유가 소멸되지 않는 경우 관할 세무서장은 1개월의 범위에서 그 기한을 다시 연장할 수 있다.

② 신고와 관련된 기한연장은 3개월을 넘지 않는 범위에서 관할 세무서장이 할 수 있다.

③ 기한의 연장을 받으려는 자는 기한 만료일 3일 전까지 해당 행정기관의 장에게 신청하여야 한다.

④ 납세자가 화재 및 도난을 당한 경우 기한연장이 가능하다.

03. 다음 중 국세기본법상 서류의 송달에 대한 설명으로 가장 옳지 않은 것은?

① 공시송달은 서류의 주요 내용을 공고한 날로부터 30일이 지나면 송달의 효력이 발생한다.

② 서류를 교부하였을 때에는 송달서에 수령인이 서명 또는 날인하게 하여야 하고, 수령인이 서명 또는 날인을 거부하면 그 사실을 송달서에 적어야 한다.

③ 납세의 고지와 독촉에 관한 서류를 연대납세의무자에게 송달하는 경우에는 연대납세의무자 모두에게 각각 송달하여야 한다.

④ 납세의 고지·독촉·강제징수 또는 세법에 따른 정부의 명령과 관계되는 서류의 송달을 우편으로 할 때에는 등기우편으로 하여야 한다.

04. 다음 중 국세기본법상 국세 부과의 원칙과 세법 적용의 원칙에 대한 설명으로 옳지 않은 것은?

① 국세를 납부할 의무가 성립한 경우에는 그 후 개정된 새로운 세법에 따라 소급하여 과세할 수 없다.

② 신의성실원칙은 과세관청에만 그 준수가 요구된다.

③ 납세의무자가 세법에 따라 장부를 갖추어 기록하고 있는 경우에는 해당 국세 과세표준의 조사와 결정은 그 장부와 이에 관계되는 증거자료에 의하여야 한다.

④ 사업자등록명의자와는 별도로 사실상의 사업자가 있는 경우에는 사실상의 사업자를 납세의무자로 본다.

05. 다음 중 국세기본법상 납세의무자가 과세표준과 세액을 정부에 신고했을 때 납세의무가 확정되는 국세에 해당하지 않는 것은?

① 소득세   ② 인지세
③ 증권거래세   ④ 개별소비세

06. 다음 중 국세기본법상 원칙적인 부과제척기간에 대한 설명으로 가장 옳지 않은 것은?

① 법인세 · 소득세 · 부가가치세의 부과제척기간은 원칙적으로 5년이다.

② 납세자가 법정신고기한까지 상속세 과세표준신고서를 제출하지 않은 경우의 부과제척기간은 7년이다.

③ 납세자가 부정행위로 소득세를 포탈한 경우 부과제척기간은 10년이다.

④ 부정행위란 조세의 부과와 징수를 불가능하게 하거나 현저히 곤란하게 하는 적극적 행위를 말한다.

07. 다음 중 국세기본법상 제2차 납세의무에 대한 설명으로 옳지 않은 것은?

① 법인의 청산 시 청산인의 제2차 납세의무의 한도는 분배하거나 인도한 재산의 가액으로 한다.

② 법인의 청산 시 잔여재산을 분배받거나 인도받은 자의 제2차 납세의무의 한도는 각자가 받은 재산의 가액으로 한다.

③ 출자자의 제2차 납세의무에서 주된 납세자인 법인은 증권시장에 주권이 상장된 법인을 포함한다.

④ 주된 납세자인 법인의 납세의무 성립일 현재 무한책임사원과 과점주주가 출자자의 제2차 납세의무를 진다.

08. 다음 중 국세기본법상 물적납세의무의 성립요건에 대한 설명으로 옳지 않은 것은?

① 양도담보설정자가 국세 등을 체납해야 한다.

② 양도담보가 국세의 법정기일 이전에 설정되어야 한다.

③ 양도담보설정자의 재산(양도담보재산은 제외)에 대하여 강제징수를 집행하여도 징수할 금액에 미치지 못하는 경우에 해당해야 한다.

④ 양도담보권자에게 납부고지서가 송달되는 시점에 양도담보재산이 존재하고 있어야 한다.

09. 다음 중 국세기본법상 기한 후 신고 시 가산세 감면율로 옳지 않은 것은?

① 법정신고기한이 지난 후 1개월 이내에 기한 후 신고를 한 경우 : 50%

② 법정신고기한이 지난 후 1개월 초과 3개월 이내에 기한 후 신고를 한 경우 : 30%

③ 법정신고기한이 지난 후 3개월 초과 6개월 이내에 기한 후 신고를 한 경우 : 20%

④ 법정신고기한이 지난 후 6개월 초과 1년 이내에 기한 후 신고를 한 경우 : 10%

10. 다음 중 국세기본법상 경정청구에 대한 설명으로 옳지 않은 것은?

① 기한후과세표준신고를 한 경우에도 경정 등의 청구를 할 수 있다.

② 경정 등의 청구를 받은 세무서장은 그 청구를 받은 날부터 2개월 이내에 결정 또는 경정 여부를 통지하여야 한다.

③ 경정 등의 청구를 한 자가 세무서장으로부터 결정 또는 경정 여부의 통지를 받지 못한 경우에는 심사청구를 할 수 없다.

④ 소득이나 그 밖의 과세물건의 귀속을 제3자에게로 변경시키는 결정 또는 경정이 있을 때에는 그 사유가 발생한 것을 안 날로부터 3개월 이내에 결정 또는 경정을 청구할 수 있다.

11. 다음 중 국세기본법상 세무조사 수시선정 사유에 해당하지 않는 경우는?

① 납세자에 대한 구체적인 탈세 제보가 있는 경우

② 납세자가 1과세기간에 2회 이상 경정청구를 하는 경우

③ 무자료거래, 위장·가공거래 등 거래 내용이 사실과 다른 혐의가 있는 경우

④ 납세자가 세무공무원에게 직무와 관련하여 금품을 제공하거나 금품제공을 알선한 경우

12. 다음 중 소득세법상 납세의무자에 대한 설명으로 가장 옳지 않은 것은?

① 거주자는 국내외 원천소득 모두에 대해서 소득세 납세의무를 진다.

② 외국국적이나 외국영주권자인 경우 거주기간에 상관없이 비거주자로 본다.

③ 국내에 거소를 둔 기간은 입국한 날의 다음 날부터 출국한 날까지로 한다.

④ 국외에서 직업을 갖고 183일 이상 계속하여 거주하는 때에도 국내에 가족 및 자산의 유무 등과 관련하여 생활의 근거가 국내에 있는 것으로 보는 때에는 거주자로 본다.

13. 다음 중 소득세법상 이자소득과 배당소득의 과세방법에 대한 설명으로 옳지 않은 것은?

① 외국법인이 발행한 채권 또는 증권에서 발생하는 이자소득·배당소득을 거주자에게 지급하는 경우에는 국내에서 그 지급을 대리하거나 그 지급 권한을 위임 또는 위탁받은 자가 그 소득에 대한 소득세를 원천징수할 필요가 없다.

② 원천징수의무자가 이자소득 또는 배당소득을 지급할 때에는 그 지급금액에 원천징수세율을 적용하여 계산한 소득세를 원천징수한다.

③ 비영업대금 이익의 원천징수세율은 25% 또는 14%이다.

④ 이자소득·배당소득에 대해서 외국에서 외국소득세액을 납부한 경우에는 원천징수세액에서 그 외국소득세액을 뺀 금액을 원천징수세액으로 한다.

14. 다음 중 소득세법상 사업소득 총수입금액에 산입하는 금액으로 옳지 않은 것은?

① 관세환급금 등 필요경비로 지출된 세액이 환입되었거나 환입될 경우

② 거래 상대방으로부터 받은 장려금

③ 사업과 관련하여 해당 사업용 자산의 손실로 취득하는 보험차익

④ 자산수증이익 중 이월결손금의 보전에 충당된 금액

15. 다음 중 소득세법상 업무용승용차 관련비용에 대한 설명으로 가장 옳지 않은 것은?

① 성실신고대상자는 업무용승용차 전부를 업무전용자동차보험에 가입해야만 비용으로 인정받을 수 있다.

② 종업원 명의의 차량을 업무수행에 이용한 경우에는 해당 규정을 적용받지 않는다.

③ 업무용승용차의 감가상각은 내용연수 5년의 정액법으로 강제상각하여야 한다.

④ 간편장부대상자는 업무용승용차에 대한 규정을 적용받지 않는다.

16. 다음 중 소득세법상 간편장부대상자에 대한 설명으로 옳지 않은 것은?

① 해당 과세기간에 신규로 사업을 개시한 사업자는 간편장부대상자이다.

② 제조업을 영위하는 개인사업자로서 직전 과세기간의 수입금액의 합계액이 1억 5천만원에 미달하는 경우에는 당해 과세기간에 복식부기의무자가 된다.

③ 사업장이 둘 이상인 개인사업자의 경우 겸업의 수입금액을 주업종(수입금액이 가장 큰 업종)의 수입금액으로 환산한 금액을 주업종의 수입금액에 합하여 복식부기의무자 여부를 판정한다.

④ 세무사업을 영위하는 개인사업자는 간편장부대상자에서 제외한다.

17. 다음 중 소득세법상 근로소득에 포함되지 않는 것은?

① 기획재정부령이 정하는 방법에 따라 퇴직급여로 지급되기 위하여 적립되는 급여

② 실비변상적 급여에 해당하지 아니하는 벽지수당

③ 임원이 지급 받는 퇴직소득으로서 법인세법에 따라 손금불산입된 임원 퇴직급여 한도초과액

④ 휴가비

18. 일반인 김씨는 방송사 오디션프로그램에 참여하여 우승상금으로 5억원을 받게 되었다. 그는 5억원 전액을 받을 수 있을 것으로 기대하였으나, 세금을 원천징수 한다는 사실을 알게 되었다. 김씨에게 원천징수할 세액은 얼마인가? 단, 지방소득세는 제외한다.

    ① 15,000,000원   ② 20,000,000원   ③ 30,000,000원   ④ 40,000,000원

19. 다음 중 소득세법상 소득금액계산의 특례에 대한 설명으로 옳지 않은 것은?

    ① 부당행위계산은 사업소득, 기타소득, 출자공동사업자의 배당소득, 양도소득에 대해서만 계산한다.
    ② 공동사업에서 발생한 소득금액을 계산할 때 공동사업을 경영하는 각 거주자 간에 약정된 손익분배비율이 없는 경우에는 실제 분배된 금액에 따라 소득세를 계산한다.
    ③ 피상속인의 소득금액에 대한 소득세로서 상속인에게 과세할 것과 상속인의 소득금액에 대한 소득세는 구분하여 계산하여야 한다.
    ④ 연금계좌의 가입자가 사망하였으나 그 배우자가 연금외수령 없이 해당 연금계좌를 상속으로 승계하는 경우에는 연금계좌에 있는 피상속인의 소득금액은 상속인의 소득금액으로 보아 소득세를 계산한다.

20. 다음 중 소득세법상 종합소득에 반드시 합산되는 소득에 해당하는 것은?

    ① 직장공제회 초과반환금
    ② 총수입금액의 합계액이 2천만원 이하인 자의 주택임대소득
    ③ 가구 내 고용활동에서 발생하는 소득
    ④ 일용근로자의 근로소득

21. 다음 중 소득세법상 추가공제에 대한 설명으로 옳지 않은 것은?

    ① 기본공제대상자가 70세 이상인 경우 : 1명당 연 100만원(경로우대자 공제)
    ② 해당 거주자가 배우자가 없는 사람으로서 기본공제대상자인 직계비속 또는 입양자가 있는 경우 : 연 100만원(한부모공제)
    ③ 해당 과세기간에 종합소득과세표준을 계산할 때 합산하는 종합소득금액이 3천만원 이하인 거주자가 배우자가 없는 여성으로서 부양가족이 있는 세대주이거나 배우자가 있는 여성인 경우 : 연 50만원(부녀자공제)
    ④ 한부모공제와 부녀자공제 모두 해당되는 경우에는 부녀자공제를 적용한다.

22. 다음 중 소득세법상 기본공제대상자에 해당하는 8세 이상의 자녀 수에 따른 세액공제액으로 옳지 않은 것은?

① 1명인 경우 : 연 25만원
② 2명인 경우 : 연 50만원
③ 3명인 경우 : 연 95만원
④ 4명인 경우 : 연 135만원

23. 다음 중 소득세법상 퇴직소득에 대한 설명으로 가장 옳지 않은 것은?

① 무주택자인 근로자가 본인 명의로 주택을 구입하고자 퇴직급여를 미리 지급받은 경우 그 지급받은 날 퇴직한 것으로 본다.
② 「공무원연금법」에 따라 받은 일시금은 기타소득에 해당한다.
③ 퇴직소득에 대한 총수입금액의 수입시기는 원칙적으로 퇴직하는 날로 한다.
④ 퇴직소득은 종합소득에 합산하지 않고 별도로 과세한다.

24. 다음 중 소득세법상 종합소득과세표준 확정신고에 대한 설명으로 옳지 않은 것은?

① 퇴직소득과 공적연금소득만 있는 자는 과세표준 확정신고를 하지 아니할 수 있다.
② 해당 과세기간에 분리과세 주택임대만 있는 경우에는 과세표준 확정신고를 하지 아니할 수 있다.
③ 복식부기의무자가 합계잔액시산표를 제출하지 아니한 경우 과세표준 확정신고를 하지 아니한 것으로 본다.
④ 수시부과를 한 경우 수시부과 후 추가로 발생한 소득이 없을 경우에는 과세표준 확정신고를 하지 아니할 수 있다.

25. 다음 중 소득세법상 중간예납에 대한 설명으로 옳지 않은 것은?

① 거주자는 중간예납세액을 11월 30일까지 납부해야 한다.
② 중간예납세액이 1천만원을 초과하는 경우 분할납부할 수 있다.
③ 중간예납 추계액이 중간예납 기준액의 30%에 미달하는 경우 중간예납 추계액을 중간예납세액으로 할 수 있다.
④ 해당 과세기간 중 신규로 사업을 시작한 자(해당 과세기간 개시일 현재 사업자가 아님)로서 당해 수입금액이 1억 5천만원 이상인 경우에는 중간예납대상이 될 수 있다.

OMR 카드의 수험번호, 종목, 급수, 유형 및 감독관확인란을 한 번 더 확인하신 후 제출하시기 바랍니다.

제114회 세무회계2급 답안 및 해설

세법1부 - 법인세법, 부가가치세법

1	2	3	4	5	6	7	8	9	10	11	12	13	14	15
①	④	④	②	③	④	③	③	①	①	①	③	③	①	③

16	17	18	19	20	21	22	23	24	25
②	③	④	②	③	④	①	①	②	③

01. 외국법인이란 **외국에 본점 또는 주사무소를 둔 법인**을 말하며, 설립준거법에 따르는 것이 아니다.

02. 상법에 따른 **소멸시효가 완성된 외상매출금은 신고조정 사항**이다.

03. 대손충당금 한도초과액은 유보로 소득처분한다.

04. 비영업용 소형자동차의 구입 · 임차 · 유지관리에 관한 매입세액은 손금에 산입한다.

05. 소액주주 임원에 대한 사택 유지비는 손금으로 인정된다.

06. 계약서는 법인세법상 지출증명서류에 열거하지 않고 있다.

07. 특례기부금을 금전 외의 자산으로 제공한 경우 장부가액으로 한다.

08. 임원의 연임은 현실적인 퇴직에 해당하지 않아 퇴직급여 지급시 손금불산입된다.

09. 「보험업법」이나 그 밖의 법률에 따른 유형자산 및 무형자산 등의 평가(**장부가액을 증액한 경우만** 해당) 시에는 평가 후의 금액을 법인세법에서 인정한다.

10. 600만원 미만의 수선비는 소액수선비로서 자본적 지출에 포함하지 아니한다.

11. 20% 이상을 상실한 경우 재해손실세액공제가 적용된다.

12. 관할지방국세청장은 신고서 또는 그 밖의 서류에 미비한 점이 있거나 **오류가 있을 때는 보정할 것을 요구할 수** 있다.

13. 성실신고 확인대상 법인이 성실신고확인서를 제출하지 아니한 경우에는 **법인세 산출세액의 100분의 5와 수입금액의 1만분의 2 중 큰 금액을 가산세**로 한다.

14. 사업자란 사업목적이 **영리이든 비영리이든 관계없이 사업상 독립적으로 재화 또는 용역을 공급**하는 자를 말한다.

15. 재화를 보관하고 관리할 수 있는 시설만 갖춘 장소로서 **하치장으로 신고된 장소는 사업장으로 보지 아니한다.**

16. 상품권은 화폐대용증권으로 재화의 범위에서 제외된다.

17. 사업자 단위로 등록하는 **법인사업자는 본점 관할세무서장에게 등록을 신청**할 수 있다.

18. 부동산 임대용역을 공급하는 경우에 **임대보증금에 대한 간주임대료**가 발생한 경우 : **예정신고기간 또는 과세기간의 종료일**

19. **영세율은 포기 제도가 없다.**

20. **장기할부판매의 할부이자는 과세표준에 포함**한다.

21. **운수업, 자동차판매업 등 직접 영업용으로 사용되는 자동차**의 구입과 임차 및 유지에 관한 매입세액은 공제가능하다.

22. **음식점을 경영하는 법인사업자**의 의제매입세액공제율은 **6/106**이다.

23. 내국신용장 또는 구매확인서에 의하여 공급하는 재화는 영세율이 적용되더라도 국내거래이므로 세금계산서 발급대상 거래이다.

24. **직전 과세기간의 공급가액의 합계액이 1억 5천만원 이상인 법인사업자는 예정신고를** 하여야 한다.

25. **감가상각자산을 신설, 취득하여야 하며, 영세율 적용대상이 되는 과세표준이 있는 경우에 한하여** 조기환급 받을 수 있다.

세법2부 - 국세기본법, 소득세법(조세특례제한법)

1	2	3	4	5	6	7	8	9	10	11	12	13	14	15
②	②	①	②	②	②	③	②	④	③	②	②	①	④	①

16	17	18	19	20	21	22	23	24	25
②	①	②	②	③	④	②	②	②	④

01. **4촌 이내의 혈족이 특수관계인에 해당**한다.

02. **신고와 관련된 기한연장은 9개월을 넘지 않는 범위에서** 관할 세무서장이 할 수 있다.

03. 공시송달은 서류의 주요 내용을 **공고한 날로부터 14일이 지나면** 송달의 **효력이 발생**한다.

04. **신의성실의 원칙은 납세자가 그 의무를 이행할 때에도 적용**된다.

05. 인지세는 납세의무가 성립하는 때인 **과세문서를 작성한 때에 특별한 절차 없이 그 세액이 확정**된다.

06. 납세자가 법정신고기한까지 **상속세 과세표준신고서를 제출하지 않은 경우 부과제척기간은 15년**이다.

07. 출자자의 **제2차 납세의무에서 주된 납세자인 법인은 증권시장에 주권이 상장된 법인을 제외한 법인**으로 한다.

08. 물적납세의무가 성립하기 위해서는 **양도담보가 국세의 법정기일 이후에 설정되어야 한다.**

09. 법정신고기한이 지난 후 **6개월을 초과하여 기한 후 신고를 한 경우 가산세 감면은 없다.**

10. 경정 등의 청구를 한 자가 세무서장으로부터 결정 또는 경정 여부의 통지를 받지 못한 경우에는 통지를 받기 전이라도 그 **2개월이 되는 날의 다음 날부터 심사청구**를 할 수 있다.

11. 납세자가 동일 과세기간에 재차 **경정청구를 하는 것은 세무조사 사유에 해당하지 않는다.**
12. **외국국적이나 영주권의 취득 여부와는 관련이 없으며** 거주기간, 직업, 국내에 생계를 같이하는 가족 및 국내 소재 자산의 유무 등 생활관계의 객관적인 사실에 따라 구분한다.
13. 외국법인이 발행한 채권 또는 증권에서 발생하는 이자소득·배당소득을 거주자에게 지급하는 경우에는 국내에서 그 지급을 대리하거나 그 **지급 권한을 위임 또는 위탁받은 자가 그 소득에 대한 소득세를 원천징수**하여야 한다.
14. **자산수증이익 중 이월결손금의 보전에 충당된 금액은 총수입금액 불산입**한다.
15. 성실신고대상자는 **1대 외에 추가하는 승용차에 대하여 업무전용자동차 보험에 가입**하여야 하며, 전용 보험 미가입 시 전액 비용으로 인정되지 않는다(2025년까지는 50%만 인정).
16. 제조업을 영위하는 개인사업자로서 **직전 과세기간의 수입금액의 합계액이 1억 5천만원에 미달하는 경우에는 당해 과세기간에 간편장부대상자**가 된다.
17. **퇴직급여로 지급되기 위하여 적립되는 급여는 근로소득에 포함되지 않는다.**
18. 원천징수세액=상금(500,000,000)×(1－80%)×기타소득 원천징수세율(20%)＝20,000,000원
19. 공동사업에서 발생한 소득금액을 계산할 때 공동사업을 경영하는 **각 거주자 간에 약정된 손익분배비율이 없는 경우에는 지분비율**에 의한다.
20. **가구 내 고용활동에서 발생하는 소득은 사업소득**으로 종합소득에 반드시 합산된다.
    ①, ④는 무조건 분리과세이고 ②는 분리과세 선택이 가능하다.
21. 한부모공제와 부녀자공제 모두 해당되는 경우에는 한부모공제를 적용한다.
22.

1명인 경우	25만원	
2명인 경우	**55만원**	(개정세법 25)
2명 초과	55만원＋**40만원/초과인**	

23. **공적연금 관련법에 따라 받는 일시금은 퇴직소득**에 해당한다.
24. 해당 과세기간에 **분리과세 주택임대소득만 있는 경우에도 종합소득과세표준 확정신고**를 하여야 한다.
25. 과세기간 중에 **신규로 사업을 시작한 자는 중간예납의무를 지지 않는다.**

제113회 세무회계2급

합격율	시험년월
51%	2024.10

세법1부 법인세법, 부가가치세법

01. 다음 중 법인세법에 대한 설명으로 옳지 않은 것은?

① 영리외국법인은 청산소득에 대한 법인세 납세의무가 있다.

② 내국법인 중 국가와 지방자치단체는 그 소득에 대한 법인세를 납부할 의무가 없다.

③ 외국의 정부 및 지방자치단체는 각 사업연도의 국내원천소득에 대하여 법인세 납세의무가 있다.

④ 비영리외국법인은 국외원천소득에 대하여 법인세 납세의무가 없다.

02. 다음 중 법인세법상 사업연도에 대한 설명으로 옳지 않은 것은?

① 내국법인이 사업연도 중에 합병한 경우 사업연도의 의제가 적용된다.

② 외국법인의 최초 사업연도 개시일은 설립등기일로 한다.

③ 내국법인이 사업연도 중에 연결납세방식을 적용받는 경우에는 그 사업연도 개시일부터 연결사업 연도 개시일 전날까지의 기간을 1사업연도로 본다.

④ 사업연도는 법령이나 정관 등에서 정하는 1회계기간으로 하며, 그 기간은 1년을 초과하지 못한다.

03. 다음 중 법인세법상 익금에 대한 설명으로 가장 옳지 않은 것은?

① 익금은 자본 또는 출자의 납입 등을 제외하고 해당 법인의 순자산을 증가시키는 거래로 인하여 발생하는 이익 또는 수입의 금액으로 한다.

② 지방세의 과오납금의 환급금에 대한 이자는 익금에 산입한다.

③ 무상으로 받은 자산의 가액은 익금에 포함한다.

④ 채무의 면제 또는 소멸로 인하여 생기는 부채의 감소액은 익금에 포함한다.

04. 다음 중 법인세법상 업무용승용차 관련비용에 대한 설명으로 옳은 것은?

① 렌트차량의 경우 임차료(렌트비용)의 80%에 해당하는 금액을 감가상각비 상당액으로 간주한다.

② 업무용승용차를 해당 사업연도 중에 취득한 경우 월할계산하지 않고 1,500만원 한도는 동일하게 적용한다.

③ 업무용승용차 관련비용으로는 감가상각비, 임차료, 유류비, 운전기사의 급여 등 승용차의 취득 및 유지를 위한 비용 일체를 말한다.

④ 운수업, 자동차판매업, 운전학원 등에서 사업상 수익창출을 위해 직접 사용하는 승용자동차는 업무용승용차 관련비용 손금불산입 규정을 적용받지 않는다.

05. 다음 중 법인세법상 의제배당의 귀속시기로 옳지 않은 것은?

① 자본금 감소 등으로 인한 의제배당 : 주주총회 등에서 주식소각, 자본금 감소를 결의한 날

② 잉여금의 자본금 전입으로 인한 의제배당 : 주주총회 등에서 잉여금의 자본금 전입을 결의한 날

③ 합병으로 인한 의제배당 : 주주총회 등에서 합병을 결의한 날

④ 해산으로 인한 의제배당 : 잔여재산가액 확정일

06. 다음 중 법인세법상 기업업무추진비에 대한 설명으로 옳지 않은 것은?

① 법인이 그 직원이 조직한 조합 또는 단체에 복리시설비를 지출한 경우 해당 단체가 법인인 때에는 이를 기업업무추진비로 본다.

② 중소기업이 아닌 내국법인의 기업업무추진비 기본한도는 1,200만원×해당 사업연도의 개월 수 ×1/12로 계산한 금액으로 한다.

③ 기업업무추진비의 수입금액별 한도를 계산할 때 수입금액이란 기업회계기준에 따라 계산한 매출액을 말한다.

④ 수입금액이 100억 원 이하인 경우 기업업무추진비의 수입금액별 한도는 수입금액에 0.03퍼센트를 곱한 금액으로 한다.

07. 다음 중 법인세법상 신고조정으로 손금에 산입할 수 있는 대손금에 해당하는 것은?

① 채무자의 파산, 강제집행, 사업의 폐지로 회수할 수 없는 채권

②「채무자 회생 및 파산에 관한 법률」에 따른 회생계획인가의 결정 또는 법원의 면책결정에 따라 회수불능으로 확정된 채권

③ 중소기업의 외상매출금 및 미수금으로서 회수기일이 2년 이상 지난 외상매출금

④ 회수기일이 6개월 이상 지난 채권 중 채권가액이 30만원 이하인 채권

08. 다음 중 법인세법상 재고자산의 평가방법에 대한 설명으로 옳지 않은 것은?

① 매출가격환원법 : 재고자산을 품종별로 당해 사업연도종료일에 있어서 판매될 예정가격에서 판매예정차익금을 공제하여 산출한 취득가액을 그 자산의 평가액으로 하는 방법

② 선입선출법 : 먼저 입고된 것부터 출고되고 그 재고자산은 사업연도 종료일부터 가장 가까운 날에 취득한 것이 재고로 되어 있는 것으로 하여 산출한 취득가액을 그 자산의 평가액으로 하는 방법

③ 총평균법 : 자산을 품종별·종목별로 당해 사업연도 개시일 현재의 자산에 대한 취득가액의 합계액과 당해 사업연도 중에 취득한 자산의 취득가액의 합계액의 총액을 그 자산의 총수량으로 나눈 평균단가에 따라 산출한 취득가액을 그 자산의 평가액으로 하는 방법

④ 개별법 : 자산을 취득할 때마다 장부시재금액을 장부시재수량으로 나누어 평균단가를 산출하고 그 평균단가에 의하여 산출한 취득가액을 그 자산의 평가액으로 하는 방법

09. 다음 중 법인세법상 제조업을 영위하는 법인에 적용되는 감가상각방법에 대한 설명으로 가장 옳지 않은 것은?

① 건축물의 경우 정액법으로 신고해야 한다.

② 기계장치는 정액법 또는 정률법을 선택할 수 있다.

③ 기계장치에 대한 상각방법의 신고를 하지 아니한 경우 정액법을 적용한다.

④ 법인이 신고한 상각방법은 그 후의 사업연도에도 계속하여 그 상각방법을 적용하여야 한다.

10. 다음 중 법인세법상 중간예납세액에 대한 설명으로 옳지 않은 것은?

① 전년도에 법인세 산출세액이 있는 법인은 당해 중간예납 기간의 실적을 중간결산하여 예납할 수 있다.

② 중간예납세액이 1천만원을 초과하는 경우에는 분납할 수 있다.

③ 「산업교육진흥 및 산학연협력촉진에 관한 법률」에 따른 산학협력단은 중간예납의무를 지지 않는다.

④ 당해 사업연도 중 신설법인(합병, 분할에 의한 신설법인 제외)은 전년도 산출세액이 없으므로 당해 중간예납 기간의 실적을 기준으로 중간예납하여야 한다.

11. 다음 중 법인세법상 세무조정에 따른 유보의 변동액을 알 수 있는 서식에 해당하는 것은?

① 자본금과 적립금조정명세서(갑)

② 자본금과 적립금조정명세서(을)

③ 소득금액조정합계표

④ 조정후총수입금액명세서

12. 다음 중 법인세법상 중소기업에만 적용되는 조세지원으로 옳지 않은 것은?

① 법인세 분납세액 기한 연장

② 사실과 다른 회계처리로 인한 경정에 따른 세액공제 적용

③ 이월결손금 공제 한도 제한 배제

④ 결손금 소급공제에 따른 환급

13. 다음 중 법인세법상 과세표준 신고 시 제출해야 할 서류로, 미제출 시 무신고로 보지 아니하는 것은?

① 재무상태표

② 이익잉여금처분계산서

③ 세무조정계산서

④ 현금흐름표

14. 다음 중 부가가치세법상 납세지에 대한 설명으로 옳지 않은 것은?

① 사업자의 부가가치세 납세지는 각 사업장의 소재지로 한다.

② 부동산임대업의 납세지는 부동산의 등기부상의 소재지이다.

③ 사업자가 자기의 사업과 관련하여 생산하거나 취득한 재화를 직접 판매하기 위하여 특별히 판매 시설을 갖춘 장소는 사업장으로 본다.

④ 무인자동판매기를 통하여 재화 · 용역을 공급하는 사업의 경우 사업자의 신청에 따라 추가로 사 업장 등록이 가능하다.

15. 다음 중 부가가치세법상 사업자등록에 대한 설명으로 옳지 않은 것은?

① 사업장 관할 세무서장은 사업개시일 전 사업자등록을 한 사업자가 사업자등록을 한 후 정당한 사유 없이 12개월 이상 사업을 시작하지 아니하는 경우 지체없이 사업자등록을 말소하여야 한다.

② 사업장 관할 세무서장은 사업자가 정당한 사유 없이 계속하여 둘 이상의 과세기간에 걸쳐 부가가 치세를 신고하지 아니하고 사실상 폐업 상태에 있는 경우 지체없이 사업자등록을 말소하여야 한다.

③ 사업장 관할 세무서장은 사업자가 부도발생, 고액체납 등으로 도산하여 소재 불명인 경우 지체없 이 사업자등록을 말소하여야 한다.

④ 사업자는 사업장마다 사업개시일부터 20일 이내에 사업장 관할 세무서장에게 사업자등록을 신 청하여야 한다.

16. 다음 중 부가가치세법상 과세기간에 대한 설명으로 옳지 않은 것은?

① 신규사업자의 최초 과세기간은 사업개시일부터 그 날이 속하는 과세기간의 종료일까지로 한다.

② 사업자가 폐업하는 경우의 과세기간은 폐업일이 속하는 과세기간의 개시일부터 폐업일까지로 한다.

③ 사업개시일 전에 사업자등록을 신청한 경우에는 그 사업개시일부터 개시일이 속하는 과세기간 종료일까지를 과세기간으로 한다.

④ 간이과세자의 과세기간은 1월 1일부터 12월 31일까지로 한다.

17. 다음 중 부가가치세법상 재화의 공급에 해당하는 것은?

① 주식의 양도

② 특허권의 대여

③ 상표권의 양도

④ 상품권의 양도

18. 다음 중 부가가치세법상 공급시기로 옳지 않은 것은?

① 내국물품을 외국으로 수출하는 경우 : 수출재화의 선적일

② 할부판매(4월 1일 재화 인도, 4월 말부터 매 3개월마다 3회에 걸쳐 지급하기로 함) : 대가의 각 부분을 받기로 한 때

③ 사업자가 폐업 전에 공급한 재화의 공급시기가 폐업일 이후에 도래하는 경우 : 폐업일

④ 부동산임대용역의 간주임대료 : 예정신고기간 또는 과세기간의 종료일

19. 다음 중 부가가치세법상 면세가 적용되지 않는 것은?

① 「은행법」에 따른 은행업무 및 부수업무로서 전자상거래와 관련한 지급대행에 해당하는 금융용역

② 주무관청의 허가 또는 인가 등을 받은 수학학원에서 제공하는 교육용역

③ 고속철도에 의한 여객운송용역

④ 「잡지 등 정기간행물의 진흥에 관한 법률」에 따른 정기간행물(광고는 제외)

20. 다음 중 부가가치세법상 과세표준으로 옳지 않은 것은?

① 금전으로 대가를 받는 경우 : 그 대가

② 금전 외의 대가를 받는 경우 : 자기가 공급받은 재화 또는 용역의 시가

③ 폐업하는 경우 : 폐업 시 남아 있는 재화의 시가

④ 특수관계인에게 재화를 공급하면서 부당하게 낮은 대가를 받는 경우 : 공급한 재화의 시가

21. 다음 중 부가가치세법상 매출세액에서 공제할 수 있는 매입세액으로 옳은 것은?

① 재화 또는 용역의 공급시기 이후 발급받은 세금계산서로 해당 공급시기가 속한 과세기간에 대한 확정신고 기한까지 발급받은 경우의 매입세액

② 면세사업 등에 관련된 매입세액

③ 비영업용 소형승용자동차의 구입과 임차 및 유지에 관한 매입세액

④ 건축물이 있는 토지를 취득하여 그 건축물을 철거하고 토지만 사용하는 경우의 철거비용과 관련된 매입세액

22. 다음 중 부가가치세법상 의제매입세액공제 특례가 적용되는 과세표준 한도율로 옳지 않은 것은?

① 음식점을 경영하는 해당 과세기간의 과세표준이 1억 이하인 개인사업자 : 100분의 80

② 음식점을 경영하는 해당 과세기간의 과세표준이 1억 초과, 2억 이하인 개인사업자 : 100분의 70

③ 음식점을 경영하는 해당 과세기간의 과세표준이 2억 초과인 개인사업자 : 100분의 60

④ 음식점을 경영하는 법인사업자 : 100분의 50

23. 다음 중 부가가치세법상 세금계산서에 대한 설명으로 가장 옳지 않은 것은?

① 임의적 기재 사항의 기재 누락은 세금계산서 효력에 영향을 미치지 아니한다.

② 법인사업자는 전자세금계산서를 발급하여야 한다.

③ 전자세금계산서 의무발급 개인사업자가 전자세금계산서를 발급하여야 하는 기간은 사업장별 공급가액 합계액이 의무발급 기준액 이상이 되는 해의 다음 해 1년 동안으로 한다.

④ 직전 연도의 공급대가 합계액이 4,800만원 이상인 간이과세자는 세금계산서를 발급할 수 있다.

24. 다음 중 부가가치세법상 신용카드 등의 사용에 따른 세액공제에 대한 설명으로 옳지 않은 것은?

① 직전 연도의 재화 또는 용역의 공급가액의 합계액이 10억원을 초과하는 개인사업자는 적용받을 수 없다.

② 연간 공제한도는 1천만원으로 한다.

③ 공제받을 금액이 납부세액을 초과하면 환급이 가능하다.

④ 발급금액 또는 결제금액의 1.3퍼센트로 한다.

25. 다음 중 부가가치세법상 간이과세에 대한 설명으로 옳지 않은 것은?

① 간이과세자는 해당 과세기간의 공급대가의 합계액이 4,800만원 미만이면 납부의무를 면제한다.

② 간이과세자에서 일반과세자로 변경되는 직전연도 공급대가의 기준은 8천만원이다.

③ 간이과세자는 의제매입세액공제가 적용되지 않는다.

④ 간이과세자가 간이과세 배제되는 사업을 신규로 겸영하는 경우에는 해당 사업의 개시일이 속하는 과세기간의 다음 과세기간부터 간이과세자에 관한 규정을 적용하지 아니한다.

세법2부 국세기본법, 소득세법(조세특례제한법)

01. 다음 중 국세기본법상 용어의 정의로 가장 옳지 않은 것은?

① 과세표준이란 세법에 따라 직접적으로 세액산출의 기초가 되는 과세대상의 수량 또는 가액을 말한다.

② 가산세란 세법에서 규정하는 의무의 성실한 이행을 확보하기 위하여 세법에 따라 산출한 세액에 가산하여 징수하는 금액을 말한다.

③ 국세란 국가가 부과하는 조세로 가산세, 강제징수비(체납처분비)도 국세에 속한다.

④ 제2차 납세의무자란 납세자가 납세의무를 이행할 수 없는 경우에 납세자를 갈음하여 납세의무를 지는 자를 말한다.

02. 다음 중 국세기본법상 기간에 대한 설명으로 옳지 않은 것은?

① 기간을 일·주·월·년으로 정한 때에는 기간의 초일은 산입하지 않는다.

② 연령 계산 시 출생일을 산입하지 아니한다.

③ 기간을 일·주·월·년으로 정한 때에는 기간 말일의 종료로 기간이 만료한다.

④ 기간을 주·월·년으로 정한 때에는 역에 따라 계산한다.

03. 다음 중 국세기본법상 전자송달에 대한 설명으로 옳지 않은 것은?

　① 전자송달은 서류를 송달받아야 할 자가 신청한 경우에만 한다.

　② 전자송달의 개시 및 철회는 신청서를 접수한 날의 다음 날부터 적용한다.

　③ 전자송달의 신청을 철회한 자가 전자송달을 재신청하는 경우에는 철회 신청일부터 20일이 지난 날 이후에 신청할 수 있다.

　④ 국세정보통신망의 장애로 전자송달을 할 수 없는 경우에는 교부 또는 우편의 방법으로 송달할 수 있다.

04. 다음 중 국세기본법상 국세부과의 원칙에 해당하지 않는 것은?

　① 재산권 부당침해금지의 원칙

　② 실질과세의 원칙

　③ 신의성실의 원칙

　④ 근거과세의 원칙

05. 다음 중 국세기본법상 납세의무의 성립시기로 옳지 않은 것은?

　① 상속세 : 상속이 개시되는 때

　② 인지세 : 과세문서를 작성한 때

　③ 종합부동산세 : 과세기간이 끝나는 때

　④ 가산세 : 가산할 국세의 납세의무가 성립하는 때

06. 다음 중 국세기본법상 소멸시효의 중단사유에 해당하지 않는 것은?

　① 납부고지

　② 독촉

　③ 교부청구

　④ 납부고지 유예

07. 다음 중 국세기본법상 연대납세의무에 대한 설명으로 가장 옳지 않은 것은?

① 납세고지서는 연대납세자 모두에게 각각 송달하여야 한다.

② 연대납세의무자 중 1인이 그 일부를 납부한 경우 다른 연대납세의무자에게도 그 납부한 한도 내에서 납세의무는 소멸된다.

③ 상속인이 2명 이상일 때 각 상속인은 상속으로 받은 재산을 한도로 피상속인이 납부할 국세에 대한 연대납세의무를 진다.

④ 연대납세의무자 1인에 대한 과세처분의 무효 또는 취소 사유는 다른 연대납세의무자에게 그 효력이 미친다.

08. 다음 중 국세기본법상 국세와 공과금이나 그 밖의 채권의 우선여부를 판정하는 법정기일로 옳지 않은 것은?

① 과세표준과 세액의 신고에 따라 납세의무가 확정되는 국세의 경우 신고한 해당 세액 : 그 신고일

② 과세표준과 세액을 정부가 결정•경정하는 경우 고지한 해당 세액 : 그 납부고지서의 발송일

③ 원천징수의무자나 납세조합으로부터 징수하는 소득세 : 그 납부고지서의 발송일

④ 인지세 : 그 납세의무의 확정일

09. 다음 중 국세기본법에 따른 수정신고에 대한 설명으로 가장 옳지 않은 것은?

① 적격한 수정신고자 : 과세표준신고서를 법정신고기한까지 제출한 자이다.

② 수정신고 사유 : 신고기한 내에 신고한 세액이 과소한 경우이다.

③ 수정신고 기한 : 해당 국세의 과세표준과 세액을 결정 또는 경정하여 통지하기 전으로서 국세부과제척기간이 끝나기 전까지가 수정신고 기한이다.

④ 수정신고의 효력 : 정부부과세목(상속세 및 증여세)에 대해서 수정신고하는 경우에도 증액확정력이 있다.

10. 다음 중 국세기본법상 국세환급금에 대한 설명으로 옳지 않은 것은?

① 납세자는 국세환급금에 관한 권리를 타인에게 양도할 수 없다.

② 국세환급금 중 충당한 후 남은 금액은 국세환급금의 결정을 한 날부터 30일 내에 납세자에게 지급하여야 한다.

③ 세무서장은 국세환급금으로 결정한 금액을 체납된 국세 및 강제징수비에 충당하여야 한다.

④ 납세자의 국세환급금과 국세환급가산금에 관한 권리는 행사할 수 있는 때부터 5년간 행사하지 아니하면 소멸시효가 완성된다.

11. 다음 중 국세기본법상 국선대리인을 신청할 수 있는 세목은?

① 상속세   ② 증여세   ③ 양도소득세   ④ 종합부동산세

12. 다음 중 소득세법상 납세의무자에 대한 설명으로 옳지 않은 것은?

① 거주자란 국내에 주소를 두거나 183일 이상의 거소를 둔 개인을 말한다.

② 주소는 국내에서 생계를 같이 하는 가족 및 국내에 소재하는 자산의 유무 등 생활관계의 객관적 사실에 따라 판정한다.

③ 외국 항행 항공기의 승무원의 경우 그 승무원과 생계를 같이 하는 가족이 거주하는 장소 또는 그 승무원이 근무기간 외의 기간 중 통상 체재하는 장소가 국내에 있는 때에는 당해 승무원의 주소는 국내에 있는 것으로 본다.

④ 국내에 주소가 없는 것으로 보는 사유가 발생한 날에 거주자에서 비거주자로 된다.

13. 다음 중 소득세법상 이자소득의 수입시기로 가장 옳지 않은 것은?

① 보통예금의 이자 : 실제로 이자를 지급받는 날

② 저축성보험의 보험차익 : 해지일 또는 만기일

③ 직장공제회 초과반환금 : 약정에 따른 납입금 초과이익 및 반환금 추가이익의 지급일

④ 비영업대금의 이익 : 약정에 의한 이자 지급일

14. 다음 중 소득세법상 사업소득의 범위에 포함되지 않는 것은?

    ① 농업(작물재배업 중 곡물 및 기타 식량작물 재배업은 제외)

    ② 연예인이 사업활동과 관련하여 받는 전속계약금

    ③ 간편장부대상자가 사업용 유형자산을 양도함으로써 발생하는 소득

    ④ 교육서비스업에서 발생하는 소득

15. 다음 중 소득세법상 사업소득의 필요경비에 산입되는 것은?

    ① 기업업무추진비와 관련된 부가가치세 매입세액

    ② 건설 중인 자산에 대한 감가상각비 계상액

    ③ 차입금 중 건설자금에 충당한 금액의 이자

    ④ 업무와 관련하여 중대한 과실로 타인의 권리를 침해한 경우에 지급되는 손해배상금

16. 다음 중 소득세법상 비과세 근로소득에 해당하지 않는 것은?

    ① 육아휴직수당으로서 월 150만원 이하의 금액

    ② 근로자가 천재지변 기타 재해로 인하여 받는 급여

    ③ 근로자가 종사하는 사업체의 업무와 무관한 교육훈련을 위한 학자금

    ④ 근로자가 사내급식이나 이와 유사한 방법으로 제공받는 식사 기타 음식물 또는 근로자(식사 기타 음식물을 제공받지 아니하는 자에 한정한다)가 받는 월 20만원 이하의 식사대

17. 다음 중 소득세법상 기타소득의 범위에 포함되지 않는 것은?

    ① 저작권 사용료가 저작자 자신에게 귀속되는 경우

    ② 영업권을 양도하거나 대여하고 그 대가로 받는 금품

    ③ 장소를 일시적으로 대여하고 사용료로서 받는 금품

    ④ 통신판매중개를 하는 자를 통하여 물품을 대여하고 연간 수입금액 500만원 이하의 사용료로서 받은 금품

18. 다음 중 소득세법상 부당행위계산의 부인 규정이 적용되는 소득에 해당하는 것은?

① 이자소득
② 근로소득
③ 퇴직소득
④ 출자공동사업자의 배당소득

19. 다음 중 소득세법상 결손금 또는 이월결손금에 대한 설명으로 옳지 않은 것은?

① 사업소득금액을 계산할 때 발생한 결손금은 근로소득, 연금소득, 기타소득, 이자소득, 배당소득 순서대로 공제한다.
② 부동산임대업(주거용 건물임대업 포함)에서 발생한 결손금은 해당 과세기간의 다른 소득금액에서 공제하지 않는다.
③ 해당 과세기간 중 발생한 결손금과 이월결손금이 모두 있는 경우 결손금을 먼저 소득금액에서 공제한다.
④ 소득금액을 추계신고하는 경우에는 이월결손금 공제 규정을 적용하지 않는다. 다만, 천재지변으로 장부가 멸실되어 추계신고를 하는 경우라면 이월결손금 공제 규정을 적용한다.

20. 다음 중 소득세법상 부양가족공제 적용대상자에 포함되지 않는 것은? (단, 연간소득금액 요건은 충족했다고 가정함)

① 과세기간 종료일 현재 60세 이상의 직계존속
② 과세기간 종료일 현재 20세 이하의 직계비속
③ 과세기간 종료일 현재 50세인 형제자매
④ 과세기간 종료일 현재 40세인 배우자

21. 다음 중 소득세법상 근로소득공제에 대한 설명으로 옳지 않은 것은?

① 근로소득공제액이 2천만원을 초과하는 경우에는 2천만원을 공제한다.
② 총급여액이 500만원 이하인 경우 근로소득공제액은 총급여액의 100분의 70으로 한다.
③ 일용근로자의 대한 공제액은 1일 15만원으로 한다.
④ 2인 이상으로부터 근로소득을 받는 경우 각각의 총급여액에서 근로소득공제 및 공제한도를 적용한다.

22. 다음 중 소득세법상 기장세액공제에 대한 설명으로 옳지 않은 것은?

① 기장세액공제는 간편장부대상자가 복식부기에 따라 기장을 한 경우 공제받을 수 있는 제도이다.

② 기장세액공제는 공제한도가 100만원이다.

③ 비치·기록한 장부에 의하여 신고하여야 할 소득금액의 100분의 20 이상을 누락하여 신고한 경우에는 기장세액공제를 적용하지 않는다.

④ 기장세액공제와 관련된 장부 및 증명서류를 해당 과세표준확정신고기간 종료일부터 10년간 보관하지 아니한 경우에는 기장세액공제를 적용하지 않는다.

23. 다음 중 소득세법상 양도소득의 장기보유특별공제가 적용되는 것은?

① 비상장주식

② 미등기양도자산

③ 비사업용토지

④ 보유기간이 3년 미만인 상가건물

24. 다음 중 소득세법상 원천징수에 대한 설명으로 옳은 것은?

① 발생된 소득을 미지급하여 소득세가 원천징수되지 않은 소득이 종합소득에 합산되어 소득세가 과세된 경우 해당 소득을 지급하는 때에는 소득세를 원천징수하지 않는다.

② 원천징수대상 사업소득을 지급하는 개인은 사업자가 아닌 경우에도 원천징수의무를 진다.

③ 법인세법에 따라 처분되는 배당·상여 및 기타소득에 대해서는 소득세를 원천징수하지 않는다.

④ 일용근로소득을 지급할 때에는 매 지급 시마다 근로소득간이세액표에 따라 소득세를 원천징수한다.

25. 다음 중 소득세법상 현금영수증 발급의무자의 불성실에 대한 가산세율로 옳지 않은 것은?

① 현금영수증가맹점으로 가입하지 않은 경우 : 1%

② 발급요청 거래분에 대한 현금영수증 발급을 거부한 경우 : 5%

③ 건당 거래금액 10만원 이상인 거래분에 대한 현금영수증을 발급하지 아니한 경우 : 20%

④ 건당 거래금액 10만원 이상인 거래분에 대한 현금영수증을 착오로 발급하지 아니하여 10일 이내에 자진발급한 경우 : 5%

제113회 세무회계2급 답안 및 해설

세법1부 - 법인세법, 부가가치세법

1	2	3	4	5	6	7	8	9	10	11	12	13	14	15
①	②	②	④	③	④	②	④	③	④	②	②	④	④	①

16	17	18	19	20	21	22	23	24	25
③	③	②	③	②	①	①	③	③	②

01. 영리외국법인은 청산시 외국에서 청산하므로 <u>청산소득에 대한 법인세 납세의무가 없다.</u>

02. 외국법인의 경우에는 <u>국내사업장을 가지게 된 날</u>(국내사업장이 없는 경우에는 소득이 최초로 발생한 날)을 <u>최초 사업연도의 개시일</u>로 한다.

03. 국세 및 지방세의 <u>과오납금의 환급금에 대한 이자는 익금에 산입하지 아니한다.</u>

04. 렌트차량은 <u>임차료의 70%를 감가상각비로 간주</u>한다. 연도 중 취득하는 경우 1,500만원의 월수에 의하여 안분하며, 운전기사의 급여는 인건비로 업무용승용차 관련비용에서 제외한다.

05. <u>합병으로 인한 의제배당의 귀속시기는 합병등기일</u>이다.

06. <u>수입금액이 100억 원 이하</u>인 경우 기업업무추진비의 수입금액별 한도는 <u>수입금액에 0.3퍼센트</u>를 곱한 금액으로 한다.

07. 「채무자 회생 및 파산에 관한 법률」에 따른 <u>회생계획인가의 결정 또는 법원의 면책결정에 따라 회수불능으로 확정된 채권은 신고조정사항</u>으로 해당 사유가 발생한 날에 손금에 산입할 수 있다.

08. 이동평균법에 대한 설명이다.

09. 건축물 외의 유형자산에 대한 <u>상각방법의 신고를 하지 아니한 경우 상각범위액은 정률법</u>에 의하여 계산한다.

10. 당해 사업연도 중 <u>신설법인은 법인세 중간예납 의무가 없다.</u>

11. 세무조정사항 중 <u>유보는 자본금과 적립금조정명세서(을)표에서 관리</u>한다.

12. 사실과 다른 회계처리로 인한 경정에 따른 세액공제는 중소기업 외의 기업도 적용 가능하다.

13. <u>현금흐름표(외부감사 대상 법인은 제외)는 필수적 첨부서류가 아니다.</u>

14. 무인자동판매기를 통하여 재화·용역을 공급하는 사업의 경우 사업자의 신청에 따라 추가로 사업장 등록을 할 수 없다. <u>무인자동판매기 사업에 관한 업무를 총괄하는 장소</u>가 사업장이기 때문이다.

15. 사업장 관할 세무서장은 사업자가 사업자등록을 한 후 <u>정당한 사유 없이 6개월 이상 사업을 시작하지 아니하는 경우 지체없이 사업자등록을 말소</u>하여야 한다.

16. <u>사업개시일 이전에 사업자등록을 신청</u>한 경우에는 그 <u>신청한 날부터 그 신청일이 속하는 과세기간의 종료일</u>까지를 과세기간으로 한다.

17. 상표권 등 권리도 재화에 해당하므로 양도하는 것은 재화의 공급이다. 특허권의 대여는 용역의 공급이며, **주식의 양도와 상품권의 양도는 부가가치세 과세대상이 아니다.**

18. 재화의 인도일의 다음 날부터 최종 할부금 지급기일까지의 기간이 1년 미만인 경우 **단기할부판매에 해당하여 재화를 인도하는 때를 공급시기**로 한다.

19. 고속철도에 의한 여객운송용역은 과세대상이다.

20. 금전 외의 대가를 받는 경우 : **자기가 공급한 재화 또는 용역의 시가**

21. 확정신고 기한까지 발급받은 세금계산서의 매입세액은 공제가 가능하다.

23. 의무발급 기준액 이상인 해의 **다음 해 제2기 과세기간부터 전자세금계산서를 발급**하여야 하며, 한번 의무발급 사업자가 되면 **공급가액 합계액이 의무발급 기준액에 미달하더라도 계속하여 전자세금계산서 의무발급 개인사업자**로 본다.

24. 공제받는 금액이 **납부세액을 초과하면 그 초과하는 부분은 없는 것**으로 본다.

25. 간이과세자에서 일반과세자로 변경되는 **직전연도 공급대가 합계액의 기준은 1억 4백만원**이다.

세법2부 - 국세기본법, 소득세법(조세특례제한법)

1	2	3	4	5	6	7	8	9	10	11	12	13	14	15
③	②	③	①	③	④	④	④	②	①	③	④	②	③	①

16	17	18	19	20	21	22	23	24	25
③	①	④	②	③	④	④	③	①	④

01. 국세는 소득세, 법인세 등 법령으로 열거하고 있으며, **가산세나 강제징수비는 국세에 속하지 않는다.**

02. **나이는 출생일을 산입**하여 만 나이로 계산하고, 연수로 표시한다.

03. 전자송달의 신청을 철회한 자가 전자송달을 재신청하는 경우에는 **철회 신청일 부터 30일이 지난 날 이후에 신청**할 수 있다.

04. **재산권 부당침해금지의 원칙은 세법적용의 원칙 중 하나이다.**

05. 종합부동산세의 **납세의무 성립시기는 과세기준일인 6월 1일**이다.

06. **납부고지 유예는 소멸시효의 정지사유**에 해당한다.

07. 연대납세의무자에 대한 법률행위의 무효나 취소의 원인은 **다른 연대납세의무자의 납세의무에 영향을 미치지 아니한다.**

08. 원천징수의무자나 납세조합으로부터 징수하는 소득세 : 그 **납세의무의 확정일**

09. 수정신고의 효력 : **정부부과세목에 대해서 수정신고하는 경우에는 증액확정력이 없다.**

10. 납세자는 **국세환급금에 관한 권리를 타인에게 양도**할 수 있다.

11. **상속세, 증여세 및 종합부동산세가 아닌 세목**에 대하여 신청가능하다.

12. 국내에 주소가 없는 것으로 보는 **사유가 발생한 날의 다음 날에 거주자에서 비거주자**로 된다.

42

13. 저축성보험의 보험차익 : **보험금 또는 환급금의 지급일**

14. 복식부기의무자가 사업용 유형자산을 양도함으로써 발생하는 소득(단, 양도소득에 해당하는 경우는 제외)이 사업소득에 해당한다. 따라서 **간편장부대상자가 사업용 유형자산 처분으로 발생하는 양도차익은 사업소득에서 제외**한다.

15. 기업업무추진비와 관련된 부가가치세 매입세액은 **공제하지 아니하는 매입세액으로 필요경비에 산입**된다.

16. 사업체의 업무와 관련된 **교육훈련을 위한 학자금이 근로소득에 해당**한다.

17. **저작권 사용료가 저작자 자신에게 귀속되는 경우 이는 사업소득에 해당**한다.

18. **출자공동사업자의 배당소득, 사업소득, 기타소득, 양도소득에 부당행위계산의 부인 규정이 적용**된다.

19. **주거용 건물임대업의 결손금은 다른 종합소득금액에서 공제가능**하다.

20. 과세기간 종료일 현재 **20세 이하 또는 60세 이상인 형제자매가 부양가족공제 대상자에 해당**한다.

21. 2인 이상으로부터 근로소득을 받는 경우 그 **근로소득의 합계액을 총급여액으로 하여 근로소득공제 및 공제한도를 적용**한다.

22. 기장세액공제와 관련된 장부 및 증명서류를 해당 과세표준확정신고기간 종료일부터 **5년간 보관하지 아니한 경우에는 기장세액공제를 적용하지 않는다.**

23. 비사업용토지는 장기보유특별공제가 적용된다.

24. 원천징수대상 사업소득을 지급하는 개인은 **사업자인 경우에만 원천징수의무를 진다.** 일용근로소득을 지급할 때에는 그 근로소득에 근로소득공제를 적용한 금액에 **원천징수세율(최저세율인 6%)을 적용**하여 계산한 산출세액에서 근로소득세액공제를 적용한 소득세를 원천징수한다.

25. 착오로 발급하지 아니하여 10일 이내에 자진 발급시 10%

제112회 세무회계2급

합격율	시험년월
38%	2024.8

세법1부 법인세법, 부가가치세법

01. 다음 중 법인세법상 납세의무자에 대한 설명으로 옳은 것은?

① 외국법인이란 외국의 법률에 따라 설립된 법인을 말한다.

② 영리외국법인은 청산소득에 대한 법인세 납세의무가 없다.

③ 외국정부와 지방자치단체는 각 사업연도의 소득 및 청산소득에 대하여 납세의무를 지지 않는다.

④ 외국에서 주된 영업을 하는 영리법인은 국내에 본점이나 주사무소 또는 사업의 실질적 관리장소를 두고 있다고 하더라도 내국법인으로 분류될 수 없다.

02. 다음 중 법인세법상 사업연도에 대한 설명으로 옳은 것은?

① 사업연도는 법령이나 법인의 정관 등에서 정하는 1 회계기간으로 하되, 그 기간을 1년 미만으로 할 수 없다.

② 내국법인의 최초 사업연도의 개시일은 사실상의 사업개시일로 한다.

③ 법령이나 정관 등에 사업연도에 관한 규정이 없는 내국법인이 사업연도에 대하여 신고하지 않은 경우 매년 1월 1일부터 12월 31일까지를 사업연도로 한다.

④ 내국법인이 폐업하는 경우 사업연도는 그 사업연도 개시일부터 폐업일까지로 한다.

03. 다음 중 법인세법상 법인에서 사외유출된 금액이 발생한 경우에 대한 설명으로 옳지 않은 것은?

① 사외유출된 금액의 귀속자가 주주인 경우 배당으로 소득처분한다.

② 사외유출된 금액의 귀속자가 임원 또는 직원인 경우 상여로 소득처분한다.

③ 사외유출된 금액의 귀속자가 사업을 영위하는 거주자인 경우 기타소득으로 소득처분한다.

④ 사외유출된 금액의 귀속자가 분명하지 않은 경우 법인 대표자에 대한 상여로 소득처분한다.

04. 다음 중 법인세법상 익금에 대한 설명으로 옳지 않은 것은?

① 법인의 자산수증이익과 채무면제이익은 익금에 해당한다.

② 지출 당시 손금에 산입된 재산세는 추후 환입 시 익금에 해당한다.

③ 자기주식처분이익은 익금에 해당한다.

④ 법인이 특수관계 없는 개인으로부터 유가증권을 저가매입하는 경우에는 매입시점에 시가와 그 매입가액의 차액을 익금으로 본다.

05. 다음 중 법인세법상 손금불산입되는 벌금 등의 사례로 옳지 않은 것은?

① 전기요금의 납부지연으로 인한 연체가산금

② 업무와 관련하여 발생한 교통사고 벌과금

③ 「국민건강보험법」에 따라 징수하는 연체금

④ 법인의 임원 또는 직원이 관세법을 위반하고 지급한 벌과금

06. 다음 중 법인세법상 대손충당금을 설정할 수 없는 채권이 아닌 것은?

① 업무와 관련하여 특수관계 없는 자에게 대여한 금액

② 할인어음, 배서양도한 어음

③ 채무보증으로 인하여 발생한 구상채권

④ 특수관계인에게 업무와 관련 없이 지급한 가지급금

07. 다음 중 법인세법상 재고자산 및 유가증권의 평가에 대한 설명으로 틀린 것은?

① 법인의 재고자산평가는 원가법과 저가법 중 법인이 납세지 관할 세무서장에게 신고한 방법에 의한다.

② 법인의 재고자산은 종류별, 영업장별로 각각 다른 방법으로 평가할 수 있다.

③ 법인이 보유한 채권의 평가는 선입선출법, 총평균법, 이동평균법 중 선택할 수 있다.

④ 법인이 평가방법을 신고하고 신고한 방법에 따라 평가하였으나 계산상 착오인 경우는 임의 변경으로 보지 않는다.

08. 다음 중 법인세법상 유형자산의 감가상각에 대한 설명으로 옳지 않은 것은?

① 건설 중인 자산은 감가상각자산에 포함되지 아니한다.

② 상각부인액은 그 이후 사업연도에 시인부족액을 한도로 손금에 산입한다.

③ 시인부족액은 그 후 사업연도의 상각부인액에 충당된다.

④ 감가상각자산을 양도한 경우 당해 자산의 상각부인액은 양도일이 속하는 사업연도의 손금에 이를 산입한다.

09. 다음 중 법인세법상 기업업무추진비에 대한 설명으로 가장 잘못된 것은?

① 기업업무추진비는 접대행위가 일어난 사업연도에 귀속한다.

② 기업업무추진비를 금전 외의 자산으로 제공한 경우 해당 자산의 가액은 이를 제공할 때의 시가가 장부가액보다 낮다면 장부가액으로 평가한다.

③ 법인이 직접 생산한 제품 등으로 제공한 경우는 적격증빙불비 기업업무추진비 시부인 규정을 적용받지 아니한다.

④ 3만원을 초과하는 기업업무추진비를 임직원 개인명의의 신용카드로 결제한 경우 법인의 손금에 산입할 수 있다.

10. 다음 중 법인세법상 부당행위계산의 유형에 해당하지 않는 것은?

① 자산을 시가보다 높은 가액으로 매입한 경우

② 무수익 자산을 매입한 경우

③ 출연금을 대신 부담한 경우

④ 주주나 출연자가 아닌 임원에게 사택을 제공하는 경우

11. 다음 중 법인세법상 결손금 및 이월결손금에 대한 설명으로 옳지 않은 것은?

① 결손금 소급공제는 중소기업에 해당하는 내국법인이 신청할 수 있다.

② 이월결손금을 공제할 때에는 최근에 발생한 사업연도의 결손금부터 차례대로 공제한다.

③ 이월결손금에 대한 공제는 중소기업의 경우 100분의 100을 한도로 한다.

④ 결손금 소급공제로 법인세를 환급받으려는 법인은 결손금이 발생한 사업연도의 법인세 신고기한까지 환급을 신청해야 한다.

12. 다음 중 법인세법상 중간예납에 대한 설명으로 가장 옳지 않은 것은?

① 원칙적으로 중간예납의무자는 각 사업연도의 기간이 6개월을 초과하는 내국법인이다.

② 중간예납기간은 해당 사업연도의 개시일부터 6개월이 되는 날까지로 한다.

③ 중간예납기간이 지난 날부터 2개월 이내에 중간예납세액을 납세지 관할 세무서, 한국은행 또는 체신관서에 납부하여야 한다.

④ 납부할 중간예납세액이 5백만원을 초과하는 경우에는 분납할 수 있다.

13. 다음 중 법인세법상 지급명세서 등 제출 불성실가산세에 대한 설명으로 옳지 않은 것은? (단, 일용근로 소득은 제외한다.)

① 지급명세서를 기한까지 제출하지 아니한 경우 가산세는 지급금액의 100분의 1로 한다.

② 간이지급명세서를 기한까지 제출하지 아니한 경우 가산세는 지급금액의 1만분의 25로 한다.

③ 지급명세서를 제출기한이 지난 후 3개월 이내에 제출하는 경우에 가산세는 지급금액의 1천분의 1로 한다.

④ 간이지급명세서가 불분명하거나 사실과 다른 경우 가산세는 지급금액의 1만분의 25로 한다.

14. 다음 중 부가가치세법상 사업장에 대한 설명으로 옳지 않은 것은?

① 건설업 개인사업자 : 사업에 관한 업무를 총괄하는 장소

② 제조업 : 최종제품을 완성하는 장소(따로 제품의 포장만을 하거나 용기에 충전만을 하는 장소는 제외)

③ 부동산매매업 법인 : 부동산의 등기부상 소재지

④ 무인자동판매기를 통하여 재화를 공급하는 사업 : 사업에 관한 업무를 총괄하는 장소

15. 다음 중 부가가치세법상 사업자등록에 대한 설명으로 옳지 않은 것은?

① 사업장이 둘 이상인 사업자는 사업자 단위로 해당 사업자의 본점 또는 주사무소의 관할 세무서장에게 등록을 신청할 수 있다.

② 사업자는 사업자등록의 신청을 사업장 관할 세무서장이 아닌 다른 세무서장에게도 할 수 있다.

③ 신규로 사업을 시작하려는 자는 사업개시일 이전에는 사업자등록을 신청할 수 없다.

④ 사업장 단위로 등록한 사업자가 사업자단위 과세사업자로 변경하려면 사업자단위 과세사업자로 적용받으려는 과세기간 개시 20일 전까지 변경등록을 신청해야 한다.

16. 다음 중 부가가치세법상 재화의 공급에 해당하지 않는 것은?

① 건물의 현물출자   ② 특허권의 양도

③ 상표권의 양도   ④ 채권의 양도

17. 다음 중 부가가치세법상 재화 또는 용역의 공급시기에 대한 설명으로 가장 옳지 않은 것은?

① 전력이나 그 밖에 공급단위를 구획할 수 없는 재화를 계속적으로 공급하는 경우에는 대가의 각 부분을 받기로 한 때를 공급시기로 본다.

② 완성도기준지급조건부로 재화를 공급하는 경우에는 재화를 인도하는 때를 공급시기로 본다.

③ 수출재화의 경우 해당 수출재화의 선(기)적일을 공급시기로 본다.

④ 무인판매기를 이용하여 재화를 공급하는 경우 해당 사업자가 무인판매기에서 현금을 꺼내는 때를 공급시기로 본다.

18. 다음 중 부가가치세법상 용역의 공급 중 면세가 적용되는 것을 모두 고른 것은?

가. 국가 또는 지방자치단체에 무상으로 공급하는 용역
나. 고속버스, 전세버스, 시내버스 등의 여객운송용역
다. 주무관청에 등록된 미술학원에서 제공하는 교육용역
라. 「약사법」에 따른 약사가 제공하는 의약품의 조제용역

① 가, 나, 다   ② 가, 나, 라   ③ 가, 다, 라   ④ 나, 다, 라

19. 다음 중 부가가치세법상 공급가액에 대한 설명으로 옳지 않은 것은?

① 대가를 외화로 받은 경우로서 공급시기가 되기 전에 원화로 환가한 경우에는 공급시기의 기준환율 또는 재정환율에 따라 계산한 금액을 공급가액으로 한다.

② 금전 외의 대가를 받는 경우 자기가 공급한 재화 또는 용역의 시가를 공급가액으로 한다.

③ 폐업 시 남아있는 재화는 시가를 공급가액으로 한다.

④ 공급에 대한 대가의 지급이 지체되었음을 이유로 받는 연체이자는 공급가액에 포함하지 아니한다.

20. 다음 중 부가가치세법상 대손세액공제에 대한 설명으로 가장 옳지 않은 것은?

① 채무자의 행방불명은 대손사유에 해당한다.

② 사업자가 대손금액을 회수한 경우 회수한 대손세액을 회수한 날이 속하는 과세기간의 매입세액에서 차감한다.

③ 대손세액은 대손금액의 110분의 10으로 한다.

④ 대손세액공제를 적용받으려는 사업자는 대손금액이 발생한 사실을 증명하는 서류를 제출하여야한다.

21. 다음 중 부가가치세법상 매입세액 공제대상이 아닌 것은?

① 건설업의 화물자동차로 유료도로를 이용하고 해당 도로 사업자에게 통행료를 신용카드로 결제한 경우

② 기존 과세사업에 사용하던 노후건물을 철거하고 건물을 신축하는 경우 철거 관련 매입세액

③ 종업원의 교통사고 병원 치료비를 신용카드로 결제한 경우

④ 세금계산서 발급 대상 간이과세자로부터 소모품을 매입하고 현금영수증을 발급받은 경우

22. 다음 중 부가가치세법상 의제매입세액 공제율의 연결이 옳지 않은 것은?

① 「개별소비세법」상 과세유흥장소의 경영자 : 4/104

② 음식점을 경영하는 법인사업자 : 6/106

③ 음식점을 경영하는 개인사업자(해당 과세기간의 과세표준 2억원 초과) : 8/108

④ 제조업을 경영하는 법인사업자 : 2/102

23. 다음 중 부가가치세법상 수정세금계산서를 발급하는 경우 수정세금계산서의 작성연월일로 옳지 않은 것은?

① 처음 공급한 재화가 환입된 경우 : 재화가 환입된 날

② 계약의 해제로 재화 또는 용역이 공급되지 아니한 경우 : 계약해제일

③ 계약의 해지 등에 따라 공급가액에 추가되거나 차감되는 금액이 발생한 경우 : 증감 사유가 발생한 날

④ 착오로 전자세금계산서를 이중으로 발급한 경우 : 착오를 인식한 날

24. 다음 중 부가가치세법상 간이과세자에 대한 설명으로 옳지 않은 것은?

① 간이과세자는 휴업 또는 사업부진 등의 사유가 있더라도 예정부과기간의 과세표준과 납부세액을 신고할 수 없다.

② 간이과세가 적용되지 아니하는 다른 사업장을 보유하고 있는 사업자는 간이과세자로 보지 아니 한다.

③ 부동산매매업을 경영하는 자는 간이과세자가 될 수 없다.

④ 간이과세자가 일반과세자에 관한 규정을 적용받으려는 경우 간이과세의 포기가 가능하다.

25. 다음 중 부가가치세법상 예정신고와 확정신고에 대한 설명으로 옳지 않은 것은?

① 각 예정신고기간분에 대하여 조기환급을 받으려는 경우 예정신고를 할 수 있다.

② 예정신고를 한 사업자는 확정신고 시 이미 신고한 과세표준과 납부세액은 신고하지 않는다.

③ 사업자가 폐업하는 경우 폐업일이 속한 달의 다음 달 25일까지 확정신고를 하여야 한다.

④ 예정고지세액이 100만원 미만인 경우 징수하지 아니한다.

세법2부 국세기본법, 소득세법(조세특례제한법)

01. 다음 중 국세기본법상 기간과 기한에 대한 내용으로 틀린 것은?

① 납세자가 과세표준신고서를 우편으로 제출한 경우 그 청구기간이 지나서 도달하더라도 우편날짜 도장이 찍힌 날을 기준으로 신고된 것으로 본다.

② 과세표준신고서를 국세정보통신망을 이용하여 제출하는 경우에는 해당 신고서가 국세청장에게 전송된 때 신고된 것으로 본다.

③ 신고기한 만료일에 정전, 프로그램의 오류 등으로 국세정보통신망의 가동이 정지되는 경우 그 장애가 복구된 날을 기한으로 한다.

④ 국세기본법 또는 세법에 규정하는 징수에 관한 기한이 공휴일에 해당하는 때에는 그 공휴일의 다음날을 기한으로 한다.

02. 다음 중 국세기본법상 공시송달의 사유로 가장 옳지 않은 것은?

① 주소 또는 영업소가 국외에 있고 송달하기 곤란한 경우

② 주소 또는 영업소가 분명하지 아니한 경우

③ 등기우편으로 송달하였으나 수취인 부재로 반송되어 납부기한까지 송달이 곤란하다고 인정되는 경우

④ 세무공무원이 1회 이상 납세자를 방문해 서류를 교부하려고 하였으나 수취인이 부재중인 것으로 확인되어 납부기한까지 송달이 곤란하다고 인정되는 경우

03. 다음 중 국세기본법상 법인으로 보는 단체에 대한 설명으로 가장 옳지 않은 것은?

① 주무관청의 허가를 받아 요건을 갖춰 설립된 법인은 관할 세무서장에게 신청하여 승인을 받지 않아도 법인으로 본다.

② 등기되지 않고 공익을 목적으로 출연된 기본재산이 있는 재단은 요건을 갖춘 경우 법인으로 본다.

③ 단체의 수익을 구성원에게 분배하더라도 법인으로 보는 단체에 해당한다.

④ 법인으로 보는 단체의 국세에 관한 의무는 그 대표자나 관리인이 이행해야 한다.

04. 다음 중 국세기본법상 납세의무의 성립시기 연결이 옳지 않은 것은?

① 소득세·법인세 : 과세기간이 끝나는 때

② 부가가치세 : 부가가치세 신고기간이 끝나는 때

③ 상속세 : 상속이 개시되는 때

④ 증여세 : 증여에 의하여 재산을 취득하는 때

05. 다음 중 국세기본법상 국세의 부과제척기간과 국세징수권의 소멸시효의 비교에 대한 설명으로 가장 옳지 않은 것은?

구분		국세의 부과제척기간	국세징수권의 소멸시효
①	대상	국가의 부과권(형성권의 일종)	국가의 징수권(청구권의 일종)
②	기간	일반 국세 : 5년, 7년, 10년 등	5억원 미만의 국세 : 5년
③	중단과 정지제도	존재함	존재하지 않음
④	기간만료의 효과	장래를 향해 부과권 소멸	기산일로 소급하여 징수권 소멸

06. 다음 중 국세기본법상 수정신고와 경정청구에 대한 설명으로 옳지 않은 것은?

① 과세표준신고서를 법정신고기한까지 제출한 자는 수정신고를 할 수 있다.

② 과세표준수정신고서를 제출하는 납세자가 추가자진납부하는 경우 자진납부하는 국세와 함께 가산세를 추가하여 납부하여야 한다.

③ 기한후과세표준신고를 한 경우에도 경정청구의 대상이 된다.

④ 경정의 청구를 받은 세무서장은 그 청구를 받은 날부터 3개월 이내에 결정 또는 경정여부를 통지하여야 한다.

07. 다음 중 국세기본법상 납세의무의 승계와 연대납세의무에 대한 설명으로 가장 틀린 것은?

① 상속인은 피상속인의 국세 및 강제징수비를 상속으로 받은 재산의 한도 내에서 납부할 의무를 진다.

② 피상속인에게 한 처분 또는 절차는 납세의무를 승계한 상속인에 대해서도 동일한 효력이 있다.

③ 연대납세의무자 중 1인이 전액을 납부했을 경우 타 연대납세의무자의 납부의무는 소멸된다.

④ 납세고지에 관한 서류를 송달할 때에는 수인의 연대납세의무자 중 그 대표자 1인에게만 하여도 송달의 효력이 있다.

08. 사업을 영위하는 김토지씨가 종합소득세를 신고하지 않아 관할 세무서장이 고지서를 발송하였는데, 김토지씨가 이를 체납하여 소득세 관할 세무서장이 김토지씨의 소유토지를 압류하여 매각하였다. 국세기본법상 우선순위를 바르게 나열한 것은?

> 가. 소득세 등 (고지서 발송일 : 20x1.4.10., 고지세액의 납부기한이 지난 날 : 20x1.5.10.)
> 나. 해당 토지에 설정된 저당권에 의해 담보되는 채권 (저당권 설정일 : 20x1.3.10.)
> 다. 김토지씨의 사업체에 종사하는 근로자들의 임금채권 (최종 3월분 임금)

① 다 → 나 → 가 ② 다 → 가 → 나
③ 나 → 가 → 다 ④ 나 → 다 → 가

09. 다음 중 국세기본법상 가산세의 50% 감면을 적용하지 않는 경우는?

① 법정신고기한이 지난 후 3개월 초과 6개월 이내에 수정신고한 경우

② 법정신고기한이 지난 후 3개월 초과 6개월 이내에 기한 후 신고를 한 경우

③ 세법에 따른 제출, 신고, 가입, 등록, 개설의 기한이 지난 후 1개월 이내에 해당 세법에 따른 제출 등의 의무를 이행하는 경우

④ 과세전적부심사의 결정·통지기간에 그 결과를 통지하지 아니한 경우

10. 다음 중 국세기본법상 조세불복에 대한 설명으로 옳지 않은 것은?

① 「감사원법」에 따라 심사청구를 한 처분에 대해서는 불복을 청구할 수 없다.

② 상속세 및 증여세 세목에 대해서는 국선대리인의 선정을 신청할 수 없다.

③ 청구서의 보정기간은 심사청구기간에 산입하지 아니한다.

④ 제2차 납세의무자로서 납부고지서를 받은 자는 이해관계인으로서 불복을 청구할 수 없다.

11. 다음 중 국세기본법상 납세자의 권리에 대한 설명으로 가장 옳지 않은 것은?

① 세무공무원은 조사대상 세목·업종·규모, 조사 난이도 등을 고려하여 세무조사기간이 최소한이 되도록 하여야 한다.

② 세무공무원은 납세자의 자료 제출 지연 등의 사유로 세무조사를 중지할 수 있으며, 중지기간 중에도 납세자에 대하여 국세의 과세표준과 세액을 결정 또는 경정하기 위한 질문을 하거나 장부 등의 검사 또는 제출을 요구할 수 있다.

③ 세무조사결과에 대한 서면통지를 받은 자는 과세전적부심사를 청구할 수 있는데, 납기전징수 사유가 있는 경우는 과세전적부심사를 청구할 수 없다.

④ 세무조사의 사전통지를 받은 납세자가 납세자의 장기출장 등으로 세무조사를 받기가 곤란한 경우 세무조사를 연기해 줄 것을 신청할 수 있다.

12. 다음 중 소득세법상 납세의무자와 납세지에 대한 설명으로 가장 옳지 않은 것은?

① 국외에서 근무하는 대한민국 공무원은 거주자로 본다.

② 피상속인의 소득금액에 대한 소득세는 그 상속인이 납세의무를 진다.

③ 국내에서 거소를 둔 기간이 1과세기간 중에 183일 이상인 경우에는 거주자로 본다.

④ 국내사업장이 없는 경우 비거주자의 소득세 납세지는 거소지로 한다.

13. 다음 중 소득세법상 이자소득에 해당하지 않는 것은?

① 외국법인이 발행한 채권·증권의 이자와 할인액

② 환매조건부 채권·증권의 매매차익

③ 직장공제회 초과반환금

④ 국외에서 받는 집합투자기구로부터의 이익

14. 다음 중 소득세법상 주택임대소득에 대한 설명으로 가장 옳지 않은 것은?

① 국외에 소재한 1주택 소유자의 주택임대소득은 비과세 대상에 해당한다.

② 소유주택이 2주택인 경우 주택의 간주임대료는 총수입금액 산입 대상이 아니다.

③ 주택수를 계산할 때 본인과 배우자가 각각 주택을 소유하는 경우에는 이를 합산한다.

④ 주택임대 총수입금액의 합계액이 2천만원 이하인 경우 분리과세가 가능하다.

15. 다음 중 소득세법상 사업소득의 필요경비에 산입하지 않는 것은?

① 판매장려금 및 판매수당 등 판매와 관련한 부대비용

② 사업에 직접 종사하고 있는 그 사업자의 배우자 급여

③ 면세사업 관련 부가가치세 매입세액

④ 소득세와 개인지방소득세

16. 다음 중 소득세법상 과세되는 근로소득의 범위에 해당하지 않는 것은?

① 법인세법에 따라 상여로 처분된 금액

② 일정기간 동안 회사에 근무하기로 계약을 체결하고 당해 계약에 따라 지급받는 추가급여

③ 중소기업의 종업원이 주택의 구입·임차에 소요되는 자금을 저리 또는 무상으로 대여 받음으로써 얻는 이익

④ 근로자 자녀의 학자금

17. 다음 중 소득세법상 각각의 소득금액을 계산하는 경우 필요경비로 인정받을 수 있는 경우는?

① 이자소득금액을 계산하는 경우 : 차입금에 대한 지급이자

② 배당소득금액을 계산하는 경우 : 금융기관에 지급한 수수료

③ 기타소득금액(문예창작소득)을 계산하는 경우 : 실제로 사용한 경비

④ 근로소득금액을 계산하는 경우 : 업무상 출장비용

18. 다음 중 소득세법상 연금소득공제에 대한 설명으로 옳지 않은 것은?

① 연금소득은 실제 필요경비가 인정되지 아니한다.
② 연금소득공제를 계산할 때 총연금액에는 분리과세 연금소득은 제외한다.
③ 총연금액이 350만원 이하인 경우 총연금액 전액이 공제된다.
④ 연금소득공제액의 한도는 1,000만원으로 한다.

19. 다음 중 소득세법상 열거하는 기타소득에 해당하지 않는 것은?

① 소기업·소상공인 공제부금의 해지일시금
② 알선수재 및 배임수재에 의하여 받는 금품
③ 고용관계 없이 다수인에게 강연을 하고 강연료 등 대가를 받는 용역을 일시적으로 제공하고 받는 대가
④ 퇴직 전에 부여받은 주식매수선택권을 퇴직 전에 행사함으로써 얻는 이익

20. 다음 중 소득세법상 종합소득공제에 대한 설명으로 가장 옳지 않은 것은?

① 종합소득이 있는 거주자와 따로 사는 부모님은 소득요건과 나이요건을 충족할 경우 생계를 같이 하는 사람으로 보아 기본공제를 받을 수 있다.
② 기본공제대상자가 아닌 자는 추가공제대상자가 될 수 없다.
③ 거주자 갑의 배우자에게 일용근로소득이 200만원 있는 경우 종합소득금액이 2,000만원인 거주자 갑은 배우자공제를 받을 수 없다.
④ 경로우대자공제를 받기 위한 최소한의 나이는 70세이다.

21. 다음 중 소득세법상 사업소득만 있는 거주자가 적용받을 수 없는 세액공제는 무엇인가?

① 보험료세액공제
② 자녀세액공제
③ 연금계좌세액공제
④ 기장세액공제

22. 다음 중 소득세법상 양도소득세에 대한 설명으로 옳지 않은 것은?

① 미등기양도자산은 기본공제를 적용받을 수 없다.

② 양도소득 예정신고와 함께 자진납부하는 경우 산출세액의 100분의 10을 공제한다.

③ 고가주택이란 양도 당시 실지거래가액의 합계액이 12억원을 초과하는 주택을 말한다.

④ 원칙적으로 장기보유특별공제는 보유 기간이 3년 이상인 경우에 적용한다.

23. 다음 중 소득세법상 원천징수와 관련된 설명으로 옳은 것은?

① 발생된 소득을 미지급하여 소득세가 원천징수되지 않은 소득이 종합소득에 합산되어 소득세가 과세된 경우 해당 소득을 지급하는 때에는 소득세를 원천징수하지 않는다.

② 원천징수대상 사업소득을 지급하는 개인은 사업자가 아닌 경우에도 원천징수의무를 진다.

③ 소득세가 과세되지 아니하거나 면제되는 소득을 지급할 때도 소득세를 원천징수한다.

④ 일용근로소득을 지급할 때에는 매 지급 시마다 근로소득간이세액표에 따라 소득세를 원천징수한다.

24. 다음 중 소득세법상 소액부징수로 규정된 금액으로 옳지 않은 것은?

① 중간예납세액 : 50만원 미만인 경우

② 배당소득의 원천징수세액 : 1천원 미만인 경우

③ 납세조합의 징수세액 : 1천원 미만인 경우

④ 수시부과세액 : 50만원 미만인 경우

25. 다음 중 소득세법상 성실신고확인제도에 대한 설명으로 옳지 않은 것은?

① 성실신고확인대상사업자 판단은 직전 과세기간의 수입금액에 의해 결정된다.

② 성실신고확인대상사업자가 성실신고확인서를 제출하는 경우에는 종합소득과세표준 확정신고를 그 과세기간의 다음 연도 5월 1일부터 6월 30일까지 해야 한다.

③ 성실신고확인대상사업자가 그 과세기간의 다음 연도 6월 30일까지 성실신고확인서를 관할 세무서장에게 제출하지 않은 경우에는 성실신고확인서 제출 불성실 가산세를 적용한다.

④ 세무공무원은 정기선정에 의한 조사 외에 납세자가 성실신고확인서의 제출의무를 이행하지 않은 경우에는 세무조사를 할 수 있다.

제112회 세무회계2급 답안 및 해설

세법1부 - 법인세법, 부가가치세법

1	2	3	4	5	6	7	8	9	10	11	12	13	14	15
②	③	③	④	①	①	③	④	④	④	②	④	③	③	③

16	17	18	19	20	21	22	23	24	25
④	②	③	①	②	③	①	④	①	④

01. ① 외국법인이란 **외국에 본점 또는 주사무소를 둔 법인**으로 설립준거법에 따르는 것이 아니다.

③ 외국정부와 지방자치단체도 **수익사업에서 생긴 소득에 대하여 납세의무를** 진다.

④ 국내에 본점이나 **사업의 실질적 관리장소를 두고 있는 경우 내국법인으로 분류**한다.

02. ① **1년 미만은 허용**된다.

② **최초 사업연도의 개시일은 설립등기일**이다.

④ 폐업의 경우는 사업연도가 달라지지 않는다.

03. 사외유출된 금액의 귀속자가 **사업을 영위하는 거주자인 경우에는 기타사외유출**로 소득처분한다.

04. 법인이 **특수관계인인 개인으로부터 유가증권을 저가매입**하는 경우에는 매입시점의 시가와 그 매입가액의 차액을 익금으로 본다.

05. 전기요금의 납부지연으로 인한 연체가산금은 손금불산입되는 벌금에 해당하지 않는다.

06. 특수관계 없는 자에게 대여한 금액은 대손충당금을 설정할 수 있는 채권에 해당한다.

07. 채권의 경우 개별법, 총평균법, 이동평균법 중 선택할 수 있다.

08. 시인부족액은 그 후 사업연도의 상각부인액에 이를 충당하지 못한다.

09. 법인 명의로 발급받은 신용카드로 결제한 경우에 손금에 산입할 수 있다. 개인의 명의의 신용카드로 결제한 경우에 **일반영수증으로 보아 손금불산입**한다.

10. 주주 등이나 **출연자가 아닌 임원 및 직원에게 사택을 제공하는 경우는 부당행위계산을 적용하지 아니한다.**

11. 결손금을 공제할 때에는 **먼저 발생한 사업연도의 결손금부터 차례대로 공제**한다.

12. 납부할 중간예납세액이 **1천만원을 초과하는 경우에는 분납**할 수 있다.

13. 지급명세서를 제출기한이 지난 후 3개월 이내에 제출하는 경우에 가산세는 **지급금액의 1천분의 5(미제출 1%의 50% 감면)**로 한다.

14. 건설업, 운수업, 부동산매매업 법인의 경우 **법인의 등기부상 소재지가 사업장**이다.

15. 신규로 사업을 시작하려는 자는 **사업개시일 이전이라도 사업자등록을 신청**할 수 있다.

16. 채권은 재화의 범위에서 제외된다.

17. **완성도기준지급조건부**로 재화를 공급하는 경우에는 **대가의 각 부분을 받기로 한 때**를 재화의 공급시기로 본다.

18. **고속버스, 전세버스의 여객운송 용역은 부가가치세가 면제**되지 아니한다.

19. **공급시기가 되기 전에 원화로 환가**한 경우에는 그 **환가한 금액을 공급가액**으로 한다.

20. 사업자가 대손금액을 회수한 경우 회수한 **대손세액을 회수한 날이 속하는 과세기간의 매출세액에 더한다.**

21. 종업원의 교통사고 **병원 치료비는 면세에 해당**하여 매출세액에서 공제하지 아니한다.

22. 「개별소비세법」에 따른 **과세유흥장소의 경영자에게 적용되는 의제매입세액 공제율은 102분의 2이다.**

23. 착오로 전자세금계산서를 이중으로 발급한 경우 **처음에 발급한 세금계산서의 내용대로 음의 표시**를 하여 발급한다.

24. 간이과세자도 휴업 또는 사업부진 등의 사유가 있는 경우 **예정부과기간의 과세표준과 납부세액을 예정부과 기한까지 신고**할 수 있다.

25. **예정고지세액이 50만원 미만**인 경우 징수하지 아니한다.

세법2부 - 국세기본법, 소득세법(조세특례제한법)

1	2	3	4	5	6	7	8	9	10	11	12	13	14	15
③	④	③	②	③	④	④	①	②	④	②	④	④	①	④

16	17	18	19	20	21	22	23	24	25
③	③	④	④	③	①	②	①	④	①

01. 국세정보통신망의 가동이 정지되는 경우 그 장애가 **복구되어 신고할 수 있게 된 날의 다음 날**을 기한으로 한다.

02. **세무공무원이 2회 이상** 납세자를 방문해 서류를 교부하려고 하였으나 수취인이 부재중인 것으로 확인되어 납부기한까지 송달이 곤란하다고 인정되는 경우

03. 관할 세무서장에게 신청하여 승인을 받아 법인으로 보는 단체가 되기 위한 요건 중의 하나는 **단체의 수익을 구성원에게 분배하지 않는 것**이다.

04. 부가가치세의 납세의무 성립시기는 **과세기간이 끝나는 때**이다. 다만, 수입재화의 경우에는 세관장에게 수입신고를 하는 때를 말한다.

05. **중단과 정지제도는 국세징수권의 소멸시효**에 존재하는 제도이다.

06. 경정의 청구를 받은 세무서장은 그 **청구를 받은 날부터 2개월 이내에 결정 또는 경정여부**를 통지하여야 한다.

07. 납세고지와 독촉에 관한 서류는 **연대납세의무자 모두에게 각각 송달**하여야 한다.

08. 소득세의 법정기일은 고지서 발송일인 4월 10일이다.

09. 법정신고기한이 지난 후 **3개월 초과 6개월 이내에 기한 후 신고**를 한 경우 해당 가산세액의 **100분의 20에 상당하는 금액을 감면**한다.

10. 제2차 납세의무자로서 **납부고지서를 받은 자는 이해관계인**으로서 불복을 청구할 수 있다.

11. 세무조사 중지기간 중에는 납세자에 대하여 국세의 과세표준과 세액을 결정 또는 경정하기 위한 질문을 하거나 장부 등의 검사 또는 그 제출을 요구할 수 없다.

12. 국내사업장이 없는 경우 **비거주자의 소득세 납세지는 국내원천소득이 발생하는 장소**로 한다.

13. 국외에서 받는 **집합투자기구로부터의 이익은 배당소득**에 해당한다.

14. **국외에 소재한 주택의 임대소득은 비과세 대상에서 제외**한다.

15. 소득세와 개인지방소득세는 필요경비에 산입하지 않는다.

16. **중소기업의 종업원이 주택의 구입·임차 자금을 저리 또는 무상으로 대여받음**으로써 얻는 이익은 **비과세**한다.

17. **금융소득에 대해서 필요경비를 인정하지 않고**, 근로소득도 필요경비 대신에 근로소득공제로 소득금액을 계산한다.

18. **연금소득공제액의 한도는 900만원**으로 한다.

19. 퇴직 전에 부여받은 주식매수선택권을 **퇴직 전에 행사시 근로소득**이 되며, 퇴직 후에 행사하거나 고용관계 없이 주식매수선택권을 부여받아 이를 행사함으로써 얻는 이익은 기타소득에 해당한다.

20. 기본공제 대상자의 소득요건을 판단할 경우 비과세, 분리과세 소득은 제외하므로 **일용근로소득의 크기에 상관없이** 배우자공제가 가능하다.

21. **보험료세액공제는 근로소득이 있는 거주자가 적용**받을 수 있다.

22. **양도소득 예정신고 시 별도의 세액공제는 없다.**

23. ② 원천징수대상 사업소득을 지급하는 개인은 **사업자인 경우에만 원천징수의무**를 진다.
    ③ 소득세가 과세되는 것에 대해서 원천징수한다.
    ④ 일용근로소득을 지급할 때에는 그 근로소득에 근로소득공제(1일 15만원)를 적용한 후의 금액에 원천징수세율(6%)을 적용하여 계산한 산출세액에서 근로소득세액공제(산출세액의 55%)를 적용한 소득세를 원천징수한다.

24. **수시부과세액에 대해서는 소액부징수 규정이 없다.**

25. **해당 과세 기간의 수입금액에 따라 성실신고확인 대상사업자 여부**를 판단한다.

제111회 세무회계2급

합격율	시험년월
34%	2024.6

세법1부 법인세법, 부가가치세법

01. 다음 중 법인세법에 대한 설명으로 옳은 것은?

① 청산소득에 대한 법인세는 영리외국법인에 한하여 납세의무를 진다.

② 내국법인의 각 사업연도 소득에 대한 법인세는 과세표준에 따라 4단계 누진세율을 적용한다.

③ 외국법인의 법인세 납세지는 관할 세무서장이 지정하는 장소로 한다.

④ 각 사업연도 소득에 대한 법인세는 사업연도 종료일이 속하는 달의 말일부터 2개월 이내 신고·납부해야 한다.

02. 다음 중 법인세법상 최초 사업연도의 개시일에 대한 설명으로 가장 옳지 않은 것은?

① 내국법인의 최초 사업연도의 개시일은 설립등기일이다.

② 국내사업장이 있는 외국법인의 최초 사업연도의 개시일은 국내사업장을 가지게 된 날이다.

③ 최초 사업연도의 개시일 전에 생긴 손익을 사실상 그 법인에 귀속시킨 것이 있는 경우 최초 사업연도의 개시일은 해당 법인에 귀속시킨 손익이 최초로 발생한 날이다.

④ 국내사업장이 없는 외국법인의 경우 최초 사업연도의 개시일은 대표자나 납세관리인이 신고한 날이다.

03. 다음 중 법인세법상 익금항목에 해당하지 않는 것은?

① 사업수입금액   ② 자산의 양도금액

③ 자기주식소각이익   ④ 손금에 산입된 비용 중 환입된 금액

04. 다음 중 법인세법상 업무용승용차 관련 비용에 대한 설명으로 옳지 않은 것은?

① 운전학원업에서 사업상 수익을 얻기 위하여 직접 사용하는 승용자동차는 업무용승용차에 포함되지 않는다.

② 연구개발을 목적으로 사용하는 승용자동차로서 국토교통부장관의 임시운행허가를 받은 자율주행자동차는 업무용승용차에 포함되지 않는다.

③ 업무용승용차의 감가상각방법은 정액법 또는 정률법 중 선택할 수 있다.

④ 업무용승용차 관련비용이란 업무용승용차에 대한 감가상각비, 유류비, 통행료 등 업무용승용차의 취득, 유지를 위하여 지출한 비용을 말한다.

05. 다음 중 법인세법상 의제배당의 귀속시기에 대한 설명으로 옳지 않은 것은?

① 자본금 감소 등으로 인한 의제배당 : 주주총회 등에서 자본금 감소를 결의한 날

② 합병으로 인한 의제배당 : 주주총회 등에서 합병을 결의한 날

③ 해산으로 인한 의제배당 : 잔여재산가액 확정일

④ 잉여금의 자본금 전입으로 인한 의제배당 : 주주총회 등에서 잉여금의 자본금 전입을 결의한 날

06. 다음 중 법인세법상 기업업무추진비에 관한 설명으로 옳지 않은 것은?

① 주주 또는 출자자가 부담해야 할 성질의 기업업무추진비를 법인이 지출한 것은 기업업무추진비로 보지 않는다.

② 법인이 그 직원이 조직한 조합 또는 단체에 복리시설비를 지출한 경우 해당 조합이나 단체가 법인일 때에는 이를 기업업무추진비로 본다.

③ 법인이 기업업무추진비를 금전 외의 자산으로 제공한 경우 해당 자산의 가액은 제공한 때의 장부가액과 시가 중 큰 금액으로 산정한다.

④ 내국법인이 한 차례 접대에 지출한 기업업무추진비 중 3만원(경조금 20만원)을 초과하는 기업업무추진비로서 증명서류를 수취하지 않은 것은 전액 손금불산입하고 소득귀속자에 관계없이 기타사외유출로 처분한다.

07. 다음 중 법인세법상 세무조정사항 중에서 자본금과 적립금조정명세서(을)에 나타나는 항목으로 옳은 것은?

① 건설자금이자 손금불산입액   ② 특례기부금 한도초과액

③ 대표자에 대한 가지급금 인정이자   ④ 임원퇴직금 한도초과액

08. 다음 중 법인세법상 손금에 산입할 수 없는 대손금으로 옳은 것은?

① 「상법」에 따른 소멸시효가 완성된 외상매출금 및 미수금

② 회수기일이 6개월 이상 지난 채권 중 채무자별 채권가액의 합계액이 30만원 이하인 채권

③ 부도발생일로부터 3개월 이상 지난 중소기업의 외상매출금

④ 채무자의 파산, 강제집행, 사업의 폐지로 회수할 수 없는 채권

09. 다음 중 법인세법상 신설법인의 재고자산 평가방법의 신고기한으로 옳은 것은?

① 사업개시일로부터 3개월 이내

② 최초 사업연도 종료일로부터 1개월 이내

③ 최초 재고자산을 취득한 날이 속하는 사업연도 종료일

④ 법인의 설립일이 속하는 사업연도의 법인세 과세표준 신고기한

10. 다음 중 법인세법상 감가상각자산에 대한 지출을 손비로 계상 시 손금으로 인정하는 경우에 해당하지 않는 것은?

① 전화기 및 개인용 컴퓨터 취득가액

② 대여사업용 비디오테이프 및 음악용 콤팩트디스크로서 개별자산의 취득가액이 30만원 미만인 것

③ 개별자산별로 수선비로 지출한 금액이 600만원 미만인 경우

④ 5년의 기간마다 주기적인 수선을 위하여 지출하는 경우

11. 다음은 ㈜갑의 직전 사업연도(20x0.1.1.~20x0.12.31.)의 법인세 자료이다. 법인세법상 직전 사업연도의 실적에 따라 ㈜갑이 당해 사업연도(20x1.1.1.~20x1.12.31.)에 납부할 중간예납세액은 얼마인가?

- 법인세 산출세액   37,000,000원
- 기납부세액   10,000,000원(중간예납세액 8,000,000원, 원천징수납부세액 2,000,000원)
- 자진납부세액   27,000,000원

---

① 13,500,000원   ② 14,500,000원
③ 17,500,000원   ④ 18,500,000원

12. 다음 중 법인세법상 이월결손금에 대한 설명으로 틀린 것은?

① 이월결손금은 공제기한 내에 임의로 선택하여 공제받을 수 있다.
② 20x1년도에 발생한 결손금은 15년간 이월결손금 공제가 가능하다.
③ 공제대상 이월결손금은 공제 한도의 범위에서 공제한다.
④ 법인세 과세표준을 추계결정 또는 경정하는 경우에는 원칙적으로 이월결손금 공제규정을 적용하지 않는다.

13. 다음 중 법인세법상 수시부과 결정사유에 해당하지 않는 것은?

① 신고를 하지 아니하고 본점등을 이전한 경우
② 사업부진 기타의 사유로 인하여 휴업 또는 폐업상태에 있는 경우
③ 조세를 포탈할 우려가 있다고 인정되는 상당한 이유가 있는 경우
④ 납부할 세액이 없고 결손금이 있는 경우

14. 다음 중 부가가치세법상 납세지에 관한 설명으로 옳지 않은 것은?

① 사업자단위과세사업자는 각 사업장을 대신하여 그 사업자의 본점 또는 주사무소의 소재지를 부가가치세 납세지로 한다.

② 사업자가 자기의 사업과 관련하여 생산하거나 취득한 재화를 직접 판매하기 위하여 특별히 판매시설을 갖춘 장소를 직매장이라고 하는데 이는 사업장으로 본다.

③ 재화를 보관하고 관리할 수 있는 시설만 갖춘 장소를 하치장이라 하는데 이는 사업장으로 보지 않는다.

④ 재화를 수입하는 자의 부가가치세 납세지는 각 사업장의 소재지로 한다.

15. 다음 중 부가가치세법상 사업자등록 정정사유에 해당하지 않는 것은?

① 상호를 변경하는 경우

② 법인의 최대주주가 변경되는 경우

③ 상속으로 사업자의 명의가 변경되는 경우

④ 사업의 종류에 변경이 있는 경우

16. 다음 중 부가가치세법상 재화의 공급에 해당하는 것은 몇 개인지 고르시오.

가. 상품권의 양도	나. 담보의 제공	다. 건물의 현물출자
라. 저작권의 대여	마. 특허권의 양도	바. 주식의 양도

① 1개   ② 2개   ③ 3개   ④ 4개

17. 다음 중 부가가치세법상 재화·용역의 공급에 대한 면세를 적용할 수 있는 사례가 아닌 것은?

① 저술가·작곡가나 그 밖에 일정한 직업상 제공하는 인적용역

② 국가가 공급하는 재화·용역

③ 자동차운전학원의 교육용역

④ 주택과 이에 부수되는 토지의 임대용역

18. 다음 중 부가가치세의 과세표준에 포함되는 공급가액에 관한 설명으로 옳지 않은 것은?

① 계약 등에 의해 확정된 공급대가의 지급지연으로 인하여 받는 연체이자는 소비대차로 전환하지 않은 경우에는 공급가액에 포함한다.

② 재화를 공급한 후에 그 공급가액과 관련하여 지급한 장려금은 과세표준에서 공제하지 않는다.

③ 대가를 외국통화나 그 밖의 외국환으로 받는 경우로서 공급시기가 되기 전에 원화로 환가한 경우에는 그 환가금액을 공급가액으로 한다.

④ 임차인이 부담하여야 할 수도료 및 공공요금 등을 별도로 구분징수하여 납입을 대행하는 경우 해당 금액은 부동산임대관리에 따른 대가에 포함하지 않는다.

19. 다음 중 부가가치세법상 세금계산서에 대한 설명으로 옳지 않은 것은?

① 모든 법인사업자는 전자세금계산서를 의무적으로 발행하여야 한다.

② 직전 연도의 사업장별 재화 및 용역의 공급가액의 합계액이 기준금액 이상인 경우 개인사업자도 전자세금계산서 의무발급대상이 된다.

③ 전자세금계산서 의무발급대상자가 종이세금계산서를 발급하는 경우에는 효력이 없다.

④ 관할 세무서장은 개인사업자가 전자세금계산서 의무발급대상자에 해당하는 경우 그 사실을 통지하여야 한다.

20. 다음 중 부가가치세법상 공통매입세액 등에 관한 설명으로 옳지 않은 것은?

① 사업자가 과세사업과 면세사업 등을 겸영하는 경우에 과세사업과 면세사업 등에 관련된 매입세액의 계산은 실지귀속에 따라 구분한다.

② 동일 과세기간 내에 공통매입세액의 합계액이 10만원 미만인 경우 전액 공제되는 매입세액으로 한다.

③ 해당 과세기간의 총공급가액 중 면세공급가액이 5% 미만인 경우의 공통매입세액(5백만원 미만)은 전액 공제되는 매입세액으로 한다.

④ 공통매입세액은 공급가액비율 등으로 안분하여 계산하되 예정신고를 할 때에는 예정신고기간의 공급가액비율 등에 의하고 확정신고를 할 때에는 과세기간 전체의 공급가액비율 등에 의하여 정산한다.

21. 다음 중 부가가치세법상 의제매입세액공제에 관한 설명으로 옳지 않은 것은?

① 의제매입세액의 공제대상이 되는 면세농산물 등의 매입가액은 운임 등의 부대비용을 포함하지 않는다.

② 사업자가 예정신고 시 공제받지 아니한 의제매입세액은 확정신고 시에 공제할 수 있다.

③ 음식점을 운영하는 간이과세자도 의제매입세액공제를 적용받을 수 있다.

④ 일반과세인 음식점은 정규증빙 없이 농어민으로부터 면세농산물 등을 구입 시 의제매입세액공제를 받을 수 없다.

22. 다음 중 부가가치세법상 일반과세자로서 납부세액을 한도로 적용받을 수 있는 세액공제로 옳은 것은? (단, 매출가액과 매입가액이 모두 있는 것으로 본다.)

① 신용카드매출전표등 발급세액공제   ② 과세사업 전환 매입세액공제

③ 대손세액공제   ④ 재고매입세액공제

23. 다음 중 부가가치세법상 환급에 관한 설명으로 옳지 않은 것은?

① 사업자가 영세율을 적용받는 경우 조기 환급신청이 가능하다.

② 조기 환급을 신청하는 경우 납세지 관할세무서장은 그 예정신고 기한이 지난 후 20일 이내에 환급하여야 한다.

③ 사업자가 재무구조개선계획을 이행 중인 경우 조기 환급신청이 가능하다.

④ 일반적인 환급의 경우 납세지 관할 세무서장은 각 과세기간별로 그 과세기간에 대한 환급세액을 확정신고한 사업자에게 그 확정신고기한이 지난 후 30일 이내 환급하여야 한다.

24. 다음 중 부가가치세법상 가산세에 대한 설명으로 옳지 않은 것은?

① 사업자가 재화 또는 용역을 공급받지 아니하고 세금계산서를 발급받은 경우 공급가액의 3%의 가산세가 적용된다.

② 사업자의 배우자 명의로 사업자등록을 하는 경우 타인명의등록 가산세가 적용된다.

③ 부동산임대업자가 부동산임대공급가액명세서를 제출하지 아니한 경우 1%의 가산세가 적용된다.

④ 사업자미등록가산세가 적용되는 경우 매출처별 세금계산서합계표 불성실 가산세는 배제된다.

25. 다음 중 부가가치세법상 간이과세에 대한 설명으로 가장 옳지 않은 것은?

① 간이과세가 적용되지 아니한 다른 사업장을 보유하고 있는 사업자는 간이과세자로 보지 아니한다.

② 간이과세자가 수출하는 재화의 경우에는 영세율을 적용 받을 수 없다.

③ 해당 사업자의 관할 세무서장은 간이과세자에 관한 규정이 적용되거나 적용되지 아니하게 되는 과세기간 개시 20일 전까지 그 사실을 통지하여야 한다.

④ 간이과세를 포기하고자 하는 경우에는 일반과세자에 관한 규정을 적용받으려는 달의 전달 마지막 날까지 간이과세 포기신고서를 제출하여야 한다.

세법2부 국세기본법, 소득세법(조세특례제한법)

01. 다음 중 국세기본법상 기한연장에 대한 설명으로 옳지 않은 것은?

① 정전으로 인하여 체신관서의 정보통신망의 정상적인 가동이 불가능한 경우 기한연장을 신청할 수 있다.

② 신고, 신청, 청구, 그 밖에 서류의 제출, 통지, 납부 또는 징수에 관한 기한이 공휴일일 때에는 공휴일의 다음날을 기한으로 한다.

③ 기한의 연장을 받으려는 자는 기한 만료일의 5일전까지 신청하여야 한다.

④ 기한연장의 통지대상자가 불특정 다수인 경우 관보 또는 일간신문에 공고하는 방법으로 통지를 갈음할 수 있다.

02. 다음 중 국세기본법상 공시송달 시 게시해야 할 장소로 옳지 않은 것은?

① 인터넷 포털사이트

② 세무서의 게시판

③ 해당 서류의 송달 장소를 관할하는 특별자치시·특별자치도·시·군·구의 홈페이지, 게시판

④ 관보 또는 일간신문

03. 다음 중 국세기본법상 국세부과의 원칙에 관한 설명으로 가장 옳지 않은 것은?

① 명의신탁 부동산을 매각처분한 경우 양도의 주체 및 납세의무자를 명의수탁자가 아닌 명의신탁자로 규정한 것은 실질과세원칙을 적용한 예로 볼 수 있다.

② 국세를 조사·결정할 때 장부의 기록에 누락된 것이 있을 때에는 그 부분에 대해서만 정부가 조사한 사실에 따라 결정할 수 있다.

③ 신의성실원칙은 납세자에게는 의무 위반 시 각종 제재가 있으므로 과세관청에만 그 준수가 요구된다.

④ 과세관청이 예전의 견해표명에 반하는 처분으로 납세자의 이익을 침해하지 않는다면 신의성실원칙의 적용은 불필요하다.

04. 다음 중 국세기본법상 납세의무의 성립에 대한 설명으로 옳지 않은 것은?

① 국세기본법 및 각 세법이 정하는 과세요건이 충족되면 국세를 납부할 의무가 성립한다.

② 과세요건은 '납세의무자', '과세대상', '과세표준', '세율'로 구성된다.

③ 소득세의 납세의무 성립시기는 과세기간이 끝나는 때이다.

④ 무신고 가산세의 납세의무 성립시기는 과세기간이 끝나는 때이다.

05. 다음 중 국세기본법상 납세의무가 소멸되는 경우가 아닌 것은?

① 국세환급금으로 납부할 국세가 충당된 때

② 5억원의 종합소득세가 무신고인 상태로 종합소득세 과세표준 신고기한 다음 날부터 5년이 지났을 때

③ 연대납세의무자에 의해 국세가 납부된 때

④ 3억원의 종합소득세가 신고납부기한의 다음 날부터 5년이 지났을 때

06. 한국상사는 중간예납세액을 차감하지 않고 종합소득세를 신고하여 소득세가 과오납부된 사실을 신고 직후 알게 되었다. 다음 중 국세기본법상 과오납부한 세금을 환급받기 위한 설명으로 타당한 것은?

① 당초의 신고가 불성실하게 이루어졌으므로 신고불성실가산세를 추가로 부담하여야 한다.

② 소득세는 신고납부제도이므로 당초의 신고를 정정하기 위하여 수정신고를 하여야 한다.

③ 이미 신고기한이 지났으므로 이의신청, 심사청구 또는 심판청구를 통해서만 환급받을 수 있다.

④ 당초에 신고한 과세표준과 세액의 경정을 청구하여 환급받을 수 있다.

07. 다음 중 국세기본법상 소멸시효의 정지 기간으로 옳지 않은 것은?

① 분납 기간　　　　　　　　　② 압류해제까지의 기간
③ 징수유예기간　　　　　　　　④ 연부연납기간

08. 다음 중 국세기본법상 과세표준신고서를 법정신고기한까지 제출하지 아니한 자가 법정신고기한이 지난 후 1개월 이내에 기한 후 신고를 할 경우에 감면되는 가산세로 옳은 것은?

① 해당 가산세액의 100분의 90에 상당하는 금액
② 해당 가산세액의 100분의 50에 상당하는 금액
③ 해당 가산세액의 100분의 30에 상당하는 금액
④ 감면 없음.

09. 다음 중 국세기본법상 사업양수인의 제2차 납세의무에 대한 설명으로 옳지 않은 것은?

① '사업의 양수'란 사업장별로 그 사업에 관한 모든 권리(미수금에 관한 것을 포함)와 모든 의무(미지급금에 관한 것을 포함)를 포괄적으로 승계하는 것을 말한다.
② 사업양수인으로서 사업양도인의 조세회피를 목적으로 사업을 양수한 자는 제2차 납세의무를 진다.
③ 사업양수인은 양도일 이전에 양도인의 납세의무가 확정된 그 사업에 관한 국세 및 강제징수비에 대하여 제2차 납세의무를 진다.
④ 사업양수인은 양수한 재산가액을 한도로 제2차 납세의무를 진다.

10. 다음 중 국세기본법상 조세불복에 관한 설명으로 잘못된 것은?

① 동일한 처분에 대하여 심사청구와 심판청구를 중복하여 제기할 수 없다.
② 조세심판관회의는 심판청구에 대한 결정을 할 때 심판청구를 한 처분보다 청구인에게 불리한 결정을 하지 못한다.
③ 이의신청, 심사청구 및 심판청구는 세법에 특별한 규정이 있는 것을 제외하고는 해당 처분의 집행에 효력을 미치지 아니한다.
④ 불복청구의 기간이 지난 후 불복을 제기하는 경우 '기각' 결정을 한다.

11. 다음 중 국세기본법상 납세자권리헌장에 포함해야 할 내용으로 가장 옳지 않은 것은?

① 세무공무원이 세무관서에 납세자의 장부 등을 보관할 의무가 있다.

② 납세자는 세무사 등으로부터 세무조사 시 조력을 받을 권리가 있다.

③ 세무공무원은 특별한 경우를 제외하고는 세무조사 범위를 확대할 수 없다.

④ 세무공무원은 납세자가 성실하다고 추정해야 한다.

12. 다음 중 소득세법상 납세의무자에 대한 설명으로 옳지 않은 것은?

① 거주자는 국내에 주소를 두거나 183일 이상 거소를 둔 개인을 말한다.

② 거주자는 국내원천소득과 국외원천소득 모두에 대해서 납세의무를 진다.

③ 비거주자는 국내원천소득에 대해서만 납세의무를 진다.

④ 외국국적이나 외국영주권자인 경우 거주기간에 상관없이 비거주자로 본다.

13. 다음 중 소득세법상 금융소득에 대한 설명으로 가장 옳지 않은 것은?

① 종합과세대상 금융소득의 총수입금액 연간 합계액이 2천만원을 초과하는 경우, 그 합계액 전액에 대해서 종합소득 과세표준에 합산한다.

② 무조건 분리과세대상 금융소득은 총수입금액 연간 합계액이 2천만원을 초과하는 경우에도 분리과세를 한다.

③ 외국법인으로부터 받은 배당소득으로서 원천징수 되지 않은 것은 2천만원 이하인 경우에도 종합과세한다.

④ 비실명 배당소득의 경우 25%의 세율로 원천징수하고 종합과세한다.

14. 다음 중 소득세법상 사업소득에 대한 총수입금액에 산입하지 않는 것은?

① 거래상대방으로부터 받는 장려금 기타 이와 유사한 성질의 금액

② 사업과 관련하여 해당 사업용 자산의 손실로 인하여 취득하는 보험차익

③ 자산수증이익 중 이월결손금의 보전에 충당된 금액

④ 사업과 관련된 채무면제이익

15. 다음 중 소득세법상 사업소득에 대한 설명으로 옳지 않은 것은?

① 사업소득 중에서 원천징수대상이 되는 소득은 없다.

② 사업소득금액 계산 시 대표자 본인에 대한 급여 및 가사관련경비는 필요경비로 인정되지 않는다.

③ 사업자금을 은행에 예금함으로써 발생된 이자는 사업소득금액 계산 시 총수입금액에 산입하지 않는다.

④ 주택임대업에서 발생한 이월결손금은 해당 과세기간의 다른 소득금액에서 공제될 수 있다.

16. 다음 중 소득세법상 비과세 근로소득에 해당하지 않는 것은?

① 임원이 지급받는 퇴직소득으로서 「법인세법」에 따라 손금불산입된 임원 퇴직급여 한도초과액

② 중소기업의 종업원이 주택의 구입·임차에 소요되는 자금을 저리 또는 무상으로 대여 받음으로써 얻는 이익

③ 공무원이 국가 또는 지방자치단체로부터 공무 수행과 관련하여 받는 상금과 부상 중 연 240만원 이내의 금액

④ 소액주주인 임원이 사택을 제공받음으로써 얻는 이익

17. 다음 중 소득세법상 기타소득의 과세방법이 다른 것은?

① 연금계좌에서 연금 외 수령한 기타소득

② 서화·골동품의 양도로 발생하는 소득

③ 알선수재 및 배임수재에 따라 받은 금품

④ 복권당첨소득

18. ㈜배팅은 부동산투자의 귀재로 소문난 김대박씨를 외부강사로 초빙하여 특강을 진행하고 300만원의 강사료를 지급하였다. 소득세법상 그 대가를 지급하면서 원천징수할 세액은 얼마인가? 단, 해당 소득은 기타소득으로 본다.

① 120,000원　　② 240,000원　　③ 360,000원　　④ 600,000원

19. 다음 중 소득세법상 종합소득과세표준을 계산하기 위한 종합소득공제에 대한 설명으로 가장 옳지 않은 것은?

① 인적공제를 할 때 공제대상자에 해당하는지 여부의 판정은 해당 과세기간 종료일의 현재의 상황에 따른다.

② 과세기간 종료일 전에 사망한 사람에 대해서는 사망일의 전날의 상황에 따른다.

③ 거주자의 부양가족 중 거주자(그 배우자를 포함한다)의 직계존속이 주거 형편에 따라 별거하고 있는 경우에는 생계를 같이 하는 사람으로 보지 않는다.

④ 공제대상 부양가족을 판정할 때 적용대상 나이가 정해진 경우에는 해당 과세기간 중에 해당 나이에 해당되는 날이 있는 경우에 공제대상자로 본다.

20. 다음 중 소득세법상 양도소득세 과세대상에 해당하는 것은?

① 주권상장주식 중 소액주주 양도분

② 건설업을 영위하는 자의 주택 신축판매

③ 자녀에게 토지의 소유권을 무상으로 이전

④ 이혼 위자료로 배우자에게 토지의 소유권 이전

21. 다음 중 소득세법상 해당 과세기간의 사업소득금액 계산 시 발생한 결손금의 공제 순서로 올바른 것은?

① 근로소득→연금소득→기타소득→이자소득→배당소득

② 연금소득→근로소득→기타소득→이자소득→배당소득

③ 근로소득→기타소득→연금소득→이자소득→배당소득

④ 근로소득→연금소득→기타소득→배당소득→이자소득

22. 다음 중 소득세법상 과세표준 확정신고에 대한 설명으로 옳지 않은 것은?

① 공적연금소득만 있는 자는 과세표준 확정신고를 하지 아니할 수 있다.

② 수시부과 후 추가로 발생한 소득이 없을 경우에는 과세표준 확정신고를 하지 않아도 된다.

③ 근로소득만 있는 자의 경우 그 원천징수의무자가 연말정산 등에 따라 소득세를 원천징수하지 않은 때에도 확정신고의무가 면제된다.

④ 성실신고확인대상사업자가 성실신고확인서를 제출하는 경우에는 그 과세기간의 다음 연도 5월 1일부터 6월 30일까지 과세표준확정신고를 하여야 한다.

23. 다음 중 소득세법상 간이지급명세서의 제출대상 소득으로 옳은 것은?

① 연금소득   ② 퇴직소득

③ 원천징수대상 사업소득   ④ 이자소득

24. 다음 중 소득세법상 간편장부대상자에 대한 설명으로 가장 옳지 않은 것은?

① 차량운반구 등 사업용 유형자산의 양도소득은 간편장부대상자의 사업소득에 포함된다.

② 업무용승용차 관련비용 등의 특례규정은 간편장부대상자에게 적용되지 않는다.

③ 기장세액공제는 간편장부대상자에게 적용된다.

④ 재무상태표 등을 미제출한 경우에도 종합소득세 과세표준 확정신고 시 무신고로 간주되지 않는다.

25. 다음 중 소득세법상 종합소득세의 신고납부 절차에 대한 설명으로 가장 옳은 것은?

① 중간예납의무자는 중간예납세액을 중간예납기간 종료일부터 2개월 이내에 자진납부하여야 한다.

② 이자소득에 대한 원천징수세액이 1,000원 미만인 때에는 해당 소득세를 징수하지 않는다.

③ 부가가치세가 면제되는 재화 또는 용역을 공급하는 개인사업자는 사업장현황신고의무가 있다.

④ 해당 과세기간의 종합소득금액이 있는 거주자가 종합소득과세표준이 없는 경우에는 종합소득과세표준 확정신고의무가 없다.

제111회 세무회계2급 답안 및 해설

세법1부 - 법인세법, 부가가치세법

1	2	3	4	5	6	7	8	9	10	11	12	13	14	15
②	④	③	③	②	④	①	③	④	④	③	①	④	④	②

16	17	18	19	20	21	22	23	24	25
②	③	①	③	②	③	①	②	②	②

01. ① **청산소득에 대한 법인세는 영리내국법인**에 한하여 납세의무를 진다.

③ 외국법인의 법인세 납세지는 원칙적으로 국내사업장 소재지로 한다.

④ 각 사업연도 소득에 대한 법인세는 **사업연도 종료일이 속하는 달의 말일부터 3개월 이내 신고 · 납부**해야 한다.

02. 국내사업장이 없는 외국법인의 경우 최초 사업연도의 개시일은 **국내원천 부동산소득 또는 국내원천 부동산 등 양도소득이 최초로 발생한 날**이다.

03. **자기주식소각이익은 감자차익**에 해당하므로 익금으로 보지 않는다.

04. **업무용승용차의 감가상각방법은 정액법(강제상각제도)**이다.

05. 합병으로 인한 **의제배당의 귀속시기는 합병등기일**이다.

06. 기업업무추진비 중 3만원을 초과하는 기업업무추진비로서 증명서류를 수취하지 않은 것은 전액 손금불산입하고 **대표자 상여로 처분**한다.

07. **건설자금이자 손금불산입액은 유보로 소득처분**되므로 자본금과 적립금조정명세서(을)에 작성된다.

08. **부도발생일로부터 6개월 이상 지난 외상매출금은 중소기업의 외상매출금에 한하여 손금**에 산입한다.

09. 신설법인은 당해 법인의 설립일이 속하는 사업연도의 **법인세 과세표준의 신고기한**까지 재고자산의 평가방법을 신고하여야 한다.

10. **3년 미만의 기간마다 주기적인 수선을 위하여 지출하는 비용**을 손비로 계상 시 손금으로 인정한다.

11. 중간예납세액 = [직전 사업연도 법인세 산출세액(37,000,000) - 직전 사업연도 원천납부세액
(2,000,000)]×6월/12월 = 17,500,000원

12. 공제기한 내에 임의로 선택하여 공제받을 수 없다. 결손금을 공제할 때에는 **먼저 발생한 사업연도의 결손금부터 차례대로 공제**한다.

13. 수시부과 결정사유는 다음과 같다.

1. 신고를 하지 아니하고 본점 등을 이전한 경우

2. 사업부진 기타의 사유로 인하여 **휴업 또는 폐업상태**에 있는 경우

3. 기타 **조세를 포탈할 우려**가 있다고 인정되는 상당한 이유가 있는 경우

14. 재화를 수입하는 자의 부가가치세 납세지는 「관세법」에 따라 **수입을 신고하는 세관의 소재지**로 한다.

15. 법인의 최대주주가 변경되는 경우는 사업자등록 정정사유에 해당하지 아니한다.

16. 다, 마 : 재화의 공급에 해당한다.

　　가, 바 : 상품권과 주식은 재화에 해당하지 않는다.

　　나 : 재화의 공급으로 보지 않는다.

　　라 : 용역의 공급에 해당한다.

17. **자동차운전학원의 교육용역은 과세**된다.

18. 공급에 대한 대가의 지급이 지체되었음을 이유로 받는 **연체이자는 소비대차로 전환하였는지 여부에 관계없이 공급가액에 포함하지 않는다.**

19. 전자세금계산서 의무발급 사업자가 전자세금계산서 외의 세금계산서를 발급한 경우에는 세금계산서의 효력에는 영향이 없으나 **가산세의 대상**이 된다.

20. 해당 과세기간 중의 **공통매입세액의 합계액이 5만원 미만인 경우 전액 공제되는 매입세액**으로 한다.

21. **간이과세자는 의제매입세액공제를 적용받을 수 없다.**

22. 신용카드매출전표등 발급세액공제는 공제받는 금액이 그 금액을 차감하기 전의 납부할 세액을 초과하면 그 **초과하는 부분은 없는 것으로 본다.**

23. 관할 세무서장은 조기 환급 신청에 따른 환급세액을 각 예정신고기간별로 그 **예정신고 기한이 지난 후 15일 이내에 예정신고한 사업자에게 환급**하여야 한다.

24. 사업자가 타인의 명의로 사업자등록을 하는 경우 공급가액 합계액의 2%(개정세법 25)를 타인명의등록 가산세로 부과한다. 다만, **사업자의 배우자는 타인에서 제외**한다.

25. **간이과세자도 영세율 적용이 가능**하다.

세법2부 - 국세기본법, 소득세법(조세특례제한법)

1	2	3	4	5	6	7	8	9	10	11	12	13	14	15
③	①	③	④	②	④	②	②	①	④	①	④	④	③	①

16	17	18	19	20	21	22	23	24	25
①	③	②	③	①,④	①	③	③	①	③

01. 기한의 연장을 받으려는 자는 **기한 만료일의 3일전까지 신청**하여야 한다.

02. **인터넷 포털사이트는 법에 열거하고 있지 아니하다.**

03. **신의성실원칙은 납세자와 과세관청 모두에게 적용**된다.

04. 무신고가산세의 납세의무 성립시기는 **법정신고기한이 경과하는 때**이다.

05. 무신고시 해당 국세를 부과할 수 있는 날부터 **7년을 부과제척기간**으로 하고, 그 기간이 지났을 때 **납세의무는 소멸**된다.

06. 과세표준신고서에 기재된 과세표준 및 세액이 세법에 따라 신고하여야 할 과세표준 및 세액을 초과할 때 **국세의 과세표준 및 세액의 결정 또는 경정을 관할 세무서장에게 청구**할 수 있다.

07. **압류는 소멸시효 중단 사유**에 해당하며 압류해제까지의 기간이 지난 때부터 새로 시효가 진행된다.

08. 과세표준신고서를 법정신고기한까지 제출하지 아니한 자가 **법정신고기한이 지난 후 1개월 이내에 기한 후 신고를 하는 경우 해당 가산세액의 100분의 50에 상당하는 금액을 감면**한다.

09. **미수금에 관한 권리 및 미지급금에 관한 의무는 제외**한다.

10. **규정한 청구기간이 지난 후에 청구된 경우 그 청구를 각하하는 결정**을 한다.

11. 세무공무원은 세무조사의 목적으로 **납세자의 장부등을 세무관서에 임의로 보관할 수 없다.**

12. 거주 여부의 판단은 **외국국적이나 영주권의 취득 여부와는 관련이 없으며** 거주기간, 직업, 국내에 생계를 같이하는 가족 및 국내 소재 자산의 유무 등 생활관계의 객관적인 사실에 따른다.

13. **비실명 배당소득의 경우 45% 또는 90%**의 세율로 원천징수하고 분리과세한다.

14. 자산수증이익 중 이월결손금의 보전에 충당된 금액은 총수입금액에 산입하지 아니한다.

15. **부가가치세가 면제되는 의료보건 용역 및 저술가, 작곡가나 그 밖의 자가 직업상 제공하는 인적용역 등은 원천징수대상이 되는 사업소득**이다.

16. 「법인세법」에 따라 **손금에 산입되지 아니하고 지급받는 퇴직급여는 근로소득으로 과세**한다.

17. **알선수재 및 배임수재에 따라 받은 금품은 무조건 종합과세 대상에 해당**한다. 나머지는 무조건 분리과세에 해당한다.

18. 원천징수세액 = 강사료(3,000,000)×(1 - 60%)×20% = 240,000원

19. 거주자의 부양가족 중 거주자(그 배우자를 포함한다)의 **직계존속이 주거 형편에 따라 별거하고 있는 경우에는 생계를 같이 하는 사람**으로 본다.

20. 토지로 **이혼 위자료를 변제한 경우는 대물변제**이므로 양도에 해당한다.
    주권상장법인의 대주주에 해당하지 아니하는 자(소액주주)가 **증권시장에서의 거래에 의하지 아니하고 양도하는 주식 등은 양도소득의 범위**에 해당한다.(증권시장에 양도시 대상에서 제외)

21. 해당 과세기간의 사업소득금액을 계산할 때 발생한 결손금은 그 과세기간의 종합소득과세표준을 계산할 때 **근로소득금액 → 연금소득금액 → 기타소득금액 → 이자소득금액 → 배당소득금액**에서 순서대로 공제한다.

22. 근로소득만 있는 자의 경우 그 원천징수의무자가 연말정산 등에 따라 소득세를 원천징수하지 않은 때에는 확정신고의무가 면제되지 않는다.

23. **원천징수대상 사업소득은 간이지급명세서 제출대상소득**에 해당한다.

24. **사업용 유형자산의 양도소득은 간편장부대상자의 사업소득에서 제외**된다. **복식부기의무자가** 차량 및 운반구 등 **사업용 유형자산을 양도함으로써 발생하는 소득은 사업소득에 해당**한다.

25. ① **중간예납세액은 고지서의 발급이 원칙**이다.
    ② 이자소득에 대한 **원천징수세액은 1,000원 미만이더라도 소득세를 징수**한다.
    ④ 종합소득과세표준이 없는 경우에도 확정신고 의무가 있다.

제110회 세무회계2급

합격율	시험년월
37%	2024.4

세법1부 **법인세법, 부가가치세법**

01. 다음 중 법인세법상 각 사업연도의 소득에 대한 법인세 납세의무에 관한 설명으로 옳지 않은 것은?

① 영리내국법인은 국내외 원천의 모든 각 사업연도 소득에 대해서 납세의무를 진다.

② 국세기본법상 법인으로 보는 단체는 국내외 원천소득 중 일정한 수익사업에서 생기는 각 사업연도 소득에 대해서 납세의무를 진다.

③ 내국법인 중 국가와 지방자치단체(지방자치단체조합 포함)는 각 사업연도 소득에 대한 납세의무가 있다.

④ 외국정부는 비영리외국법인으로서 국내원천소득 중 일정한 수익사업에서 생기는 각 사업연도 소득에 대해서 납세의무를 진다.

02 다음 중 법인세법상 사업연도의 의제에 관한 내용으로 옳지 않은 것은?

① 내국법인이 사업연도 중에 합병에 따라 해산한 경우에는 그 사업연도 개시일부터 합병등기일까지의 기간을 그 해산한 법인의 1사업연도로 본다.

② 내국법인이 사업연도 중에 조직변경을 한 경우 그 사업연도 개시일부터 조직변경일 전까지의 기간을 법인의 1사업연도로 본다.

③ 내국법인이 사업연도 중에 연결납세방식을 적용받는 경우에는 그 사업연도 개시일부터 연결사업연도 개시일 전날까지의 기간을 1사업연도로 본다.

④ 국내사업장이 있는 외국법인이 사업연도 중에 그 국내사업장을 가지지 아니하게 된 경우에는 그 사업연도 개시일부터 그 사업장을 가지지 아니하게 된 날까지의 기간을 1사업연도로 본다. 다만, 국내에 다른 사업장을 계속하여 가지고 있는 경우에는 그러하지 아니하다.

03. 다음 중 법인세법상 소득처분의 유형이 다른 것은?

① 새로 취득한 토지에 대한 취득세를 지출하고 당기비용으로 계상하였다.

② 국세의 과오납금을 환급받으면서 그에 대한 환급금이자를 함께 받고 이를 수익으로 계상하였다.

③ 당기 대손상각비를 법인세법에 따른 대손충당금 한도액을 초과하여 계상하였다.

④ 당기 말 현재 건설 중인 공장 건물의 취득에 소요되는 자금 조달을 위한 특정차입금에 대한 지급이자를 이자비용으로 계상하였다.

04. 다음 중 법인세법상 익금불산입 항목에 해당하지 않는 것은?

① 자산수증이익 중 이월결손금을 보전하는데 충당한 금액

② 부가가치세 매출세액

③ 감자차익

④ 추계에 의해 소득 금액을 계산하는 경우의 임대보증금 등에 대한 간주익금

05. 다음 중 법인세법상 인건비에 대한 설명으로 옳지 않은 것은?

① 법인이 그 임원 또는 직원에게 이익처분에 의하여 지급하는 상여금은 손금에 산입하지 아니한다.

② 법인이 정관에 의하여 결정된 급여지급기준에 의하여 임원에게 지급하는 상여금은 손금에 산입한다.

③ 법인이 해산에 의하여 퇴직하는 임원에게 지급하는 해산수당은 손금에 산입하지 아니한다.

④ 합명회사의 노무출자사원에게 지급하는 보수는 손금에 산입하지 아니한다.

06. 다음 중 법인세법상 기부금 중 손금산입한도액이 다른 것은?

① 국방헌금과 국군장병 위문금품의 가액

② 천재지변으로 생기는 이재민을 위한 구호금품의 가액

③ 「사회복지사업법」에 따른 사회복지법인에 고유목적사업비로 지출하는 기부금

④ 「사립학교법」에 따른 사립학교에 시설비로 지출하는 기부금

07. 다음 중 법인세법상 업무용승용차 관련비용의 손금불산입 등 특례에 대한 설명으로 옳은 것은?

① 종업원 명의의 차량을 업무수행에 이용한 경우에는 해당 규정을 적용받지 않는다.

② 업무용승용차 관련 운행기록을 작성하지 않은 경우 임직원 전용보험에 가입하여도 관련비용 전액이 손금으로 인정되지 않는다.

③ 업무용승용차의 감가상각은 내용연수 5년의 정률법으로 강제상각하여야 한다.

④ 업무용승용차를 해당 사업연도 중에 취득한 경우에도 손금인정한도를 월할계산하지 않는다.

08. 다음 중 법인세법상 손익 귀속시기를 잘못 설명한 것은?

① 상품 판매 : 해당 상품의 인도일

② 상품 시용 판매 : 거래상대방이 해당 상품의 구입 의사를 표시한 날

③ 상품 외의 자산 양도(단, 대금 청산 전에 소유권 이전등기를 진행함) : 대금 청산일

④ 자산의 위탁 판매 : 수탁자의 해당 위탁 자산 매매일

09. 다음 중 법인세법상 감가상각방법의 변경에 관한 설명으로 옳지 않은 것은?

① 상각방법이 서로 다른 법인이 합병(분할합병을 포함)한 경우 변경이 가능하다.

② 상각방법이 서로 다른 사업자의 사업을 인수 또는 승계한 경우 변경이 가능하다.

③ 한국채택국제회계기준을 최초로 적용한 사업연도에 결산상각방법을 변경하는 경우 변경이 가능하다.

④ 상각방법의 변경승인을 얻고자 하는 법인은 그 변경할 상각방법을 적용하고자 하는 최초 사업연도의 종료일로부터 3개월 이내에 신청하여야 한다.

10. 다음 중 법인세법상 퇴직금에 대한 설명으로 옳지 않은 것은?

① 확정기여형 퇴직연금제도에서 법인이 각 사업연도에 납부하는 부담금은 전액 손금에 산입한다.

② 임원 및 직원에 대한 퇴직급여의 경우에는 퇴직급여 한도초과액에 대하여 손금불산입 규정을 적용한다.

③ 확정기여형 퇴직연금이 설정된 임원 또는 직원은 퇴직급여 충당금 설정 대상자에서 제외한다.

④ 임원이 연임될 경우 현실적인 퇴직으로 보지 아니한다.

11. 다음 중 법인세법상 업무무관 가지급금에서 제외하는 대상으로 옳지 않은 것은?

① 직원에 대한 월정급여액의 2배수 범위에서의 일시적인 급료의 가불금

② 직원에 대한 경조사비 대여액

③ 직원과 그 자녀에 대한 학자금 대여액

④ 「국민연금법」에 의하여 근로자가 지급받은 것으로 보는 퇴직금전환금

12. 다음 중 법인세법의 부당행위계산 부인에 관한 설명으로 가장 옳지 않은 것은?

① 부당행위계산의 부인 규정의 적용은 원칙적으로 시가를 기준으로 한다.

② 조세부담을 부당하게 감소시킨 것으로 인정되는 경우로서 반드시 조세부담을 회피하거나 경감시킬 의도가 있어야 한다.

③ 부당행위계산의 부인 규정은 그 행위 당시를 기준으로 특수관계가 있는 자간의 거래에 한하여 적용한다.

④ 부당행위계산의 부인 규정은 세법상 과세소득 계산상의 범위 내에서만 변동을 초래할 뿐 당사자 간에 약정한 사법상 법률행위의 효과와는 무관하다.

13. 다음 중 법인세법상 법인세 납부 시 산출세액에서 공제하지 아니하는 것은?

① 해당 사업연도의 감면세액 및 세액공제액

② 해당 사업연도의 가산세액

③ 해당 사업연도에 원천징수된 세액

④ 해당 사업연도의 중간예납세액

14. 다음 중 부가가치세법상 사업자에 대한 설명으로 가장 옳지 않은 것은?

① 일반과세자란 간이과세자가 아닌 과세사업자를 말한다.

② 사업자란 사업목적이 영리이든 비영리이든 관계없이 사업상 독립적으로 재화 또는 용역을 공급하는 자를 말한다.

③ 면세사업이란 부가가치세가 면제되는 재화 또는 용역을 공급하는 사업을 말한다.

④ 사업자가 아닌 자가 재화를 수입하는 경우에는 부가가치세 납세의무가 없다.

15. 다음 중 부가가치세법상 사업자등록에 대한 설명으로 옳지 않은 것은?

① 관할 세무서장은 부가가치세의 업무를 효율적으로 처리하기 위하여 필요하다고 인정되더라도 임의로 사업자등록증을 갱신하여 발급할 수 없다.

② 신규로 사업을 시작하려는 자는 사업개시일 이전이라도 사업자등록을 신청할 수 있다.

③ 사업자는 사업자등록의 신청을 사업장 관할 세무서장이 아닌 다른 세무서장에게도 할 수 있다.

④ 사업장 관할 세무서장은 사업자가 폐업하는 경우 지체 없이 사업자등록을 말소하여야 한다.

16. 다음 중 부가가치세법상 납세지에 대한 설명으로 옳지 않은 것은?

① 사업자의 부가가치세 납세지는 '각 사업장의 소재지'이다.

② '사업장'이란 사업자가 사업을 하기 위하여 거래의 전부 또는 일부를 하는 고정된 장소를 의미한다.

③ 부동산매매업을 영위하는 법인의 사업장은 법인의 등기부상 소재지(등기부상의 지점소재지 포함)이다.

④ 부동산임대업을 영위하는 개인사업자의 사업장은 사업에 관한 업무를 총괄하는 장소이다.

17. 다음 중 부가가치세법상 재화의 공급으로 보는 특례에 해당하는 것은?

① 사용인에게 사업을 위해 착용하는 작업복을 제공하는 경우

② 사업자가 자기의 고객 중 추첨을 통하여 당첨된 자에게 자기생산·취득재화를 경품으로 제공하는 경우

③ 사용인에게 직장 연예 및 직장 문화와 관련된 재화를 제공하는 경우

④ 사용인에게 경조사와 관련된 재화를 사용인 1명당 연간 10만원 미만으로 제공하는 경우

18. 다음 중 부가가치세법상 용역의 공급에 해당하지 않는 것은?

① 스포츠센터를 운영하는 사업자가 연회비를 받고 회원에게 시설을 이용하게 하는 것

② 고용관계에 따라 근로를 제공하는 것

③ 상대방으로부터 인도받은 재화를 단순히 가공만 하여 주는 것

④ 건설업자가 건설자재의 전부 또는 일부를 부담하여 건물을 신축하는 것

19. 다음 중 부가가치세법상 영세율과 면세에 대한 설명으로 옳지 않은 것은?

① 영세율을 적용받는 경우라도 세금계산서를 발급해야 하는 거래가 있다.

② 면세의 포기를 신고한 사업자는 신고한 날부터 3년간 부가가치세를 면제받지 못한다.

③ 수입하는 미가공식료품에 대해서는 면세를 적용하지 아니한다.

④ 면세사업자의 매입세액은 공제 또는 환급받을 수 없다.

20. 다음 중 부가가치세법상 상가건물임대업을 영위하는 사업자의 과세표준에 대한 설명으로 틀린 것은?

① 2 이상의 과세기간에 걸쳐 부동산 임대용역을 공급하고 그 대가를 선불로 받는 경우에는 해당 금액을 계약기간의 개월 수로 나눈 금액의 각 과세대상기간의 합계액을 공급가액으로 한다.

② 특수관계자에게 대가를 받지 않고 임대를 제공하는 경우 용역의 시가를 공급가액으로 본다.

③ 임차인이 부담하여야 할 보험료·수도료 및 공공요금 등을 별도로 구분징수하여 납입을 대행하는 경우 해당 금액은 과세표준에 포함하지 않는다.

④ 임대보증금에 대한 간주임대료 계산 시 임대부동산의 건설비상당액은 과세표준에서 공제한다.

21. 다음 중 부가가치세법상 매입세액 불공제 대상에 해당하지 않는 것은?

① 토지에 관련된 매입세액

② 사업과 직접 관련이 없는 지출에 대한 매입세액

③ 기업업무추진비 및 이와 유사한 비용과 관련된 매입세액

④ 공급시기가 속하는 과세기간이 끝난 후 20일 이내에 등록을 신청한 경우 등록신청일부터 공급시기가 속하는 과세기간 기산일까지 역산한 기간 내의 매입세액

22. 다음 중 부가가치세법상 확정신고 시에만 공제가 가능한 것은?

① 의제매입세액공제

② 대손세액공제

③ 전자세금계산서 발급 전송에 대한 세액공제

④ 신용카드 등의 사용에 따른 세액공제

23. 다음 중 부가가치세법의 조기환급에 관한 설명으로 틀린 것은?

① 영세율 적용 대상 사업자는 예정신고 시까지 영세율 적용대상 과세표준이 있는 경우에 한하여 예정신고기간분에 대한 조기환급을 받을 수 있다.

② 각 예정신고기간의 조기환급세액은 원칙적으로 예정신고기한 경과 후 30일 이내에 사업자에게 환급하여야 한다.

③ 사업자가 어느 한 사업장에서 조기환급사유가 발생하는 경우에는 해당 사업장의 거래분만을 조기환급신고할 수 있다(총괄납부적용대상자 제외).

④ 조기환급신고를 할 때 이미 신고한 과세표준과 환급받은 환급세액은 예정신고 및 확정신고 대상에서 제외한다.

24. 다음 중 부가가치세법상 세금계산서 발급 의무가 면제되는 경우로만 짝지어진 것은?

> 가. 입장권을 발행하여 영위하는 사업
> 나. 국내사업장이 있는 비거주자 또는 외국법인에게 용역을 제공하는 경우
> 다. 사업자가 내국신용장 또는 구매확인서에 의해 공급하는 재화
> 라. 사업자가 폐업할 때 자기생산·취득재화 중 남아 있는 재화

① 가, 나   ② 가, 라   ③ 나, 다   ④ 다, 라

25. 다음 중 부가가치세법상 간이과세에 대한 설명으로 가장 옳지 않은 것은?

① 음식점업을 영위하는 간이과세자의 해당 과세기간에 대한 공급대가의 합계액이 4천800만원 미만인 경우 부가가치세 납부의무를 면제한다.

② 간이과세를 포기하고 일반과세를 적용받으려는 자는 일반과세자에 관한 규정을 적용받으려는 달의 전달의 마지막 날까지 납세지 관할 세무서장에게 간이과세 포기신고를 해야 한다.

③ 직전 연도의 공급대가의 합계액이 8천만원 미만인 개인 및 법인사업자는 간이과세 규정이 적용된다.

④ 간이과세자는 신용카드매출전표 발급 등에 대한 세액공제가 가능하다.

세법2부 국세기본법, 소득세법(조세특례제한법)

01. 다음 중 국세기본법상 기간 및 기한에 대한 설명으로 옳지 않은 것은?

① 국세기본법상 기간의 계산은 국세기본법 또는 그 세법에 특별한 규정이 있는 것을 제외하고는 「민법」에 따른다.

② 기간을 일, 주, 월 또는 연으로 정한 때에는 초일은 산입하지 않는다.

③ 국세정보통신망이 장애로 가동이 정지되어 전자신고나 전자납부를 할 수 없는 경우에는 그 장애가 복구되어 신고 또는 납부할 수 있게 된 날의 다음 날을 기한으로 한다.

④ 우편으로 과세표준신고서를 제출한 경우 그 서류가 과세관청에 도달한 날에 신고된 것으로 본다.

02. 다음 중 국세기본법상 서류의 송달에 대한 설명으로 가장 옳지 않은 것은?

① 연대납세의무자에게 납부의 고지와 독촉에 관한 서류를 송달할 때에는 그 대표자에게 송달한다.

② 상속이 개시된 경우 상속재산관리인이 있을 때에는 그 상속재산관리인의 주소 또는 영업소에 송달한다.

③ 송달받아야 할 사람이 교정시설 또는 국가경찰관서의 유치장에 체포·구속 또는 유치된 사실이 확인된 경우에는 해당 교정시설의 장 또는 국가경찰관서의 장에게 송달한다.

④ 납세관리인이 있을 때에는 납세의 고지와 독촉에 관한 서류는 그 납세관리인의 주소 또는 영업소에 송달한다.

03. 다음 중 국세기본법상 과세의 대상이 되는 소득, 수익, 재산, 행위 또는 거래의 귀속이 명의일 뿐이고 사실상 귀속되는 자가 따로 있을 때에는 사실상 귀속되는 자를 납세의무자로 하여 세법을 적용하는 원칙은 무엇인가?

① 근거과세의 원칙   ② 신의성실의 원칙

③ 실질과세의 원칙   ④ 조세감면의 사후관리

04. 다음 중 국세기본법상 납세의무의 확정에 대한 설명으로 옳지 않은 것은?

① 정부부과제도는 국세의 과세표준과 세액을 정부가 '결정'하는 때가 아닌 납세의무자가 과세표준 신고 의무를 이행한 때에 1차 확정이 된다.

② 신고납세제도에서 납세의무자가 과세표준과 세액의 신고를 하지 않은 경우에는 정부가 과세표준 과 세액을 결정하거나 경정하는 때에 확정된다.

③ 정부부과제도가 적용되는 대표적인 세목은 상속세·증여세이다.

④ 신고납세제도가 적용되는 대표적인 세목은 소득세, 법인세, 부가가치세이다.

05. 다음 중 국세기본법상 국세징수권에 관한 설명으로 옳지 않은 것은?

① 국세징수권의 소멸시효는 납부고지, 독촉, 교부청구, 압류의 사유로 정지된다.

② 5억원 미만인 국세의 국세징수권 소멸시효기간은 5년이다.

③ 과세표준과 세액의 신고에 의하여 납세의무가 확정되는 국세의 경우 신고한 세액에 대해서는 그 법정 신고납부기한의 다음 날부터 국세징수권을 행사할 수 있다.

④ 소멸시효에 관하여는 세법에 특별한 규정이 있는 것을 제외하고는 민법에 따른다.

06. 다음 중 국세기본법상 출자자의 제2차 납세의무에 대한 설명으로 가장 옳지 않은 것은?

① 주된 납세의무자인 법인에는 유가증권시장 및 코스닥시장에 상장된 법인은 제외한다.

② 합명회사의 무한책임사원은 법인의 납부부족액 전액에 대하여 제2차 납세의무를 진다.

③ 과점주주란 주주 1인과 그의 특수관계인의 소유주식의 합계가 해당 법인의 발행주식 총수의 100 분의 30을 초과하는 주주를 말한다.

④ 과점주주의 경우 법인의 납부부족액 중 출자비율을 한도로 제2차 납세의무를 진다.

07. 다음 중 국세기본법상 경정청구에 대한 설명으로 옳지 않은 것은?

① 과세표준신고서를 법정신고기한까지 제출한 자 및 기한후과세표준신고서를 제출한 자는 경정청 구를 할 수 있다.

② 당초 신고한 과세표준 및 세액이 세법에 따라 신고해야 할 과세표준 및 세액을 초과할 때 경정을 청구할 수 있다.

③ 당초 신고한 결손금액 또는 환급세액이 세법에 따라 신고해야 할 결손금액 또는 환급세액을 초과 할 때 경정을 청구할 수 있다.

④ 경정 등의 청구 시 감액의 확정력은 없으나 청구를 받은 세무서장으로 하여금 결정 또는 경정하 거나 그럴 이유가 없다는 뜻을 통지할 법률상 의무를 지운다.

08. 다음 중 국세기본법상 법정신고기한 내에 제출한 과세표준신고서를 법정신고기한이 지난 후에 수정신고 하는 경우에 적용받는 가산세의 감면율로 옳지 않은 것은? 단, 과세관청에 의한 경정이 있을 것을 미리 알고 수정신고하는 경우에 해당하지 않는다.

① 법정신고기한이 지난 후 1개월 이내 수정신고한 경우 : 90%

② 법정신고기한이 지난 후 1개월 초과 3개월 이내에 수정신고한 경우 : 70%

③ 법정신고기한이 지난 후 3개월 초과 6개월 이내에 수정신고한 경우 : 50%

④ 법정신고기한이 지난 후 6개월 초과 1년 이내에 수정신고한 경우 : 30%

09. 다음 중 국세기본법상 국세환급금에 관한 설명으로 잘못된 것은?

① 국세환급금 중 충당한 후 남은 금액은 국세환급금의 결정을 한 날부터 20일 이내에 납세자에게 지급하여야 한다.

② 납세자가 상속세를 물납한 후 해당 물납재산으로 환급하는 경우 물납재산이 수납된 이후 발생한 법정과실 또는 천연과실은 납세자에게 환급하지 아니하고 국가에 귀속된다.

③ 물납한 상속세의 감액 결정에 따라 환급하는 경우로서 해당 물납재산이 임대 중에 있는 경우는 물납재산으로 환급하지 않고 금전으로 환급한다.

④ 납세자의 신청에 의해 국세환급금을 충당하는 경우 충당된 세액의 충당청구를 한 날에 해당 국세를 납부한 것으로 본다.

10. 다음 중 국세기본법상 심사청구에 대한 각하결정 사유에 해당하지 않는 것은?

① 심판청구를 제기한 후 심사청구를 제기한 경우

② 청구기간이 지난 후에 청구된 경우

③ 심사청구가 이유 없다고 인정되는 경우

④ 심사청구가 적법하지 아니한 경우

11. 다음 중 국세기본법상 세무조사의 통지와 연기에 대한 설명으로 옳은 것은?

① 세무공무원은 세무조사를 하는 경우에는 조사를 받을 납세자에게 조사를 시작하기 25일 전에 조사에 관한 사항을 통지하여야 한다.

② 사전통지를 하면 증거인멸 등으로 조사 목적을 달성할 수 없다고 인정되는 경우에도 세무조사에 관한 통지는 하여야 한다.

③ 사전통지를 받은 납세자가 납세관리인의 장기출장으로 세무조사가 곤란하다고 판단될 때에는 조사를 연기해 줄 것을 신청할 수 있다.

④ 연기신청을 받은 관할 세무관서의 장은 연기신청 승인 여부를 결정하고 그 결과를 조사 개시 3일 전까지 통지하여야 한다.

12. 다음 중 소득세법에 관한 설명으로 옳은 것은?

① 소득세의 과세기간은 사업자의 선택에 의하여 이를 변경할 수 있다.

② 소득세법은 종합과세제도이므로 거주자의 모든 소득(양도소득, 퇴직소득 포함)을 합산하여 과세한다.

③ 사업자가 10월 중에 폐업한 경우 소득세 과세기간은 1월 1일부터 10월 31일까지로 한다.

④ 소득세법은 열거주의 과세 방식이나 이자소득이나 배당소득은 유형별 포괄주의를 채택하고 있다.

13. 다음 중 소득세법상 배당소득의 수입시기로 옳지 않은 것은?

① 잉여금 처분에 의한 배당 : 당해 법인의 잉여금 처분결의일

② 무기명주식의 이익이나 배당 : 그 지급을 받은 날

③ 해산에 의한 의제배당 : 해산등기일

④ 법인세법에 의하여 처분된 배당 : 당해 법인의 당해 사업연도의 결산확정일

14. 다음 중 소득세법상 사업소득에 관한 설명으로 가장 틀린 것은?

① 2개 이상의 사업장이 있는 경우 기업업무추진비 계산 시 각 사업장별로 한도액을 계산한다.

② 이자수익과 배당금수익은 사업소득의 총수입금액에 산입하지 않는다.

③ 재고자산을 가사용으로 소비한 경우 그 시가를 총수입금액에 산입한다.

④ 모든 사업자가 업무용승용차 관련비용의 규제를 적용받는다.

15. 다음 중 소득세법상 사업소득에 대한 필요경비 불산입 항목으로 옳지 않은 것은?

① 사업주에 대한 급여

② 업무와 관련하여 중대한 과실로 타인의 권리를 침해하는 경우에 지급되는 손해배상금

③ 사전약정 없이 지급하는 판매장려금

④ 법령에 따라 의무적으로 납부하는 것이 아닌 공과금

16. 다음 중 소득세법상 비과세 근로소득에 포함되지 않는 것은?

① 비출자임원(소액주주인 임원 포함)이 사택을 제공받음으로써 얻은 이익

② 종업원이 사택을 제공받음으로써 얻은 이익

③ 중소기업 종업원이 주택의 구입·임차 자금을 저리 또는 무상으로 대여받음으로써 얻은 이익

④ 대기업 종업원이 주택의 구입·임차 자금을 저리 또는 무상으로 대여받음으로써 얻은 이익

17. 다음 중 소득세법상 기타소득으로 분류될 수 없는 것은?

① 사업장 등 물적시설을 갖춘 상태에서 서화·골동품의 양도로 발생하는 소득

② 저작자 외의 자가 저작권의 양도 또는 사용의 대가로 받는 금품

③ 법률에 따라 통신판매중개를 하는 자를 통하여 물품 또는 장소를 대여하고 연간 수입금액 500만원 이하의 사용료로서 받은 금품

④ 공익사업과 관련하여 지역권을 설정하거나 대여함으로써 발생하는 소득

18. 거주자 갑(甲)의 소득이 다음과 같을 경우, 소득세법상 종합소득금액은 얼마인가? 단, 종합소득금액 최소화를 가정한다.

• 상가임대소득금액 3,000,000원	• 일용근로소득금액 1,300,000원
• 주택임대소득금액 12,000,000원	• 근로소득금액 25,000,000원

① 25,000,000원　　② 26,300,000원　　③ 28,000,000원　　④ 29,300,000원

19. 다음 중 소득세법상 추가공제에 대한 설명으로 가장 옳지 않은 것은?

① 항시 치료를 요하는 중증환자도 장애인공제의 적용 대상이 된다.

② 기본공제대상자 중 70세 이상인 사람의 경우 1명당 연 100만원을 공제한다.

③ 부녀자공제와 한부모공제 모두 해당되는 경우에는 중복 적용이 가능하다.

④ 부녀자공제는 종합소득금액이 3천만원 이하인 거주자로 한정한다.

20. 다음 중 소득세법상 장기보유특별공제에 대한 설명으로 옳지 않은 것은?

① 원칙적으로 보유기간이 3년 이상인 토지 및 건물이 장기보유특별공제 대상 자산이다.

② 미등기양도자산은 장기보유특별공제를 적용하지 않는다.

③ 보유기간은 그 자산의 취득일부터 양도일까지로 한다.

④ 1세대 1주택자에 대한 장기보유특별공제는 최고 30%까지 적용한다.

21. 다음 중 소득세법상 과세표준확정신고에 대한 설명으로 가장 옳지 않은 것은?

① 해당 과세기간의 종합소득금액(사업소득 아님)이 있는 거주자는 그 종합소득 과세표준을 그 과세기간의 다음 연도 5월 1일부터 5월 31일까지 관할 세무서장에 신고해야 한다.

② 퇴직소득만 있는 거주자는 퇴직소득에 대해서 과세표준 확정신고를 하지 않아도 된다.

③ 과세표준확정신고를 해야 할 거주자가 주소 또는 거소의 국외 이전을 위하여 출국하는 경우에는 출국일이 속하는 과세기간의 과세표준을 출국일 전날까지 신고해야 한다.

④ 거주자가 사망하는 경우 그 상속인은 그 상속개시일이 속하는 달의 말일로부터 3개월이 되는 날까지 사망일이 속하는 과세기간에 대한 그 거주자의 과세표준을 신고해야 한다.

22. 다음 중 소득세법상 원천징수와 관련된 설명으로 가장 잘못된 것은?

① 원천징수대상 사업소득을 지급하는 개인은 사업자가 아닌 경우에도 원천징수의무를 진다.

② 직전연도 상시고용인원이 20인 이하인 원천징수의무자는 승인 및 신청에 의하여 원천징수한 세액을 매 반기별로 납부할 수 있다.

③ 12월분의 급여를 다음연도 2월 말일까지 지급하지 않은 경우 2월 말일에 지급한 것으로 본다.

④ 뇌물 및 알선수재, 배임수재로 받는 금품 등에 대하여는 원천징수 하지 않는다.

23. 다음 중 소득세법상 중간예납에 대한 설명으로 옳지 않은 것은?

① 거주자는 종합소득·퇴직소득·양도소득에 대해서 중간예납 의무가 있다.

② 이자소득·배당소득·근로소득·연금소득 또는 기타소득만 있는 자는 중간예납의무를 지지 않는다.

③ 신규사업자는 중간예납의무를 지지 않는다.

④ 종합소득이 있는 거주자가 중간예납추계액을 신고한 경우에는 이미 이루어진 중간예납세액의 결정은 없었던 것으로 본다.

24. 다음 중 소득세법상 가산세에 대한 설명으로 가장 옳지 않은 것은?

① 복식부기의무자가 재무상태표 등을 과세표준확정신고서에 미첨부하여 제출한 경우 무신고가산세가 적용된다.

② 장부의 기록·보관 불성실 가산세는 소규모 사업자에게도 적용된다.

③ 사업장 현황신고 불성실 가산세는 무신고·미달신고 수입금액에 0.5%를 곱한 금액이다.

④ 사업용 계좌 신고·사용 불성실 가산세는 복식부기의무자에게 적용한다.

25. 다음 중 소득세법상 납부할 소득세액이 3천만원인 경우 분납할 수 있는 최대금액과 분납 기간으로 옳은 것은?

① 2,000만원, 1개월   ② 1,500만원, 1개월

③ 2,000만원, 2개월   ④ 1,500만원, 2개월

제110회 세무회계2급 답안 및 해설

세법1부 - 법인세법, 부가가치세법

1	2	3	4	5	6	7	8	9	10	11	12	13	14	15
③	②	②	④	③	③	①	③	④	②	①	②	②	④	①

16	17	18	19	20	21	22	23	24	25
④	②	②	③	④	④	②	②	②	③

01. 내국법인 중 **국가와 지방자치단체(지방자치단체조합을 포함)는 그 소득에 대한 법인세를 납부할 의무가 없다.**

02. 내국법인이 사업연도 중에 조직변경을 한 경우에는 **조직변경 전의 사업연도가 계속되는 것**으로 본다.

03. 국세 또는 지방세의 **과오납금의 환급금에 대한 이자는 익금불산입**하고 **기타**로 처분한다. 나머지 항목은 유보로 처분한다.

04. 추계하는 경우 간주임대료는 익금에 포함한다.

05. 법인의 해산에 의하여 퇴직하는 임원 또는 직원에게 지급하는 **해산수당 또는 퇴직위로금 등은 최종 사업연도의 손금**으로 한다.

06. ①,②,④는 특례기부금에 해당하며, ③은 일반기부금에 해당한다.

07. 적용 대상이 되는 업무용승용차는 해당 법인의 사업용자산에 속하거나 **임차한 승용차로 종업원 소유 차량은 적용 대상이 아니다.**

08. 상품 외의 자산을 양도하면서 **대금 청산 전에 소유권 이전 등기를 하는 경우 손익의 귀속시기는 소유권 이전등기일**이다.

09. 상각방법의 변경승인을 얻고자 하는 법인은 그 **변경할 상각방법을 적용하고자 하는 최초 사업연도의 종료일까지 신청**하여야 한다.

10. 임원에 대한 퇴직급여의 경우에는 퇴직급여 한도초과액에 대하여 손금불산입 규정을 적용한다. **직원에게 지급하는 퇴직급여는 금액의 제한 없이 손금에 산입**하므로 이러한 규정을 적용하지 않는다.

11. 직원에 대한 월정급여액의 범위에서의 **일시적인 급료의 가불금은 업무무관 가지급금에서 제외**한다.

12. 조세의 부담을 부당하게 감소시킨 것으로 인정되면 족한 것이지 **당사자에게 조세회피의 목적이 있거나 경제적 손실이 있어야 하는 것**은 아니다.

13. 가산세는 산출세액에서 공제하지 아니하고 가산한다.

14. 재화를 수입하는 자는 **사업자 여부와 관계없이 납세의무가 있다.**

15. 관할 세무서장은 부가가치세의 업무를 효율적으로 처리하기 위하여 필요하다고 인정되면 사업자등록증을 갱신하여 발급할 수 있다.

16. **부동산임대업의 사업장은 부동산의 등기부상의 소재지**이다.

17. 사업자가 자기의 고객 중 추첨을 통하여 당첨된 자에게 **자기생산·취득재화를 경품으로 제공하는** 경우에는 사업자가 자기생산·취득재화를 불특정 다수에게 **증여하는 경우에 해당하므로 과세**되는 재화의 공급으로 본다.

18. **고용관계에 따라 근로를 제공하는 것은 용역의 공급으로 보지 아니한다.**

19. **가공되지 아니한 식료품은 일정한 것(국내산·외국산 불문)은 부가가치세를 면제**한다.

20. **부가가치세법상 간주임대료 계산 시 건설비상당액은 고려하지 않는다.**

21. 사업자등록을 신청하기 전의 매입세액은 공제하지 아니한다. 다만, 공급시기가 속하는 과세기간이 끝난 후 20일 이내에 등록을 신청한 경우 **등록신청일부터 공급시기가 속하는 과세기간 기산일까지 역산한 기간 내의 것은 제외**한다.

22. **대손세액공제는 확정신고 시 가능**하다.

23. 조기환급기간에 대한 환급세액을 각 조기환급기간별로 해당 **조기환급신고기한이 지난 후 15일 이내에 사업자에게 환급**하여야 한다.

25. **개인사업자만 간이과세 규정이 적용**된다. **법인사업자는 간이과세자가 될 수 없다.**

세법2부 - 국세기본법, 소득세법(조세특례제한법)

1	2	3	4	5	6	7	8	9	10	11	12	13	14	15
④	①	③	①	①	③	③	②	①	③	③	④	③	④	③

16	17	18	19	20	21	22	23	24	25
④	①	③	③	④	④	①	①	②	④

01. 우편으로 과세표준신고서를 제출한 경우 **우편날짜도장이 찍힌 날에 신고**된 것으로 본다.

02. 연대납세의무자에게 서류를 송달할 때에는 그 대표자를 명의인으로 하며, 대표자가 없을 때에는 연대납세의무자 중 국세를 징수하기에 유리한 자를 명의인으로 한다. 다만, **납부의 고지와 독촉에 관한 서류는 연대납세의무자 모두에게 각각 송달**하여야 한다.

04. 정부부과세목은 해당 **국세의 과세표준과 세액을 정부가 '결정'하는 때에 확정**된다.

05. 국세징수권의 소멸시효는 **납부고지, 독촉, 교부청구, 압류의 사유로 중단**된다.

06. 과점주주란 주주 1인과 그의 특수관계인의 소유주식의 합계가 해당 법인의 **발행주식 총수의 100분의 50을 초과**하면서 그 법인의 경영에 대하여 지배적인 영향력을 행사하는 자들을 말한다.

07. 과세표준신고서 또는 기한후과세표준신고서에 기재된 결손금액 또는 환급세액(각 세법에 따라 결정 또는 경정이 있는 경우에는 해당 결정 또는 경정 후의 결손금액 또는 환급세액을 말한다)이 세법에 따라 신고하여야 할 **결손금액 또는 환급세액에 미치지 못할 때 경정을 청구**할 수 있다.

08. <u>법정신고기한이 지난 후 1개월 초과 3개월 이내 75%</u>

09. 국세환급금 중 국세 및 강제징수비에 충당한 후 남은 금액은 <u>국세환급금의 결정을 한 날부터 30일 내</u>에 납세자에게 지급하여야 한다.

10. <u>심사청구가 이유 없다고 인정될 때에는 그 청구를 기각하는 결정</u>을 한다.

11. 세무조사 사전통지를 받은 납세자가 천재지변 등으로 조사를 받기 곤란한 경우에는 관할 세무관서의 장에게 조사를 연기해 줄 것을 신청할 수 있다.

  ① ②세무공무원은 세무조사를 하는 경우에는 조사를 받을 납세자에게 <u>조사를 시작하기 20일 전</u>(개정세법 25)일 전에 조사대상 세목, 조사기간 및 조사 사유 등을 통지하여야 한다. 다만, 사전통지를 하면 증거인멸 등으로 조사 목적을 달성할 수 없다고 인정되는 경우에는 그러하지 아니하다.

  ④ 연기신청을 받은 관할 세무관서의 장은 연기신청 승인 여부를 결정하고 그 결과(연기 결정 시 연기한 기간을 포함한다)를 <u>조사 개시 전까지 통지</u>하여야 한다.

12. 양도소득과 퇴직소득은 분류과세하는 소득으로 종합소득에 해당하지 않으며, 소득세의 과세기간은 사업자가 임의로 선택할 수 없고 1월 1일부터 12월 31일까지 1년으로 한다.

13. 법인이 해산으로 인하여 소멸한 경우에는 <u>잔여재산의 가액이 확정된 날</u>

14. <u>업무용승용차 관련 비용 등의 필요경비 불산입 특례 규정은 복식부기의무자만 적용</u>된다.

15. <u>사전약정 없이 지급하는 판매장려금은 필요경비에 산입</u>한다.

16. <u>중소기업의 종업원</u>이 주택(주택에 부수된 토지를 포함한다)의 구입·임차에 소요되는 자금을 저리 또는 무상으로 대여 받음으로써 얻는 이익만 비과세한다.

17. 사업장 등 <u>물적시설을 갖춘 상태에서 서화·골동품의 양도로 발생하는 소득은 사업소득</u>으로 구분된다.

18. 종합소득금액 = 상가임대(3,000,000) + 근로소득금액(25,000,000) = 28,000,000원
   <u>주택임대소득은 분리과세 선택이 가능하고 일용근로소득은 분리과세</u>한다.

19. 부녀자공제(50만원)와 한부모공제(1백만원) 모두 해당되는 경우에는 한부모공제를 적용한다.

20. <u>1세대 1주택자에 대한 장기보유특별공제는 최고 80%까지 적용</u>한다.

21. 거주자가 사망한 경우 그 상속인은 그 <u>상속 개시일이 속하는 달의 말일부터 6개월이 되는 날</u>까지 사망일이 속하는 과세기간에 대한 그 거주자의 과세표준을 신고하여야 한다.

22. <u>사업소득은 지급하는 자가 사업자가 아닌 개인인 경우 원천징수의무는 없다.</u>

23. 거주자는 종합소득에 대해서만 중간예납 의무가 있으며, <u>퇴직소득과 양도소득에 대해서는 중간예납 의무가 없다.</u>

24. <u>장부의 기록·보관 불성실 가산세는 소규모 사업자에게는 적용되지 않는다.</u>

25. 납부할 세액이 <u>2천만원을 초과하는 때에는 그 세액의 100분의 50 이하의 금액(30,000,000×50%)</u>을 납부기한이 지난 후 2개월 이내에 분할납부할 수 있다.

제108회 세무회계2급

합격율	시험년월
40%	2023.12

세법1부 **법인세법, 부가가치세법**

01. 다음 중 법인세법에 대한 설명으로 가장 잘못된 것은?

① 내국법인이란 본점, 주사무소 또는 사업의 실질적 관리장소가 국내에 있는 법인을 말한다.

② 외국법인이란 사업의 실질적인 관리장소가 국내에 있지 않으면서 본점 또는 주사무소가 외국에 있는 단체를 말한다.

③ 국내원천소득이 있는 외국법인은 법인세 납세의무가 없다.

④ 내국법인 중 국가와 지방자치단체는 그 소득에 대한 법인세를 납부할 의무가 없다.

02. 다음 중 법인세법상 수익의 범위에 해당하지 않는 것은?

① 국세 과오납금의 환급금에 대한 이자   ② 자산의 임대료

③ 무상으로 받은 자산의 가액   ④ 손금에 산입한 금액 중 환입된 금액

03. 다음 중 법인세법상 반드시 기타사외유출로 처분하지 않는 것은?

① 임대보증금 등의 간주익금

② 건설자금에 충당한 차입금의 이자

③ 특수관계인 외의 자에 대한 비지정기부금의 손금불산입액

④ 업무무관자산 등에 대한 지급이자의 손금불산입액

04. 다음 중 법인세법상 장부에 계상을 한 경우에 한하여 손금으로 인정되는 것은?

① 파손으로 인한 재고자산의 평가차손   ② 일시상각충당금

③ 소멸시효가 완성된 채권에 대한 대손금   ④ 퇴직연금충당금

05. 다음 중 법인세법상 세무상 자기자본총액(순자산)을 알 수 있는 법정서식은 어느 것인가?

① 법인세과세표준및세액조정계산서[별지 제3호서식]
② 표준재무상태표[별지 제3호의2서식(1)]
③ 소득금액조정합계표[별지 제15호서식]
④ 자본금과적립금조정명세서(갑)[별지 제50호서식(갑)]

06. 다음 중 법인세법상 손금항목에 해당하는 것은?

① 거래징수불이행으로 인한 추징세액
② 세금계산서의 미수취·부실기재분 매입세액
③ 부가가치세법상 면세사업 관련 매입세액불공제액
④ 법인세 감면에 부과된 농어촌특별세

07. 다음 중 법인세법상 제조업을 영위하는 회사가 보유한 주식 및 채권 등 유가증권의 평가방법에 해당하지 않는 것은?

① 총평균법   ② 이동평균법
③ 개별법(채권에 한함)   ④ 시가법

08. 다음 중 법인세법상 기업 업무추진비에 대한 설명으로 옳지 않은 것은?

① 법인이 기업 업무추진비를 금전 외의 자산으로 제공한 경우, 해당 자산의 가액은 시가와 장부가액 중 큰 금액으로 평가한다.
② 건당 3만원을 초과한 기업 업무추진비(경조금 제외)로서 적격증빙을 수취하지 아니한 경우 손금불산입한다.
③ 내국법인이 1회의 접대에 지출한 경조금은 적격증빙을 수취하지 아니하여도 25만원 이내의 금액은 손금불산입하지 아니한다.
④ 기업 업무추진비 지출액 중 손금불산입 대상을 제외한 기업 업무추진비는 한도액을 계산하여 한도초과액을 손금불산입하고 기타사외유출로 처분한다.

09. 다음 중 법인세법상 현실적인 퇴직에 해당하지 않는 것은?

① 법인의 직원이 해당 법인의 임원으로 취임한 때

② 법인의 임직원이 그 법인의 사업양도에 의하여 퇴직한 때

③ 정관 또는 정관에서 위임된 퇴직급여지급규정에 따라 장기 요양 등 일정한 사유로 그때까지의 퇴직급여를 중간정산하여 임원에게 지급한 때

④ 임원이 연임된 때

10. 다음 중 법인세법상 감가상각자산에 대하여 그 사업에 사용한 날이 속하는 사업연도의 비용으로 처리할 수 있는 자산으로 옳지 않은 것은?

① 영화필름, 공구, 가구, 전기기구 등

② 어업에 사용되는 어구

③ 고유업무의 성질상 대량으로 보유하는 자산

④ 전화기 및 개인용 컴퓨터

11. 다음 중 법인세법상 가지급금인정이자에 관한 내용으로 잘못된 것은?

① 법인이 특수관계인에게 금전을 무상으로 대여한 경우 인정이자를 익금으로 산입하여야 한다.

② 인정이자 계산 시 시가는 당좌대출이자율을 적용하여 계산한다.

③ 인정이자의 계산은 특수관계가 소멸하는 날까지 적용한다.

④ 동일인에 대하여 가지급금과 가수금이 함께 있는 경우에는 이를 상계한 금액으로 계산한다.

12. 다음 중 법인세법상 재해손실세액공제에 관한 내용으로 가장 잘못된 것은?

① 법인이 재해로 인하여 자산총액의 30% 이상을 상실하여 납세가 곤란하다고 인정되는 경우 재해손실세액공제가 적용된다.

② 타인 소유의 자산으로서 상실로 인한 변상책임이 법인에게 있는 것은 상실된 자산 가액에 포함한다.

③ 자산상실비율은 재해발생일 현재 그 법인의 장부가액에 따라 계산한다.

④ 재해자산에 대해 수령한 보험금은 상실된 자산의 가액에서 차감하지 아니한다.

13. 다음 중 법인세법상 중간예납에 대한 설명으로 옳지 않은 것은?

① 중간예납기간은 해당 사업연도의 개시일부터 6개월이 되는 날까지로 한다.

② 납세지 관할세무서장은 중간예납기간 중 휴업 등의 사유로 수입금액이 없는 법인에 대하여 그 사실이 확인된 경우라도 중간예납세액에 대한 법인세를 징수하여야 한다.

③ 내국법인이 납부해야 할 중간예납세액이 1천만원을 초과하는 경우에는 분납할 수 있다.

④ 직전 사업연도의 중소기업으로서 직전 사업연도의 산출세액을 기준으로 하는 방법에 따라 계산한 중간예납세액이 50만원 미만인 내국법인은 중간예납세액을 납부할 의무가 없다.

14. 다음 중 부가가치세법에 따른 부가가치세의 특징에 해당하지 않는 것은?

① 일반소비세이다.

② 간접세로서 납세의무자는 최종소비자이고, 실제로 부가가치세를 부담하는 자는 사업자이다.

③ 소비형 부가가치세제를 따르고 있으므로 사업자가 납부한 매입세액은 중간재와 자본재의 구분 없이 구입한 과세기간에 공제받을 수 있다.

④ 소비지국과세원칙을 따르고 있다.

15. 다음 중 부가가치세법상 사업장에 관한 내용으로 가장 잘못된 것은?

① 사업장은 사업자가 사업을 하기 위해서 거래의 전부 또는 일부를 하는 고정된 장소이다.

② 자기의 사업과 관련하여 생산하거나 취득한 재화를 직접 판매하는 장소는 사업장으로 본다.

③ 부동산임대업의 사업장은 원칙적으로 그 사업에 관한 업무를 총괄하는 장소이다.

④ 거래처의 관리 또는 기획관리 등 기타업무연락만을 수행하는 장소는 사업장으로 보지 않는다.

16. 다음 중 부가가치세법상 사업자등록에 대한 설명으로 옳지 않은 것은?

① 사업자등록은 사업장 관할세무서장이 아닌 다른 세무서장에게도 할 수 있다.

② 하치장을 둔 사업자는 하치장을 둔 날부터 20일 이내에 관할세무서장에게 사업자등록 정정신고를 하여야 한다.

③ 사업자가 사업자등록을 하지 않는 경우에는 사업장 관할세무서장이 조사하여 등록할 수 있다.

④ 사업자등록의 신청을 받은 사업장 관할세무서장은 신청자가 사업을 사실상 시작하지 아니할 것이라고 인정될 때에는 등록을 거부할 수 있다.

17. 다음 중 부가가치세법상 용역의 공급에 해당하는 것으로 옳은 것은?

 ① 자기가 주요 자재의 일부를 부담하고 상대방으로부터 인도받은 재화를 가공하여 새로운 재화를 만드는 가공계약에 따라 재화를 인도하는 것

 ② 건설업의 경우 건설사업자가 건설자재 일부를 부담하는 것

 ③ 재화의 인도 대가로서 용역을 제공받는 교환계약에 따라 재화를 인도하는 것

 ④ 사업자가 대가를 받지 아니하고 타인에게 용역을 공급하는 것(특수관계인에게 사업용부동산의 무상임대 제외)

18. 다음 중 부가가치세법상 부수공급에 대한 과세 여부의 연결이 잘못된 것은?

 ① 은행(면세사업자)이 은행업에 사용하던 건물을 양도하는 경우 : 면세

 ② 미술학원에서 미술교육용역(면세)에 포함하여 실습자재를 공급하는 경우 : 면세

 ③ 부동산임대업자가 임대(과세)하던 토지를 양도하는 경우 : 면세

 ④ 조경공사업체(과세)가 조경공사에 포함하여 수목을 공급하는 경우 : 면세

19. 다음 중 부가가치세법상 공급가액에 포함하는 것은?

 ① 장기할부판매 또는 할부판매 경우의 이자상당액

 ② 공급에 대한 대가의 지급이 지체되었음을 이유로 받는 연체이자

 ③ 환입된 재화의 가액

 ④ 공급받는 자에게 도달하기 전에 파손·훼손되거나 멸실한 재화의 가액

20. 다음 중 부가가치세법상 매입세액불공제 항목에 해당하지 않는 것은?

 ① 사업과 직접 관련이 없는 지출에 대한 매입세액

 ② 면세사업 등에 관련된 매입세액

 ③ 토지의 자본적 지출에 관련된 매입세액

 ④ 재화의 공급시기 이후에 발급받은 세금계산서로서 해당 공급시기가 속하는 과세기간에 대한 확정신고기한까지 발급받은 매입세액

21. 다음 중 부가가치세법상 영세율 적용 대상이 아닌 것은?

① 국외에서 제공하는 용역

② 위탁가공무역 방식의 수출

③ 국가, 지방자치단체가 공익단체에 무상으로 공급하는 재화

④ 수출업자와 직접 도급계약에 의하여 수출재화를 임가공하는 수출재화임가공용역

22. 부가가치세법상 부가가치세를 포탈할 우려가 있는 경우 과세표준 등을 결정 또는 경정할 수 있다. 이에 해당하지 않는 것은?

① 납세자가 184일 이상 국외에 체류할 경우

② 사업장의 이동이 빈번한 경우

③ 사업장의 이동이 빈번하다고 인정되는 지역에 사업장이 있는 경우

④ 휴업 또는 폐업상태에 있는 경우

23. 다음 중 부가가치세법상 세금계산서 발급의무가 면제되는 경우가 아닌 것은?

① 무인자동판매기를 이용하여 재화나 용역을 공급하는 경우

② 부동산임대용역 중 간주임대료에 해당하는 부분

③ 택시운송사업자

④ 판매 목적 타사업장 반출로서 공급의제되는 재화

24. 다음 중 부가가치세법상 대손세액공제에 대한 설명으로 옳지 않은 것은?

① 대손세액공제는 대손사유가 발생한 예정신고기간 또는 확정신고기간에 적용한다.

② 대손세액은 대손금액에 110분의 10을 곱한 금액으로 한다.

③ 대손세액공제는 사업자가 부가가치세 과세 대상 재화 또는 용역을 공급한 후 그 공급일 부터 10년이 지난날이 속하는 과세기간에 대한 확정신고 기한까지 대손사유가 발생한 경우 적용받을 수 있다.

④ 사업자가 대손금액을 회수한 경우에는 그 회수한 대손금액에 대한 대손세액을 회수한 날이 속하는 과세기간의 매출세액에 더한다.

25. 다음 중 부가가치세법상 가산세율에 대한 설명으로 가장 옳지 않은 것은?

① 사업자가 사업개시일부터 20일 이내에 사업자등록을 신청하지 않은 경우 – 2퍼센트

② 타인 명의로 사업자등록을 하는 경우 – 2퍼센트

③ 세금계산서의 발급시기가 지난 후 해당 재화 또는 용역의 공급시기가 속하는 과세기간에 대한 확정신고기한까지 세금계산서를 발급하는 경우 – 1퍼센트

④ 세금계산서의 발급시기가 지난 후 해당 재화 또는 용역의 공급시기가 속하는 과세기간에 대한 확정신고기한까지 세금계산서를 발급하지 아니한 경우 – 2퍼센트

1부 주관식 **문항 당 5점**

---

26. 법인세법상 아래의 (   ) 안에 들어갈 숫자를 적으시오.

> 사업연도는 법령이나 법인의 정관 등에서 정하는 1회계기간으로 하며, 그 기간은 (   )년을 초과하지 못한다.

27. 다음은 ㈜한국(사업연도 : 매년 1월 1일~12월 31일)의 기계장치 A에 관한 자료이다. 법인세법상 정액법에 따른 상각범위액을 계산하시오.

> • 내용연수 : 5년
> • 취득가액 : 100,000,000원

28. 법인세법상 아래의 괄호 안에 들어갈 숫자를 적으시오.

> 법인세법상 내국법인의 각 사업연도의 소득금액에 대한 법인세 최고 세율은 과세표준 3,000억원 초과분에 대하여 (   )%이다.

29. 부가가치세법상 다음의 (   ) 안에 알맞은 숫자는 무엇인가?

> 부가가치세법상 간이과세자는 해당 과세기간의 공급대가가 (   )원 미만이면 세액의 납부의무
> 를 면제한다.

30. 부가가치세법상 아래의 빈칸에 들어갈 내용은 무엇인가?

> 납세지 관할세무서장은 각 과세기간별로 그 과세기간에 대한 환급세액을 확정신고한 사업자에게 그
> 확정신고기한이 지난 후 (   )일 이내(조기환급에 해당하는 경우에는 15일 이내)에 대통령령으로
> 정하는 바에 따라 환급하여야 한다.

세법2부 국세기본법, 소득세법, 조세특례제한법

01. 다음 중 국세기본법상 송달의 효력이 발생하는 경우는?
① 납세의 독촉에 관한 서류를 일반우편으로 송달한 경우
② 소득세법에 따른 중간예납세액(150만원)의 납세고지서를 일반우편으로 송달한 경우
③ 공시송달에 의하여 공고한 후 일주일이 경과한 때
④ 부가가치세 예정고지세액 납세고지서를 등기우편으로 송달한 경우

02. 국세기본법상 법인격 없는 단체 중 신청에 의해 승인을 받아 법인으로 의제되는 단체의 요건으로 다음
중 옳지 않은 것은?
① 단체의 조직과 운영에 관한 규정을 가지고 있어야 한다.
② 대표자나 관리인을 선임하고 있어야 한다.
③ 단체 자신의 계산과 명의로 수익과 재산을 독립적으로 소유·관리하여야 한다.
④ 단체의 수익을 구성원에게 분배하여야 한다.

03. 다음 중 국세기본법상 국세 부과의 원칙 중 근거과세에 대한 설명에 해당하지 않는 것은?

① 납세의무자가 세법에 따라 장부를 갖추어 기록하고 있는 경우에는 해당 국세 과세표준의 조사와 결정은 그 장부와 이와 관계되는 증거자료에 의하여야 한다.

② 국세를 조사·결정할 때 장부의 기록 내용이 사실과 다르거나 장부의 기록에 누락된 것이 있을 때에는 그 부분에 대해서만 정부가 조사한 사실에 따라 결정할 수 있다.

③ 세법 중 과세표준의 계산에 관한 규정은 소득, 수익, 재산, 행위 또는 거래의 명칭이나 형식과 관계없이 그 실질 내용에 따라 적용한다.

④ 정부는 장부의 기록내용과 다른 사실 또는 장부 기록에 누락된 것을 조사하여 결정하였을 때에는 정부가 조사한 사실과 결정의 근거를 결정서에 적어야 한다.

04. 다음 중 국세기본법상 납세의무의 성립시기에 대한 내용으로 가장 옳지 않은 것은?

① 상속세 : 상속이 개시되는 때

② 부가가치세 : 과세기간이 끝나는 때(수입재화의 경우 제외)

③ 원천징수하는 소득세 : 소득금액 또는 수입금액을 지급하는 때

④ 종합부동산세 : 과세기간이 끝나는 때

05. 다음 중 국세기본법상 국세징수권의 소멸시효에 대한 설명으로 옳지 않은 것은?

① 5억원 이상 국세의 소멸시효는 10년이다.

② 세법에 따른 분납기간은 소멸시효가 중단된다.

③ 신고납세제도세목으로서 신고한 경우의 소멸시효 기산일은 그 법정 신고납부기한의 다음 날이다.

④ 법정 신고납부기한이 연장되는 경우 소멸시효 기산일은 그 연장된 기한의 다음 날이다.

06. 다음 중 국세기본법상 국세의 법정기일이 다른 하나는?

① 신고에 따라 납세의무가 확정되는 국세의 경우 신고한 해당 세액의 경우

② 세액을 정부가 결정을 하는 경우 고지한 해당 세액의 경우

③ 양도담보재산에서 국세를 징수하는 경우

④ 제2차 납세의무자의 재산에서 국세를 징수하는 경우

07. 다음 중 국세기본법상 보충적 납세의무를 부담하지 아니하는 자는?

① 사업양도인   ② 법인의 과점주주

③ 청산법인의 청산인   ④ 무한책임사원의 법인

08. 다음 중 국세기본법상 수정신고와 경정청구에 대한 설명으로 옳지 않은 것은?

① 당초 신고한 세액을 감액하는 경우에는 경정청구에 의한다.

② 신고납세제도를 채택한 국세의 수정신고는 과세표준과 세액을 확정하는 효력이 없다.

③ 경정청구는 세액을 확정하는 효력이 없다.

④ 기한후과세표준신고서를 제출한 자는 수정신고를 할 수 있다.

09. 다음 중 국세기본법상 불복에 대한 설명으로 옳지 않은 것은?

① 심사청구는 해당 처분이 있음을 안 날부터 90일 이내에 제기하여야 한다.

② 이의신청을 거친 후 심사청구를 하려면 이의신청에 대한 결정의 통지를 받은 날부터 90일 이내에 제기하여야 한다.

③ 국세청장은 심사청구의 내용이나 절차가 보정할 수 있다고 인정되면 20일 이내의 기간을 정하여 보정할 것을 요구할 수 있다.

④ 청구서의 보정기간은 심사청구기간에 산입하여 계산한다.

10. 다음 중 국세기본법상 세무조사의 연기신청 사유에 해당하지 않는 것은?

① 납세자가 사업의 위기로 인하여 폐업한 때

② 화재, 그 밖의 재해로 사업상 심각한 어려움이 있을 때

③ 납세자의 장기출장으로 세무조사가 곤란하다고 판단될 때

④ 권한 있는 기관에 장부, 증거서류가 압수되거나 영치되었을 때

11. 다음 중 국세기본법상 과세전적부심사에 관한 설명으로 옳지 않은?

① 과세예고통지를 받은 자는 통지를 받은 날부터 30일 이내에 통지를 한 세무서장이나 지방국세청 장에게 통지 내용의 적법성에 관한 심사를 청구할 수 있다.

② 세법에서 규정하는 수시부과의 사유가 있는 경우에는 과세전적부심사를 청구할 수 없다.

③ 과세전적부심사청구를 받은 세무서장·지방국세청장 또는 국세청장은 각각 국세심사위원회의 심사를 거쳐 결정을 하고 그 결과를 청구를 받은 날부터 30일 이내에 청구인에게 통지하여야 한다.

④ 세무조사 결과 통지를 하는 날부터 국세부과 제척기간의 만료일까지의 기간이 3개월 이하인 경 우에도 과세전적부심사를 청구할 수 있다.

12. 다음 중 소득세법상 납세의무에 대한 설명으로 옳은 것은?

① 우리나라 소득세는 원칙적으로 개인단위주의를 취하고 있다.

② 거주자가 사망한 경우에는 소득세의 납세의무가 없다.

③ 소득세 납세의무자는 대한민국 국적을 가진 자를 말한다.

④ 비거주자는 소득세 납세의무가 없다.

13. 다음 중 소득세법상 납세지에 대한 설명으로 잘못된 것은?

① 거주자의 소득세 납세지는 그 주소지로 한다.

② 사업소득이 있는 거주자의 납세지는 사업장소재지로 한다.

③ 비거주자의 납세지는 국내사업장 소재지로 한다.

④ 국내에 주소가 없는 공무원의 경우 그 가족의 생활근거지 또는 소속기관의 소재지를 납세지로 한다.

14. 다음 중 소득세법상 사업소득의 총수입금액에 산입하는 항목이 아닌 것은?

① 거래상대방으로부터 받은 장려금

② 사업과 관련하여 해당 사업용 자산의 손실로 취득하는 보험차익

③ 사업과 관련된 자산수증이익

④ 사업과 관련하여 사용 중인 건물의 처분이익

15. 다음 중 소득세법상 비과세근로소득에 해당하지 않는 항목은?

① 지급받은 직장에서만 입는 피복

② 근로자 또는 그 배우자의 출산이나 6세 이하의 자녀의 보육과 관련하여 사용자로부터 받는 월 30만원 이내의 금액

③ 식사대로 지급받는 월 20만원 이내의 금액

④ 벽지수당으로 지급받는 월 20만원 이내의 금액

16. 다음 중 소득세법상 간편장부대상자가 될 수 없는 업종은 무엇인가?

① 제조업   ② 음식점업   ③ 교육서비스업   ④ 의료업

17. 다음 중 소득세법상 기타소득의 원천징수세율로 옳지 않은 것은?

① 3억을 초과하는 복권당첨금 : 기타소득금액 3억 초과분의 20%

② 소기업·소상공인 공제부금의 해지일시금 : 해당 기타소득금액의 15%

③ 고용관계 없이 일시적으로 수령한 강연료 : 해당 기타소득금액의 20%

④ 연금계좌에서 연금외수령한 기타소득 : 해당 기타소득금액의 15%

18. 다음 중 소득세법상 부당행위계산부인의 대상 소득이 아닌 것은?

① 출자공동사업자의 배당소득   ② 퇴직소득

③ 사업소득   ④ 양도소득

19. 다음 중 소득세법상 상속에 관한 설명으로 가장 옳지 않은 것은?

① 상속인은 그 상속개시일이 속하는 달의 말일부터 6개월 이내에 과세표준확정신고를 하여야 한다.

② 피상속인의 소득세는 그 상속인이 상속으로 인하여 얻은 재산을 한도로 하여 납세의무를 진다.

③ 확정신고 시 피상속인과 상속인의 소득금액을 합산하여 세액을 계산한다.

④ 피상속인의 사업소득에서 발생한 이월결손금은 상속인의 소득금액에서 공제할 수 없다.

20. 다음 중 소득세법상 종합소득공제에 대한 설명으로 옳지 않은 것은?

① 연 100만원 이하의 소득이 있는 배우자는 연령에 상관없이 기본공제를 적용받을 수 있다.
② 해당 거주자가 배우자가 없는 사람으로서 기본공제대상자인 직계비속 또는 입양자가 있는 경우 연 200만원을 추가공제한다.
③ 경로우대자공제를 받기 위한 최소한의 나이는 70세이다.
④ 기본공제대상자가 장애인인 경우 1인당 연 200만원을 추가공제한다.

21. 다음 중 소득세법상 종합소득세액의 계산에 대한 설명으로 잘못된 것은?

① 기장세액공제가 100만원을 초과하는 경우 100만원을 공제하며, 그 초과액은 이월공제한다.
② 자녀세액공제는 사업소득만 있는 자도 적용받을 수 있다.
③ 부동산임대업에 대한 소득만 있는 자도 기장세액공제를 적용받을 수 있다.
④ 연령이 55세인 부친(연간 사업소득금액 2억원)을 위하여 지출한 의료비도 의료비세액공제 대상이 된다.

22. 다음 중 소득세법상 세액감면 및 세액공제가 아래와 같이 동시에 적용되는 경우의 적용 순서로 옳은 것은?

가. 이월공제가 되지 아니하는 세액공제
나. 해당 과세기간의 소득에 대한 소득세의 감면
다. 이월공제가 인정되는 세액공제

① 가→나→다　　　② 나→가→다　　　③ 다→나→가　　　④ 다→가→나

23. 다음 중 소득세법상 퇴직소득에 대한 설명으로 가장 잘못된 것은?

① 퇴직소득은 종합소득에 합산하지 않고 별도로 분류과세한다.
② 퇴직소득이 있는 거주자는 퇴직소득공제를 받을 수 있으며 해당 거주자가 신청한 경우에 적용한다.
③ 퇴직소득의 수입시기는 현실적인 퇴직으로 인하여 퇴직한 날로 한다.
④ 퇴직소득은 그 지급자가 원천징수를 함으로써 퇴직소득에 대한 소득세의 납세의무가 종결된다.

24. 다음 중 소득세법상 분리과세 대상 소득에 해당하지 않는 것은?

① 일용근로자의 근로소득

② 직장공제회 초과반환금

③ 총급여액이 500만원 이하인 일반근로자의 근로소득

④ 총수입금액의 합계액이 2천만원 이하인 자의 주택임대소득

25. 다음 중 소득세법상 원천징수세액의 반기별 납부에 대한 설명으로 가장 잘못된 것은?

① 직전연도 상시고용인원이 20명 이하인 원천징수의무자는 반기별로 원천징수세액을 납부할 수 있다.

② 반기별로 납부하고자 하는 반기의 직전월의 1일부터 말일까지 관할세무서장에게 신청해야 한다.

③ 반기별로 납부할 원천징수세액은 법인세법에 따라 처분된 상여에 대한 원천징수세액도 포함한다.

④ 세적을 변경하는 경우 변경 전 납세지관할세무서장의 승인은 납세지 변경 후에도 유효한 것으로 본다.

2부 주관식   문항 당 5점

26. 국세기본법상 다음의 내용에서 설명하고 있는 괄호 안의 개념은 무엇인가?

조세심판관회의 또는 조세심판관합동회의는 (   )의 원칙에 의해 심판청구에 대한 결정을 할 때 심판청구를 한 처분 외의 처분에 대해서는 그 처분의 전부 또는 일부를 취소 또는 변경하거나 새로운 처분의 결정을 하지 못한다. 이러한 규정은 이의신청과 심사청구에도 그대로 적용된다.

27. 다음은 국세기본법상 가산세 감면에 관한 내용이다. 괄호 안에 들어갈 숫자를 적으시오.

세법에 따른 제출 등의 기한이 지난 후 1개월 이내에 해당 세법에 따른 제출 등의 의무를 이행하는 경우, 해당 가산세액의 100분의 (   )에 상당하는 금액을 감면한다.

28. 다음은 거주자 A의 20x1년도 기타소득 명세이다. 소득세법상 기타소득금액은 얼마인가?

> (1) 신문 및 잡지에 글을 기고하고 받은 원고료 : 300만원
> (2) 분실물 습득 보상금 : 100만원

29. 소득세법상 다음의 괄호 안에 들어갈 알맞은 숫자를 쓰시오.

> 거주자로서 종합소득과세표준 확정신고에 따라 납부할 세액이 1천만원을 초과하는 자는 그 납부할 세액의 일부를 납부기한이 지난 후 ( )개월 이내에 분할납부할 수 있다.

30. 소득세법상 아래의 괄호 안에 들어갈 알맞은 숫자를 쓰시오.

> 해당 과세기간에 출산하거나 입양 신고한 공제 대상 자녀가 있는 경우 다음 각 호의 구분에 따른 금액을 종합소득산출세액에서 공제한다.
> • 출산하거나 입양 신고한 공제대상자녀가 첫째인 경우 :   연 ( )원
> • 출산하거나 입양 신고한 공제대상자녀가 둘째인 경우 :   연 500,000원
> • 출산하거나 입양 신고한 공제대상자녀가 셋째 이상인 경우 : 연 700,000원

제108회 세무회계2급 답안 및 해설

세법1부 - 법인세법, 부가가치세법

1	2	3	4	5	6	7	8	9	10	11	12	13	14	15
③	①	②	①	④	③	④	③	④	③	②	①	②	②	③

16	17	18	19	20	21	22	23	24	25
②	②	④	①	④	③	①	④	①	①

26	27	28	29	30
1	20,000,000원	24	48,000,000	30

01. 국내원천소득이 있는 외국법인은 법인세를 납부할 의무가 있다.

02. 국세 과오납금의 환급금에 대한 이자는 익금불산입 사항이다.

04. 파손으로 인한 재고자산의 평가차손은 결산조정사항이다.

05. 자본금과적립금조정명세서(갑)은 세무상 자본을 계산하는 서식이다.

06. 면세 관련 매입세액으로 불공제한 세액은 손금항목이다.

07. 투자회사 등이 보유한 집합투자재산은 시가법에 따라 평가한다.

08. 20만원 이내의 경조금은 적격증빙을 미수취하여도 손금산입한다.

10. 고유업무의 성질상 대량으로 보유하는 자산은 그 사업에 사용한 날이 속하는 사업연도의 손비로 산입할 수 있는 자산에서 제외한다.

11. 원칙적으로 가중평균차입이자율을 시가로 한다. 다만, 일정한 경우 당좌대출이자율을 시가로 한다.

12. 내국법인이 재해로 인하여 자산총액의 100분의 20 이상을 상실하여 납세가 곤란하다고 인정되는 경우에는 법인세액에 그 상실된 자산의 가액이 상실 전의 자산총액에서 차지하는 비율을 곱하여 계산한 금액(상실된 자산의 가액을 한도)을 그 세액에서 공제한다.

13. 납세지 관할 세무서장은 중간예납기간 중 휴업 등의 사유로 수입금액이 없는 법인에 대하여 그 사실이 확인된 경우에는 해당 중간예납기간에 대한 법인세를 징수하지 아니한다.

14. 납세의무자는 사업자이고, 실제로 부가가치세를 부담하는 자는 최종소비자이다.

15. 부동산임대업의 사업장은 부동산의 등기부상 소재지이다.

16. 하치장은 사업장으로 보지 아니하며, 하치장을 둔 사업자는 하치장 설치신고서를 하치장을 둔 날부터 10일 이내에 하치장 관할세무서장에게 제출하여야 한다.

17. 건설업의 경우 건설사업자가 건설자재의 전부 또는 일부를 부담하는 것은 용역의 공급으로 본다.

18. 조경공사의 부수재화로서 과세가 된다.

21. 국가, 지방자치단체가 공익단체에 무상으로 공급하는 재화는 면세한다.

24. 대손세액공제는 확정신고 시에 가능하다.

25. 미등록가산세 1%, **(타인)명의 위장등록 가산세 2%(개정세법 25)**

27. 상각범위액(정액법) = 취득가액(100,000,000) × 상각률(1/5)

세법2부 – 국세기본법, 소득세법, 조세특례제한법

1	2	3	4	5	6	7	8	9	10	11	12	13	14	15
④	④	③	③	②	①	①	②	④	①	④	①	②	④	②

16	17	18	19	20	21	22	23	24	25
④	①	②	③	②	①	②	②	③	③

26	27	28	29	30
불고불리	50	2,200,000원	2	300,000

01. **납부의 고지·독촉·강제징수 또는 세법에 따른 정부의 명령**과 관계되는 서류의 송달을 우편으로 할 때에는 **등기우편**으로 하여야 한다.

02. "사단, 재단, 그 밖의 단체의 수익을 구성원에게 분배하지 아니할 것" 법인으로 의제되는 요건이 된다.

03. 실질과세의 원칙에 해당한다.

04. **종합부동산세의 납세의무 성립시기는 매년 6월 1일**(과세기준일)이다.

05. **분납기간은 소멸시효의 정지사유**에 해당한다.

06. 신고·납세하는 국세의 법정기일은 그 신고일이고, 나머지의 법정기일은 **납부고지서의 발송일**이다.

07. **사업양수인이 보충적 납세의무**를 지고, 사업양도인은 주된 납세자이다.

08. **수정신고도 과세표준과 세액을 확정하는 효력**이 있다.

09. 청구서의 **보정기간은 심사청구기간에 산입하지 아니한다.**

10. **폐업은 세무조사 연기신청 사유**에 해당하지 아니한다.

11. 세무조사 결과 통지 및 **과세예고통지를 하는 날부터 국세부과 제척기간의 만료일까지의 기간이 3개월 이하인 경우 과세전적부심사를 청구할 수 없다.**

13. 거주자의 납세지는 그 주소지로 하며, **사업소득이 있는 거주자의 납세지도 원칙적으로 그 주소지로** 한다.

14. 사업과 관련하여 사용 중인 **건물(부동산)의 처분이익은 양도소득으로 과세**한다.

15. 근로자 또는 배우자의 출산이나 **6세 이하 자녀의 보육과 관련**하여 사용자로부터 받는 급여로서 **월 20만원 이내의 금액**은 비과세한다.

17. 3억 이하의 복권당첨금에 대하여 소득세를 원천징수할 때 적용하는 세율은 20%로 한다. 다만, **3억 원을 초과하는 경우 그 초과하는 분에 대해서는 30%**로 한다.

19. 피상속인의 소득금액에 대한 소득세와 상속인의 소득금액에 대한 **소득세는 각각 구분하여 별도로 세액을 계산**한다.(개인별 과세의 원칙)

20. 해당 거주자가 배우자가 없는 사람으로서 기본공제대상자인 직계비속 또는 입양자가 있는 경우(한부모 소득공제) 연 100만원을 추가공제한다.

21. **기장세액공제는 이월공제가 허용되지 아니한다.**

23. 퇴직소득이 있는 거주자는 누구든지 퇴직소득공제를 받을 수 있으며 **별도의 신청이 없어도 당연히 공제**한다.

24. 총급여액이 500만원 이하인 자의 **근로소득은 분리과세 대상에 해당하지 않는다.**

25. **법인세법에 의한 소득처분(상여·배당 및 기타소득)으로 인해 원천징수한 세액은 반기납부세액 대상에서 제외**됨으로 그 징수일이 속하는 달의 다음 달 10일까지 납부하여야 한다.

28. 기타소득금액 = 원고료(3,000,000)×(1 - 60%)+분실물 습득 보상금(1,000,000)
$$= 2,200,000원$$
원고료는 필요경비 60% 추정 기타소득이고, **분실물 습득 보상금은 실제발생경비**가 필요경비가 된다.

제107회 세무회계2급

합격율	시험년월
39%	2023.10

세법1부 **법인세법, 부가가치세법**

01. 다음 중 법인세법상 사업연도에 관한 내용으로 가장 옳지 않은 것은?

① 사업연도는 법령 또는 법인의 정관 등에서 정하는 1회계기간으로 한다.

② 법령 또는 정관 등에 사업연도에 관한 규정이 없는 법인은 따로 사업연도를 정하여 신고하여야 한다.

③ 신고를 하지 아니한 경우에는 매년 1월 1일부터 12월 31일까지를 그 법인의 사업연도로 한다.

④ 사업연도를 변경하려는 법인은 해당 사업연도 종료일로부터 3개월 이내에 이를 신고하여야 한다.

02. 다음 중 법인세법상 법인세가 과세되는 소득으로 잘못된 것은?

① 영리내국법인의 국외원천소득

② 비영리내국법인의 청산소득

③ 영리외국법인의 국내 토지 등 양도소득

④ 비영리외국법인의 국내 토지 등 양도소득

03. 다음 중 법인세법상 소득처분에 관한 설명으로 가장 옳지 않은 것은?

① 유보는 익금에 산입한 금액이 사외로 유출되지 아니한 경우의 소득처분이다.

② 익금에 산입한 금액 중 그 귀속이 불분명하여 대표자에게 상여로 처분한 경우 당해 법인이 그 처분에 따른 소득세 등을 대납하고 이를 손비로 계상함에 따라 익금에 산입한 금액은 기타사외유출로 처분한다.

③ 업무와 관련 없는 차입금에 대한 지급이자를 손금불산입하는 경우, 소득처분은 기타사외유출로 한다.

④ 익금에 산입한 금액 중 사외로 유출된 것이 분명한 경우로서 그 귀속자가 당해 법인의 주주이면서 임원인 경우에는 그 출자임원에 대한 배당으로 처분한다.

04. 다음 중 법인세법상 익금 항목에 해당하는 것은?

① 부가가치세 매출세액   ② 의제배당수익

③ 증자 시 주식발행액면초과액   ④ 감자차익

05. 다음 중 법인세법상 손금불산입하는 벌과금 등에 해당하는 것은?

① 업무와 관련하여 발생한 교통사고 벌과금

② 산업재해보상보험료의 연체금

③ 전기요금의 납부지연으로 인한 연체가산금

④ 국유지 사용료의 납부지연으로 인한 연체료

06. 다음 중 법인세법상 손익의 귀속시기에 관한 내용으로 가장 잘못된 것은?

① 상품 등의 판매(부동산 제외) : 그 상품 등을 인도한 날

② 장기할부판매 : 잔금을 받은 날

③ 위탁매매 : 수탁자가 그 위탁자산을 매매하는 날

④ 상품 등의 시용판매 : 상대방이 그 상품 등에 대한 구입의 의사를 표시한 날

07. 다음 중 법인세법상 자산 및 부채의 평가에 대한 설명으로 옳지 않은 것은?

① 유형자산으로서 천재지변 등의 사유로 파손되거나 멸실된 경우 그 장부가액을 감액할 수 있다.

② 매매목적으로 소유하는 부동산의 평가방법의 무신고 시 선입선출법을 적용한다.

③ 유가증권의 평가방법의 무신고 시 총평균법을 적용한다.

④ 재고자산의 평가방법을 신고한 법인으로서 그 평가방법을 변경하고자 하는 법인은 변경할 평가 방법을 적용하고자 하는 사업연도 종료일의 이전 3월이 되는 날까지 신고하여야 한다.

08. 다음 중 법인세법상 기부금에 관한 설명으로 옳지 않은 것은?

① 기부금이란 내국법인이 사업과 직접적으로 관련하여 무상으로 지출하는 금액을 말한다.

② 기부금을 미지급금으로 계상한 경우 실제로 이를 지출할 때까지는 당해 사업연도의 소득금액 계산에 있어서 이를 기부금으로 보지 아니한다.

③ 특례기부금을 금전 외의 자산으로 제공한 경우 해당 자산의 가액은 기부했을 때의 장부가액으로 한다.

④ 특수관계인 외의 자에게 정당한 사유 없이 자산을 정상가액보다 낮은 가액으로 양도함으로써 실질적으로 증여한 것으로 인정되는 금액은 기부금으로 본다.

113

09. 다음 중 법인세법상 감가상각방법에 관한 내용으로 가장 옳지 않은 것은?

① 건축물의 경우 정액법으로 신고해야 한다.

② 건축물 외의 유형자산(광업용 유형자산 제외)은 정액법 또는 정률법을 선택할 수 있다.

③ 건축물 외의 유형자산(광업용 유형자산 제외)에 대한 상각방법의 신고를 하지 아니한 경우 정액법을 적용한다.

④ 법인이 신고한 상각방법은 그 후의 사업연도에도 계속하여 그 상각방법을 적용하여야 한다.

10. 다음 중 법인세법상 결산조정사항에 해당하는 대손금은 무엇인가?

① 채무자의 파산으로 회수할 수 없는 채권

② 「상법」에 따른 소멸시효가 완성된 채권

③ 법원의 면책결정에 따라 회수불능으로 확정된 채권

④ 「민사집행법」에 따라 채무자의 재산에 대한 경매가 취소된 압류채권

11. 다음 중 법인세법상 유보로 처분된 금액을 관리하는 서식은 무엇인가?

① 소득자료명세서

② 자본금과적립금조정명세서(갑)

③ 자본금과적립금조정명세서(을)

④ 소득금액조정합계표

12. 다음 중 법인세법상 이월공제가 가능한 세액공제는 무엇인가?

① 외국납부세액공제   ② 재해손실세액공제

③ 배당세액공제   ④ 대손세액공제

13. 다음 중 법인세법상 신고와 납부에 대한 설명으로 옳지 않은 것은?

① 법인세의 납세의무가 있는 내국법인은 각 사업연도 종료일이 속하는 달의 말일부터 3개월 이내에 법인세 과세표준과 세액을 신고하여야 한다.

② 성실신고확인대상 내국법인이 성실신고확인서를 제출하는 경우 각 사업연도 종료일이 속하는 달의 말일부터 4개월 이내에 법인세 과세표준과 세액을 신고하여야 한다.

③ 법인세 과세표준과 세액을 신고할 때 기업회계기준에 따라 작성한 재무상태표를 제출하지 아니한 경우 무신고로 본다.

④ 중소기업인 내국법인이 납부할 세액이 1천만원을 초과하는 경우 그 초과하는 금액은 납부기한이 지난 날부터 3개월 이내에 분납할 수 있다.

14. 다음 중 부가가치세법상 사업자등록에 관한 내용으로 가장 잘못된 것은?

① 사업자는 사업장마다 사업 개시일부터 20일 이내에 사업자등록을 신청하여야 한다.

② 신규로 사업을 시작하려는 자는 사업 개시일 이전이라도 사업자등록을 신청할 수 있다.

③ 사업자등록 신청을 받은 사업장 관할 세무서장은 사업자등록을 하고, 사업자등록증을 발급하여야 한다.

④ 등록한 사업자는 폐업 등 등록사항이 변경되면 변경일이 속하는 달의 말일까지 신고하여야 한다.

15. 다음 중 부가가치세법상 용역의 공급에 해당하지 않는 것은?

① 건설업의 경우 건설사업자가 건설자재의 전부 또는 일부를 부담하는 것

② 자기가 주요자재를 전혀 부담하지 아니하고 상대방으로부터 인도받은 재화를 가공하여 단순히 가공만 해주는 것

③ 경매, 수용, 현물출자와 그 밖의 계약상 또는 법률상의 원인에 따라 재화를 인도하거나 양도하는 것

④ 산업상·상업상 또는 과학상의 지식·경험 또는 숙련에 관한 정보를 제공하는 것

16. 다음 중 부가가치세법상 공급가액에 포함되는 것은?

① 대가의 일부로 받는 운송비·포장비·하역비

② 공급받는 자에게 도달하기 전에 멸실된 재화의 가액

③ 재화 또는 용역의 공급과 직접 관련되지 않은 국고보조금

④ 공급조건에 따라 통상의 대가에서 일정액을 직접 깎아 주는 금액

17. 다음 중 부가가치세법상 사업상 증여로서 재화의 공급에 해당하는 것은?

① 사업자가 자기의 고객 중 추첨을 통하여 당첨된 자에게 재화를 경품으로 제공하는 경우

② 사업을 위하여 대가를 받지 아니하고 다른 사업자에게 인도하거나 양도하는 견본품

③ 「재난 및 안전관리 기본법」의 적용을 받아 특별재난지역에 공급하는 물품

④ 불특정 다수에게 무상으로 배포하는 광고선전용 재화

18. 다음 중 부가가치세법상 공통매입세액에 대한 설명으로 가장 잘못된 것은?

① 과세사업과 면세사업 등에 관련된 매입세액의 계산은 실지귀속에 따라 한다.

② 공통매입세액이 5만원 미만인 경우의 매입세액은 안분계산하지 않고 전액 불공제한다.

③ 사업자단위과세사업자 공통매입세액은 사업장별로 안분계산 후 본점에서 합산하여 신고·납부 한다.

④ 예정신고하는 때에는 예정신고기간의 면세공급가액의 비율에 따라 안분계산하고 확정신고 하는 때 정산한다.

19. 다음 중 부가가치세법상 의제매입세액의 공제에 대한 설명으로 옳지 않은 것은?

① 사업자가 면세농산물 등을 원재료로 하여 제조·가공한 재화 또는 창출한 용역의 공급에 대하여 부가가치세가 과세되는 경우 매입세액이 있는 것으로 보아 공제할 수 있다.

② 음식점을 영위하는 법인사업자는 6/106 공제율을 적용한다.

③ 음식점을 영위하는 개인사업자의 과세표준이 1억원 이하인 경우 과세표준의 65/100을 곱한 금액을 한도로 의제매입세액공제를 적용한다.

④ 의제매입세액공제를 받은 농산물 등을 그대로 양도하는 경우에 공제한 금액을 납부세액에서 가산하여야 한다.

20. 다음 중 부가가치세법상 재화의 공급에 대한 과세표준으로 옳지 않은 것은?

① 폐업하는 경우 : 폐업 시 남아있는 재화의 시가

② 특수관계인에게 재화를 공급하고 아무런 대가를 받지 아니한 경우 : 공급한 재화의 시가

③ 금전으로 대가를 받는 경우 : 그 대가

④ 금전 외의 대가를 받는 경우 : 자기가 공급받은 재화의 시가

21. 다음 중 부가가치세법상 매입자발행세금계산서에 관한 설명으로 옳지 않은 것은?

① 매입자발행세금계산서를 발행하려는 자는 해당 재화 또는 용역의 공급시기가 속하는 과세기간의 종료일부터 1년 이내에 관할 세무서장에게 거래사실의 확인을 신청하여야 한다.

② 거래사실의 확인신청 대상이 되는 거래는 거래 건당 공급대가가 10만원 이상인 경우로 한다.

③ 신청을 받은 관할 세무서장은 신청서에 재화 또는 용역을 공급한 자의 인적사항이 부정확하거나 신청서 기재방식에 흠이 있는 경우에는 신청일부터 7일 이내에 일정한 기간을 정하여 보정요구를 할 수 있다.

④ 신청서를 송부받은 공급자 관할 세무서장은 신청인의 신청내용, 제출된 증빙자료를 검토하여 거래사실여부를 확인하여야 한다. 이 경우 거래사실의 존재 및 그 내용에 대한 입증책임은 신청인에게 있다.

22. 다음 중 부가가치세법상 면세가 적용되는 것이 아닌 것은?

① 「은행법」에 따른 은행업무 및 부수업무로서 전자상거래와 관련한 지급대행에 해당하는 금융 용역

② 주무관청의 허가 또는 인가를 받은 수학학원에서 제공하는 교육 용역

③ 국가 또는 지방자치단체에 유상으로 공급하는 사무실 임대용역

④ 「잡지 등 정기간행물의 진흥에 관한 법률」에 따른 정기간행물(광고는 제외)

23. 다음 중 부가가치세법상 세금계산서 교부 의무가 있는 것은?

① 부동산임대용역 중 간주임대료에 해당하는 부분

② 사용인 등이 사용·소비하는 개인적 공급

③ 판매 목적 타사업장 반출을 제외한 재화의 공급으로 보는 경우

④ 소매업을 경영하는 자가 공급하는 재화로서 공급받는 자가 세금계산서의 발급을 요구하는 경우

24. 다음 중 부가가치세법상 간이과세자에 대한 설명으로 옳지 않은 것은?

① 간이과세자는 의제매입세액공제를 적용받을 수 없다.

② 간이과세자는 해당 과세기간에 세금계산서 등을 발급받은 매입세액에 업종별 부가가치율을 곱한 금액을 납부세액에서 공제한다.

③ 간이과세자의 과세표준은 해당 과세기간의 공급대가의 합계액으로 한다.

④ 간이과세자도 영세율을 적용받을 수 있다.

25. 다음 중 부가가치세법상 조기환급의 대상에 해당하지 않는 것은?

① 사업자가 영세율을 적용받는 경우

② 사업자가 사업설비(감가상각자산 등)를 신설·취득·확장 또는 증축하는 경우

③ 사업자가 재무구조개선계획을 이행 중인 경우

④ 사업자가 일정 규모 이상의 재고자산 등을 취득하는 경우

1부 주관식　　문항 당 5점

26. 중소기업인 ㈜대전이 제1기 사업연도(20x1.4.1.~20x1.12.31.)의 기업업무추진비 한도액 계산 시 수입금액이 없더라도 법인세법상 최소한 인정받을 수 있는 기업업무추진비 한도액은 얼마인가?

27. 다음은 법인세법상 세율에 관한 일부 내용으로 아래의 괄호 안에 공통으로 들어갈 숫자를 쓰시오.

과세표준		세　율
(　　)억원 이하		100분의 9
(　　)억원 초과	200억원 이하	1천800만원+ (　　)억원을 초과하는 금액의 100분의 19

28. 법인세법상 다음 괄호 안에 들어갈 알맞은 숫자를 쓰시오.

> 내국법인의 각 사업연도 소득에 대한 법인세 과세표준을 계산할 때 공제하는 이월결손금은 각 사업연도 개시일 전 (　　)년 이내에 개시한 사업연도에 발생한 결손금(2020.1.1. 이후 개시하는 사업연도에서 발생한 것으로 한정)을 말한다.

29. ㈜제주는 택시운송사업과 시내버스운송사업에 공통으로 사용하고 있던 수리설비를 20x1년 4월 15일 10,000,000원(부가가치세 제외)에 매각하였다. ㈜제주의 공급가액 명세가 다음과 같다면 20x1년 제1기 부가가치세 과세표준에 포함되는 수리설비의 공급가액을 계산하시오.

과세기간	택시운송사업	시내버스사업	합계
20x0년 제1기	3억원	5억원	8억원
20x0년 제2기	4억원	6억원	10억원
20x1년 제1기	3억원	9억원	12억원

30. 부가가치세법상 다음 괄호 안에 들어갈 알맞은 숫자를 쓰시오.

> 납세지 관할 세무서장은 개인사업자 및 소규모 법인사업자에 대하여 각 예정신고기간의 예정고지세액
> 을 징수할 때 징수하여야 할 금액이 (   )원 미만인 경우에는 징수하지 아니한다.

세법2부 국세기본법, 소득세법, 조세특례제한법

01. 중 국세기본법상 세법에 따라 직접적으로 세액산출의 기초가 되는 과세대상의 수량 또는 가액을 무엇이
라고 하는가?

① 원천징수   ② 납세의무자   ③ 과세기간   ④ 과세표준

02. 다음 중 국세기본법상 기한연장의 사유로 옳지 않은 것은?

① 납세자가 화재, 전화(戰禍), 그 밖의 재해를 입거나 도난을 당한 경우
② 납세자 또는 그 동거가족이 질병이나 중상해로 6개월 이상의 치료가 필요하거나 사망하여 상중
(喪中)인 경우
③ 권한 있는 기관에 장부나 서류가 압수 또는 영치된 경우
④ 납세자의 장부 작성을 대행하는 세무사가 단순 부재중이라 신고가 불가능한 경우

03. 다음 중 국세기본법상 우편으로 과세표준신고서 및 이와 관련된 서류를 제출한 경우의 효력발생일로
옳은 것은?

① 해당 서류가 상대방에게 도달한 날
② 우편날짜도장이 찍힌 날
③ 우편날짜도장이 분명하지 않은 경우 통상의 배송일수를 기준으로 도달한 날
④ 해당 서류가 상대방에게 도달한 날로부터 14일이 경과한 날

04. 다음 중 국세기본법상 실질과세의 원칙에 대한 설명으로 옳지 않은 것은?

① 거래의 실질은 증여이나 그 형식이 매매이면 매매로 보아 양도소득세 납세의무를 부과한다.

② 법인세법상 부당행위계산의 부인 규정은 실질과세의 원칙을 구체화한 것이다.

③ 실질과세의 원칙은 납세자의 재산권 보호를 위하여 조세법률주의의 범위에서 행사되어야 한다.

④ 세법 중 과세표준의 계산에 관한 규정은 소득, 수익, 재산, 행위 또는 거래의 명칭이나 형식과 관계없이 그 실질 내용에 따라 적용한다.

05. 다음 중 국세기본법상 국세의 부과제척기간(역외거래 제외)으로 올바르지 않은 것은?

① 기업업무추진비신고기한까지 법인세 과세표준신고서를 제출하지 아니한 경우 : 7년

② 사기나 그 밖의 부정행위로 법인세를 포탈한 경우 : 10년

③ 부정행위로 상속세를 포탈한 경우 : 10년

④ 법정신고기한 내에 상속세 과세표준신고서를 제출하지 않은 경우 : 15년

06. 다음 중 국세기본법상 제2차 납세의무의 한도에 대한 설명으로 옳지 않은 것은?

① 청산인 등의 제2차 납세의무 : 청산인은 분배하거나 인도한 재산의 가액을 한도로 제2차납세의무를 진다.

② 출자자의 제2차 납세의무 : 무한책임사원은 징수부족액의 전액에 대하여 제2차 납세의무를 진다.

③ 법인의 제2차 납세의무 : 법인은 징수부족액의 전액에 대하여 제2차납세의무를 진다.

④ 사업양수인의 제2차 납세의무 : 사업양수인은 양수한 재산의 가액을 한도로 제2차납세의무를 진다.

07. 다음 중 국세기본법상 경정청구에 관한 내용으로 가장 잘못된 것은?

① 과세표준신고서를 법정신고기한까지 제출한 자는 세액의 경정을 법정신고기한이 지난 후 5년 이내에 청구할 수 있다.

② 기한후과세표준신고서를 제출한 자는 과세표준 및 세액의 경정을 청구할 수 없다.

③ 경정으로 증가된 세액에 대하여는 해당 처분이 있음을 안 날부터 90일 이내에 경정을 청구할 수 있다.

④ 소득의 귀속을 제3자에게로 변경시키는 결정이 있을 때는 그 사유가 발생한 것을 안 날부터 3개월 이내에 경정을 청구할 수 있다.

08. 다음 중 국세기본법상 수정신고 또는 기한 후 신고 시 가산세의 감면이 적용되지 않는 것은?

① 무신고가산세
② 납부지연가산세
③ 과소신고가산세
④ 초과환급신고가산세

09. 다음 중 국세기본법상 조세불복에 관한 설명으로 옳지 않은 것은?

① 조세불복의 대상은 국세기본법에 열거된 것에 한하지 않는다.
② 세법에 따른 처분으로서 위법 또는 부당한 처분으로 인하여 권리와 이익을 침해당한 자는 조세불복을 청구할 수 있다.
③ 지방국세청의 세무조사 결과에 따른 처분에 대해서도 이의신청이 가능하다.
④ 동일한 처분에 대해서 심사청구와 심판청구를 선택하거나 중복하여 제기할 수 있다.

10. 다음 중 국세기본법상 납세자관리헌장에 포함된 내용으로 옳지 않은 것은?

① 통합조사 금지의 원칙
② 세무조사권 남용 금지
③ 세무조사 시 조력을 받을 권리
④ 납세자의 성실성 추정

11. 다음 중 국세기본법상의 내용으로 옳지 않은 것은?

① 과세예고통지를 받은 자는 통지를 받은 날부터 30일 이내에 통지를 한 세무서장이나 지방국세청장에게 통지 내용의 적법성에 관한 심사를 청구할 수 있다.
② 국세청장은 체납자의 은닉재산을 신고한 자에 대해서 10억원의 범위에서 포상금을 지급할 수 있다.
③ 납세자가 국내에 주소 또는 거소를 두지 아니하거나 국외로 주소 또는 거소를 이전할 때에는 납세관리인을 정하여야 한다.
④ 납세자가 과세표준신고서 등의 서류를 우편이나 팩스로 제출하는 경우에는 접수증을 발급하지 아니할 수 있다.

12. 다음 중 소득세법상 납세의무 등에 대한 설명으로 옳지 않은 것은?

① 비거주자의 소득세 납세지는 국내사업장의 소재지로 한다.
② 납세지가 변경된 경우 변경된 날부터 15일 이내에 그 변경 후의 납세지 관할 세무서장에게 신고해야 한다.
③ 거주자의 사업소득에 대한 소득세 납세지는 주된 사업장 소재지로 한다.
④ 거주기간을 계산할 때 국내에 거소를 둔 기간은 입국하는 날의 다음 날부터 출국하는 날까지로 한다.

13. 다음 중 소득세법상 과세기간 및 과세소득의 범위에 대한 설명으로 옳지 않은 것은?

① 거주자에게는 국내외원천소득에 대하여 과세한다.

② 비거주자에게는 국외원천소득에 대해서만 과세한다.

③ 해당 과세기간 종료일 10년 전부터 국내에 주소나 거소를 둔 기간의 합계가 5년 이하인 외국인 거주자의 국외원천소득은 국내에서 지급되거나 국내로 송금된 소득에 대해서만 과세한다.

④ 거주자가 사망한 경우의 과세기간은 1월 1일부터 사망한 날까지로 한다.

14. 다음 중 소득세법상 이자·배당소득에 대한 원천징수세율로 옳지 않은 것은?

① 비실명금융소득 : 45%

② 「민사집행법」에 의한 법원보증금과 경락대금이자 : 14%

③ 출자공동사업자의 배당소득 : 30%

④ 직장공제회 초과반환금 : 기본세율

15. 다음 중 소득세법상 비과세 사업소득에 대한 설명으로 옳지 않은 것은?

① 논·밭을 작물 생산에 이용하게 함으로써 발생하는 소득은 비과세 사업소득이다.

② 1개의 주택(고가주택과 국외 소재 주택을 제외)을 소유하는 자의 주택임대소득은 비과세 사업소득이다.

③ 조립기간 3년 이상인 임지(林地)의 임목(林木)의 벌채 또는 양도로 발생한 소득으로서 연 600만원 이하의 금액은 비과세 사업소득이다.

④ 대통령령으로 정하는 전통주를 수도권 밖의 읍·면 지역에서 제조함으로써 발생하는 연 1천200만원 이하인 소득은 비과세 사업소득이다.

16. 다음 중 소득세법상 근로소득의 수입시기로 옳지 않은 것은?

① 급여 : 급여를 지급받은 날

② 잉여금 처분에 의한 상여 : 해당 법인의 잉여금처분결의일

③ 인정상여 : 해당 사업연도 중의 근로를 제공한 날

④ 주식매수선택권 : 주식매수선택권을 행사한 날

17. 다음 중 소득세법상 연금소득에 대한 설명으로 옳지 않은 것은?

① 원칙적으로 연금 납입 시 소득공제 또는 세액공제를 인정하는 대신 연금을 받는 때에 연금소득에 대한 소득세를 과세한다.

② 공적연금납입액은 납입액 전액을 종합소득금액에서 공제한다.

③ 공적연금소득만 있고 다른 종합소득이 없는 경우에는 과세표준확정신고를 하지 않아도 된다.

④ 이연퇴직소득을 연금 수령하는 연금소득이 1천500만원 이하인 경우 그 연금소득은 분리과세와 종합과세를 선택할 수 있다.

18. 다음 중 소득세법상 기타소득에 해당하지 않는 것은?

① 복권, 경품권, 그 밖의 추첨권에 당첨되어 받는 금품

② 종업원 또는 대학의 교직원이 재직 중에 받는 직무발명보상금

③ 퇴직 전에 부여받은 주식매수 선택권을 퇴직 후에 행사하거나 고용관계 없이 주식매수선택권을 부여받아 이를 행사함으로써 얻는 이익

④ 소기업·소상공인 공제부금의 해지일시금

19. 다음 중 소득세법상 결손금 및 이월결손금에 관한 설명으로 가장 옳지 않은 것은?

① 종합소득 중 사업소득에서 발생한 결손금만 공제할 수 있다.

② 부동산임대업(주거용 건물임대업 제외)에서 발생한 이월결손금은 부동산임대업의 소득금액에서 공제한다.

③ 해당 과세기간에 결손금이 발생하고 이월결손금이 있는 경우에는 이월결손금을 먼저 공제한다.

④ 이자소득 중 원천징수세율을 적용받는 부분은 결손금 또는 이월결손금의 공제대상에서 제외한다.

20. 다음 중 소득세법상 거주자의 기본공제에 대한 설명으로 잘못된 것은?

① 총급여액 500만원 이하의 근로소득만 있는 배우자는 기본공제대상자에 해당한다.

② 과세기간 종료일 현재 사망한 사람 또는 장애가 치유된 사람에 대해서는 사망일 전날 또는 치유일 전날의 상황에 따른다.

③ 해외에 거주 중인 미성년자녀도 기본공제대상자에 해당한다.

④ 해당 거주자가 배우자가 있는 여성의 경우로서 종합소득금액이 4천만원 이하인 경우 부녀자공제가 가능하다.

21. 다음 중 소득세법상 기장세액공제를 받을 수 없는 경우에 해당하는 것은?

① 당해연도에 음식점을 신규로 개시한 사업자가 복식부기에 따라 기장하는 경우

② 전문직 사업자가 복식부기에 따라 기장하는 경우

③ 미용실을 운영하는 직전연도 수입금액 3천만원인 사업자가 복식부기에 따라 기장하는 경우

④ 간편장부대상자인 보험모집인이 복식부기에 따라 기장하는 경우

22. 다음 중 소득세법상 양도소득의 장기보유특별공제에 대한 설명으로 잘못된 것은?

① 미등기양도자산은 장기보유특별공제를 적용받을 수 없다.

② 비상장주식을 3년 이상 보유하는 경우 장기보유특별공제가 적용된다.

③ 비사업용토지에 대해서도 장기보유특별공제가 적용된다.

④ 1세대 1주택 외의 양도자산에 대한 장기보유특별공제의 최대 적용한도는 30%이다.

23. 다음 중 소득세법상 중간예납에 대한 설명으로 옳지 않은 것은?

① 사업소득이 있는 거주자는 중간예납의무가 있다.

② 중간예납기간은 1월 1일부터 6월 30일까지이며, 당해연도의 11월 30일까지 납부하여야 한다.

③ 신규로 사업을 시작한 자는 중간예납의무를 지지 않는다.

④ 중간예납추계액이 중간예납기준액의 50%에 미달하는 경우 중간예납추계액을 납세지 관할 세무
서장에게 신고·납부할 수 있다.

24. 다음 중 소득세법상 성실신고확인서 제출과 관련한 설명으로 옳지 않은 것은?

① 종합소득과세표준 확정신고기한이 연장된다.

② 종합소득세액의 분납기한이 3개월로 연장된다.

③ 성실신고확인서 미제출 시 가산세가 있다.

④ 세무사가 성실신고확인대상사업자인 경우에는 자신의 사업소득금액의 적정성에 대하여 해당 세
무사가 성실신고확인서를 작성·제출할 수 없다.

25. 다음 중 소득세법상 사업용계좌에 관한 내용으로 가장 잘못된 것은?

① 복식부기의무자는 사업장별로 실제 사업용계좌를 사용한 금액 등을 구분하여 관리하여야 한다.

② 복식부기의무자는 사업용계좌를 추가개설하는 경우 추가개설일로부터 6개월 이내에 신고하여야 한다.

③ 사업용계좌는 사업장별로 2이상 신고할 수 있다.

④ 계속사업자인 복식부기의무자는 복식부기의무자에 해당하는 과세기간 개시일부터 6개월 이내에 사업용계좌를 신고하여야 한다.

2부 주관식　　문항 당 5점

26. 국세기본법상 다음 (　　)안에 들어갈 단어로 알맞은 것은 무엇인가?

> 국세기본법상 국세의 징수를 목적으로 하는 국가의 권리로써 5억원 미만의 국세에 대한 국세징수권의 (　　　　　)는(은) 이를 행사할 수 있는 때부터 5년의 기간 동안 행사하지 아니하면 완성된다.

27. 다음은 국세기본법상 기한후신고에 관한 내용이다. 괄호 안에 공통으로 들어갈 숫자를 적으시오.

> 기한후과세표준신고서를 제출한 경우 관할 세무서장은 세법에 따라 신고일 부터 (　)개월 이내에 해당 국세의 과세표준과 세액을 결정하여 신고인에게 통지하여야 한다. 다만, 부득이한 사유로 신고일부터 (　)개월 이내에 결정할 수 없는 경우에는 그 사유를 신고인에게 통지하여야 한다.

28. 소득세법상 다음 괄호 안에 들어갈 알맞은 숫자를 쓰시오.

> 근로자가 사내급식이나 이와 유사한 방법으로 제공받는 식사 기타 음식물 또는 근로자(식사 기타 음식물을 제공받지 아니하는 자에 한정한다)가 받는 월 (　　　　)원 이하의 식사대는 소득세를 과세하지 아니한다.

29. 다음은 소득세법상 현금영수증에 관한 내용이다. 아래 괄호 안에 들어갈 숫자를 적으시오.

현금영수증 발급의무자가 건당 거래금액 (   )원 이상인 재화 또는 용역을 공급하고 그 대금을 현금으로 받은 경우로서 현금영수증을 발급하지 아니한 경우 미발급금액의 20%의 가산세가 부과된다.

30. 다음 자료를 이용하여 소득세법상 복식부기의무자인 거주자의 사업소득금액을 계산하면 얼마인가?

· 손익계산서상 당기순이익 : 100,000,000원
· 손익계산서에는 아래의 내역들이 반영되어 있다.
 −대표자급여 : 10,000,000원
 −벌금 : 500,000원
 −국내은행 이자수익 : 1,000,000원
 −기계장치처분이익 : 2,000,000원

제107회 세무회계2급 답안 및 해설

세법1부 - 법인세법, 부가가치세법

1	2	3	4	5	6	7	8	9	10	11	12	13	14	15
④	②	④	②	①	②	②	①	③	①	③	①	④	④	③

16	17	18	19	20	21	22	23	24	25
①	①	②	③	④	②	③	④	②	④

26	27	28	29	30
27,000,000원	2	15	4,000,000원	500,000

01. 사업연도를 변경하려는 법인은 그 법인의 **직전 사업연도 종료일부터 3개월 이내에 납세지 관할 세무서장에게 이를 신고**하여야 한다.

02. 비영리내국법인은 청산시 잔여재산에 대하여 국가 등에 귀속되므로 청산소득에 대한 법인세 납세의무가 없다.

03. 귀속자가 임원 또는 직원인 경우에는 그 귀속자에 대한 상여로 처분한다.

05. **업무와의 관련성 여부와 관계없이** 벌금, 과료, 과태료 등은 손금에 산입하지 아니한다.

06. 장기할부판매의 경우 인도기준에 따라 인도일(**재고자산 외의 자산은 대금청산일, 소유권이전등기일, 인도일, 사용수익일 중 가장 빠른 날**)이 속하는 사업연도를 귀속시기로 한다.

07. 기한 내에 재고자산의 평가방법을 신고하지 아니한 경우로서 **매매를 목적으로 소유하는 부동산은 개별법에 의하여 평가**한다.

08. 기부금이란 내국법인이 **사업과 직접적인 관계없이 무상으로 지출하는 금액**을 말한다.

09. 건축물 외의 **유형자산에 대한 상각방법의 신고를 하지 아니한 경우 상각범위액은 정률법**에 의하여 계산한다.

10. 채무자의 파산으로 회수할 수 없는 채권은 대손 사유가 발생하여 법인이 손비로 계상한 날이 속하는 사업연도의 손금(결산조정)으로 한다. 나머지 보기는 모두 대손 사유가 발생한 날이 속하는 사업연도의 손금(신고조정)이다.

11. 법인세법상 유보를 관리하는 서식은 자본금과 적립금조정명세서(을)이다.

12. 외국정부에 납부하였거나 납부할 외국법인세액이 해당 사업연도의 공제한도금액을 초과하는 경우 그 초과하는 금액은 해당 사업연도의 다음 사업연도 개시일부터 **10년 이내에 끝나는 각 사업연도로 이월하여 그 이월된 사업연도의 공제한도금액 내에서 공제**받을 수 있다.

13. 중소기업인 내국법인이 납부할 세액이 1천만원을 초과하는 경우에는 납부기한이 지난 날부터 **2개월 이내에 분납할 수** 있다.

14. 등록한 사업자는 휴업 또는 폐업을 하거나 등록사항이 변경되면 **지체 없이 사업장 관할 세무서장에게 신고**하여야 한다.

15. 경매, 수용, 현물출자와 그 밖의 계약상 또는 법률상의 원인에 따라 재화를 인도하거나 양도하는 것은 재화의 공급으로 한다.

17. 사업자가 자기생산·취득재화를 자기의 고객이나 **불특정 다수에게 증여하는 경우**(증여하는 재화의 대가가 주된 거래인 재화의 공급에 대한 대가에 포함되는 경우는 제외한다)**는 재화의 공급**으로 본다.

18. 해당 과세기간 중의 공통매입세액이 5만원 미만인 경우의 매입세액은 **공통매입세액의 안분 계산을 생략하고 전액 공제되는 매입세액**으로 한다.

19. 음식점을 영위하는 개인사업자의 과세표준이 1억원 이하인 경우 과세표준의 75/100을 곱한 금액을 한도로 의제매입세액공제를 적용한다.

20. 금전 외의 대가를 받는 경우 : **자기가 공급한 재화 또는 용역의 시가**

21. 거래사실의 확인신청 대상이 되는 거래는 **거래건당 공급대가가 5만원 이상인 경우**로 한다.

22. **국가 등에 무상(無償)으로 공급하는 재화 또는 용역이 면세 대상**이다. 국가 또는 지방자치단체에 유상으로 공급하는 재화 또는 용역은 과세 대상이다.

23. 소매업은 세금계산서의 발급요구가 있는 경우 세금계산서 교부 의무가 있다.

24. 간이과세자는 해당 과세기간에 세금계산서 등을 발급받은 **재화와 용역의 공급대가에 0.5퍼센트(매입세액의 5.5%)를 곱한 금액을 납부세액에서 공제**한다.

25. 재고자산 취득하는 경우 조기환급 대상이 아니다.

26. 기업업무추진비 기본한도(중소기업) = 36,000,000원 × 9/12 = 27,000,000원

29. 과세표준 = 처분가액(10,000,000) × 전기 과세 공급가액(4억)/전기 총공급가액(10억) = 4,000,000원

세법2부 – 국세기본법, 소득세법, 조세특례제한법

1	2	3	4	5	6	7	8	9	10	11	12	13	14	15
④	④	②	①	⑤	③	②	②	④	①	②	③	②	③	③

16	17	18	19	20	21	22	23	24	25					
①	④	②	③	④	②	②	④	②	②					

26	27	28	29	30
소멸시효	3	200,000	100,000	109,500,000원

02. 납세자의 장부 작성을 대행하는 세무사가 화재, 전화, 그 밖의 재해를 입거나 도난을 당한 경우 기한연장의 사유에 해당한다.

03. 우편으로 과세표준신고서 등 관련된 서류를 제출한 경우 「우편법」에 따른 **우편날짜도장이 찍힌 날**(우편날짜도장이 찍히지 아니하였거나 분명하지 아니한 경우에는 통상 걸리는 배송일수를 기준으로 발송한 날로 인정되는 날)에 신고되거나 청구된 것으로 본다.

04. 실질과세의 원칙에 따라 실질인 증여로 보아 증여세를 부과한다.

05. 납세자가 **부정행위로 상속세·증여세를 포탈하거나 환급·공제받은 경우 부과제척기간은 15년**이다.

06. 법인의 제2차 납세의무는 **순자산가액에서 출자자의 지분비율을 곱한 금액을 한도**로 한다.

07. 기한후과세표준신고서를 제출한 자는 최초신고 및 수정신고한 국세의 과세표준 및 세액의 결정 또는 경정을 **법정신고기한이 지난 후 5년 이내에 관할 세무서장에게 청구**할 수 있다.

08. 수정신고 또는 기한 후 신고 시 **납부지연가산세는 감면 대상이 아니다.**

09. **동일한 처분에 대해서는 심사청구와 심판청구를 중복하여 제기할 수 없다.**

10. 세무조사는 납세자의 사업과 관련하여 세법에 따라 **신고·납부의무가 있는 세목을 통합하여 실시하는 것을 원칙**으로 한다.

11. 국세청장은 **체납자의 은닉재산을 신고한 자에게 30억원의 범위에서 포상금을 지급**할 수 있다.

12. **거주자의 소득세 납세지는 그 주소지**로 한다. 다만, 주소지가 없는 경우에는 그 거소지로 한다.

13. **비거주자에게는 국내원천소득에 대해서만 과세**한다.

14. **출자공동사업자의 배당소득에 대해서는 25%의 원천징수세율**을 적용한다.

15. **조림기간 5년 이상인 임지(林地)의 임목(林木)의 벌채 또는 양도**로 발생하는 소득으로서 연 600만원 이하의 금액은 비과세한다.

16. **급여의 수입시기는 근로를 제공한 날**이다.

17. 이연퇴직소득을 연금수령하는 **연금소득은 무조건 분리과세**한다.

18. 종업원 등 또는 대학의 교직원이 **재직 중에 지급받는 직무발명보상금은 근로소득에 해당**한다.

19. 결손금 및 이월결손금을 공제시 **결손금을 먼저 소득금액에서 공제**한다.

20. **종합소득금액이 3천만원이하인 경우 부녀자공제가 가능**하다.

21. 전문직 사업자는 **간편장부대상자의 적용을 배제**하므로 기장세액공제를 받을 수 없다.

22. **장기보유특별공제는 토지, 건물이 적용대상**이다.

23. **중간예납기준액의 100분의 30에 미달하는 경우**에는 11월 1일부터 11월 30일까지의 기간에 중간예납추계액을 중간예납세액으로 하여 납세지 관할 세무서장에게 신고할 수 있다.

24. **분납기한은 연장되지 않는다.**

25. 복식부기의무자는 사업용 계좌를 변경하거나 추가하는 경우 확정신고기한까지 이를 신고하여야 한다.

27. 기한후과세표준신고서를 제출한 경우 관할 세무서장은 세법에 따라 신고일부터 **3개월 이내에 해당 국세의 과세표준과 세액을 결정 또는 경정하여 신고인에게 통지**하여야 한다.

29. 건당 거래금액(부가가치세액을 포함한다)이 **10만원 이상인 재화 또는 용역을 공급**하고 그 대금을 현금으로 받은 경우에는 상대방이 현금영수증 발급을 요청하지 아니하더라도 현금영수증을 발급하여야 하며, 이를 위반하여 현금영수증을 발급하지 아니한 경우 **미발급금액의 100분의 20**을 가산세로 해당 과세기간의 종합소득 결정세액에 더하여 납부하여야 한다.

30. 사업소득금액 = 당기순이익(100,000,000) + 대표자급여(10,000,000) + 벌금(500,000)
    − 국내은행 이자(1,000,000) = 109,500,000원

제106회 세무회계2급

합격율	시험년월
29%	2023.08

세법1부 법인세법, 부가가치세법

01. 다음 중 법인세법에 대한 설명으로 잘못된 것은?

① 내국법인의 최초 사업연도 개시일은 설립등기일로 한다.

② 비영리내국법인은 청산소득과 토지 등 양도소득에 대한 법인세 납세의무를 진다.

③ 법인의 사업연도는 원칙적으로 1년을 초과하지 못한다.

④ 각 사업연도 소득에 대한 현행 법인세율은 4단계 초과누진세율 구조이다.

02. 다음 중 법인세법상 납세지에 대한 설명으로 옳지 않은 것은?

① 외국법인은 국내사업장의 소재지를 납세지로 하고 둘 이상의 국내사업장이 있는 경우에는 주된 사업장의 소재지를 납세지로 한다.

② 내국법인은 그 법인의 등기부에 따른 본점이나 주사무소의 소재지를 납세지로 한다.

③ 관할지방국세청장은 납세지가 그 법인의 납세지로 적당하지 않다고 인정되는 경우 납세지를 기업업무추진비할 수 있다.

④ 법인은 납세지가 변경된 경우에는 그 변경된 날부터 25일 이내에 변경 후의 납세지 관할 세무서장에게 이를 신고해야 한다.

03. 다음 중 법인세법상 세무조정 및 소득처분에 관한 설명으로 가장 옳지 않은 것은?

① 신고조정사항은 손금산입시기를 조정할 수 없으나, 결산조정사항은 손금산입시기를 조정할 수 있다.

② 익금에 산입한 금액이 사외에 유출되지 아니한 경우에는 유보로 처분한다.

③ 천재지변 또는 기타 불가항력으로 장부 등이 멸실되는 경우를 제외하고 추계조사에 의하여 결정된 과세표준과 법인세비용차감전당기순이익과의 차액은 대표자에 대한 상여로 처분한다.

④ 사외유출된 소득의 귀속자가 주주이며 임원인 경우에는 배당으로 처분한다.

04. 다음 중 법인세법상 결산에 반영하지 않은 경우에는 손금으로 계상할 수 없는 항목으로만 묶인 것은?

가. 화재로 파손된 고정자산의 평가손실	다. 퇴직연금충당금
나. 업무용승용차의 감가상각비	라. 채무자의 파산으로 회수할 수 없는 채권

① 가, 나   ② 가, 라   ③ 나, 다   ④ 나, 라

05. 다음 중 법인세법상 익금으로 보지 않는 것은?

① 자산의 양도금액   ② 임대보증금 등에 대한 간주익금

③ 무상으로 받은 자산의 가액   ④ 부가가치세 매출세액

06. 다음 중 법인세법상 감가상각방법의 변경이 가능한 경우로 옳지 않은 것은?

① 상각방법이 서로 다른 법인이 합병한 경우

② 상각방법이 서로 다른 사업자의 사업을 인수한 경우

③ 외국투자자가 내국법인의 주식 등을 100분의 10 이상 인수 또는 보유하게 된 경우

④ 해외시장의 경기변동 또는 경제적 여건의 변동으로 인하여 종전의 상각방법을 변경할 필요가 있는 경우

07. 다음 중 법인세법상 자산과 부채의 장부가액을 감액할 수 있는 경우가 아닌 것은?

① 유형자산으로서 천재지변으로 멸실된 경우

② 재고자산으로서 제품의 진부화로 정상가격으로 판매할 수 없는 경우

③ 기술의 낙후로 인하여 생산설비의 일부를 폐기한 경우

④ 주식발행법인이 파산한 경우

08. 다음 중 법인세법상 기부금과 기업업무추진비에 관한 설명으로 옳지 않은 것은?

① 기업업무추진비는 업무와 관련 있는 지출이며, 기부금은 업무와 관련 없는 지출이다.

② 기업업무추진비는 발생주의, 기부금은 현금주의에 따라 손금 처리한다.

③ 일반기부금의 손금산입 한도 초과액은 해당 사업연도의 다음 사업연도 개시일부터 15년 이내에 끝나는 각 사업연도로 이월하여 그 이월된 각 사업연도의 소득금액을 계산할 때 그 기부금의 손금산입한도액의 범위에서 손금에 산입한다.

④ 기업업무추진비의 손금산입한도액은 수입금액을 기준으로 하나 기부금의 손금산입한도액은 소득금액을 기준으로 한다.

09. 다음 중 법인세법상 손금불산입하는 제세공과금에 해당하지 않는 것은?

① 법인세 및 법인지방소득세

② 공제 대상 부가가치세 매입세액

③ 공장 토지 및 건물에 대한 재산세

④ 장애인고용부담금

10. 다음 중 법인세법상 손익의 귀속시기로 가장 옳지 않은 것은?

① 물품의 수출 : 수출물품을 계약상 인도하여야 할 장소에 보관한 날

② 시용판매 : 상대방이 구입의사를 표시한 날

③ 위탁판매 : 수탁자가 위탁자산을 판매한 날

④ 증권시장에서 보통거래방식으로 한 유가증권의 매매 : 결제일

11. 다음 중 법인세법상 대손충당금 설정 대상 채권에 해당하지 않는 것은?

① 외상매출금

② 특수관계인에게 해당 법인이 업무와 관련 없이 지급한 가지급금

③ 어음상의 채권

④ 유형자산 등의 매각대금 미수액

12. 다음 중 법인세법상 과세표준에 대한 설명으로 옳지 않은 것은?

① 과세표준은 각 사업연도 소득금액에서 이월결손금, 비과세소득, 소득공제액을 차례로 공제한 금액으로 한다.

② 비과세소득은 이월공제가 되지 아니한다.

③ 일정 요건을 충족한 중소기업의 경우 과세표준 계산 시 공제되지 아니한 소득공제액의 소급공제가 가능하다.

④ 비과세소득에는 공익신탁의 신탁재산에서 생기는 소득이 있다.

13. 다음 중 법인세법상 법인세를 수시부과하는 사유로 옳지 않은 것은?

① 신고를 하지 아니하고 본점 등을 이전한 경우

② 사업부진 기타의 사유로 인하여 휴업 또는 폐업상태에 있는 경우

③ 조세를 포탈할 우려가 있다고 인정되는 상당한 이유가 있는 경우

④ 납부하여야 할 세액을 기한 내 납부하지 않은 경우

14. 다음 중 부가가치세법상 과세기간에 대한 설명으로 옳지 않은 것은?

① 간이과세자의 과세기간은 1월 1일부터 12월 31일까지이다.

② 신규로 사업을 시작하는 자에 대한 최초의 과세기간은 사업개시일부터 그 날이 속하는 과세기간의 종료일까지로 한다.

③ 사업개시일 이전에 사업자등록을 한 경우의 과세기간은 사업개시일부터 그 날이 속하는 과세기간의 종료일까지로 한다.

④ 사업자가 폐업하는 경우의 과세기간은 폐업일이 속하는 과세기간의 개시일부터 폐업일까지로 한다.

15. 다음 중 부가가치세법상 사업장에 대한 설명으로 가장 옳지 않은 것은?

① 광업에 있어서는 광업사무소의 소재지

② 제조업에 있어서는 최종제품을 완성하는 장소, 다만, 따로 제품의 포장만을 하거나 용기에 충전만을 하는 장소는 제외한다.

③ 부동산임대업을 영위하는 사업자의 경우 사업장은 그 사업에 관한 업무를 총괄하는 장소로 한다.

④ 수자원을 개발하여 공급하는 사업에 있어서는 그 사업에 관한 업무를 총괄하는 장소

16. 다음 중 부가가치세법상 사업자등록에 대한 설명으로 옳지 않은 것은?

① 신규로 사업을 시작하려는 자는 사업개시일 이전이라도 사업자등록을 신청할 수 있다.

② 사업자가 폐업하는 경우에는 폐업일이 속하는 달의 말일부터 25일 이내에 사업자등록을 말소하여야 한다.

③ 사업장이 둘 이상인 사업자는 사업자 단위로 해당 사업자의 본점 또는 주사무소 관할 세무서장에게 등록을 신청할 수 있다.

④ 사업자는 사업자등록의 신청을 사업장 관할 세무서장이 아닌 다른 세무서장에게도 할 수 있다.

17. 다음 중 부가가치세법상 의제매입세액에 대한 설명으로 옳지 않은 것은?

① 의제매입세액의 공제시기는 면세농산물 등을 사용한 날이 속하는 과세기간으로 한다.

② 신용카드로 농산물 등을 구입한 경우에도 의제매입세액공제가 가능하다.

③ 제조업을 경영하는 법인 중소기업의 의제매입세액 공제율은 104분의 4로 한다.

④ 의제매입세액을 공제한 면세농산물 등을 그대로 양도한 경우에는 그 공제한 금액을 납부세액에 가산하거나 환급세액에서 공제하여야 한다.

18. 다음 중 부가가치세법상 재화의 공급으로 보지 않는 것은?

① 자기가 주요자재의 전부 또는 일부를 부담하고 상대방으로부터 인도받은 재화를 가공하여 새로운 재화를 만드는 가공계약에 따라 재화를 인도하는 것

② 경매, 수용, 현물출자와 그 밖의 계약상 또는 법률상의 원인에 따라 재화를 인도하거나 양도하는 것

③ 재화의 인도 대가로서 다른 재화를 인도받는 교환계약에 따라 재화를 인도하는 것

④ 공매에 따라 재화를 인도하거나 양도하는 것

19. 다음 중 부가가치세법상 영세율이 적용되는 거래에 해당하지 않는 것은?

① 무상으로 외국에 반출하는 과세 대상 재화

② 국외에서 국외로 수송하는 외국항행용역

③ 수출업자가 대행위탁수출을 하고 받은 수출대행수수료

④ 구매확인서에 의해 공급하는 재화

20. 다음 자료에 의한 부가가치세 과세표준은 얼마인가? 단, 모든 금액은 공급가액이다.

• 외상매출액 : 100,000,000원(매출할인 3,000,000원이 차감된 금액임)
• 하치장으로 반출한 금액 : 5,000,000원(시가 : 7,000,000원)
• 비영업용소형승용차 매각액 : 10,000,000원(취득 시 매입세액공제를 받지 못함)
• 폐업 시 잔존재화 : 3,000,000원(시가 : 5,000,000원)

① 125,000,000원 ② 122,000,000원 ③ 115,000,000원 ④ 105,000,000원

21. 다음 중 부가가치세법상 매출세액에서 공제할 수 있는 매입세액으로 옳은 것은?

① 사업과 직접 관련 없는 매입세액

② 거래처 선물용 물품 구입비용에 대한 매입세액

③ 영수증에 필요적 기재사항을 기재하여 수취한 물품 구입에 대한 매입세액

④ 수입재화로서 세관장으로부터 수취한 수입세금계산서의 매입세액

22. 다음 중 부가가치세법상 재화의 수입에 해당하는 경우는?

　① 국외에서 보세구역으로 재화를 반입하는 경우

　② 국내에서 보세구역으로 공급하는 경우

　③ 보세구역 내 거래인 경우

　④ 보세구역에서 국내로 공급하는 경우

23. 다음 중 부가가치세 면세 대상이 아닌 것은?

　① 작곡가가 인적·물적시설 없이 독립된 자격으로 제공하는 인적용역

　② 우정사업조직이 제공하는 우편주문판매를 대행하는 용역

　③ 연탄과 무연탄

　④ 종교, 자선, 학술, 구호, 그 밖의 공익을 목적으로 하는 단체가 공급하는 일정한 재화 또는 용역

24. 다음 중 부가가치세법상 세금계산서에 대한 설명으로 옳지 않은 것은?

　① 세금계산서의 임의적 기재사항을 누락한 경우에도 세금계산서의 효력에는 영향이 없다.

　② 간이과세자도 일정 요건을 충족할 경우 세금계산서 발행이 가능하다.

　③ 영수증 발급 대상 사업자는 어떠한 경우에도 세금계산서 발행을 할 수 없다.

　④ 토지를 양도하는 것은 세금계산서의 발행대상이 아니다.

25. 다음 중 부가가치세법상 신고와 납부에 대한 설명으로 옳지 않은 것은?

　① 부가가치세 예정고지세액이 50만원 미만인 경우에는 징수하지 아니한다.

　② 조기환급을 받기 위하여 신고한 사업자는 이미 신고한 과세표준과 납부한 납부세액 또는 환급세액은 신고하지 아니한다.

　③ 모든 법인사업자는 예정신고를 하여야 한다.

　④ 사업자가 폐업하는 경우에는 과세기간 개시일부터 폐업일까지에 대한 부가가치세 과세표준을 신고하여야 한다.

1부 주관식 ┃ 문항 당 5점

26. 다음은 법인세법상 분납 규정에 대한 설명이다. 아래의 괄호 안에 들어갈 숫자를 쓰시오.

> 중소기업은 납부세액이 2천만원을 초과하는 경우 그 납부세액의 50% 이하의 금액을 납부기한이 지난 날부터 ( )개월 이내 분납할 수 있다.

27. 다음은 법인세법상 부당행위계산의 부인에 관한 내용이다. (   )안에 들어갈 숫자를 적으시오.

> 법인이 자산을 시가보다 높은 가액으로 매입한 경우, 시가와 거래가액의 차액이 3억원 이상이거나 시가의 (   )% 이상인 경우에 한하여 부당행위계산 부인을 적용한다.

28. 다음은 ㈜한국의 20x1년 인건비 지급 내역이다. 법인세법상 손금으로 인정되는 금액의 합계액은 모두 몇 원인가? 단, 아래의 상여금 지급액은 모두 이익처분에 의한 상여금에 해당하지 않는다.

구분	직원 상여금	임원 상여금
급여 지급기준 범위 내 금액	20,000,000원	40,000,000원
급여 지급기준 초과 금액	30,000,000원	50,000,000원

29. 부가가치세법상 아래의 괄호 안에 들어갈 알맞은 숫자를 쓰시오.

> 대통령령으로 정하는 사업자가 부가가치세가 과세되는 재화 또는 용역을 공급하고 신용카드매출전표 등을 발급하거나 대통령령으로 정하는 전자적 결제수단에 의하여 대금을 결제받는 경우에는 연간 1천만원을 한도로 하여 발급금액 또는 결제금액의 (   )%를 납부세액에서 공제한다.

30. 다음은 부가가치세법상 등록 전 매입세액에 관한 내용이다. (   ) 안에 들어갈 숫자를 적으시오.

> 사업자등록을 신청하기 전의 매입세액은 매출세액에서 공제하지 아니한다. 다만, 공급시기가 속하는 과세기간이 끝난 후 (   )일 이내에 등록을 신청한 경우 등록 신청일 부터 공급시기가 속하는 과세기간 기산일까지 역산한 기간 이내의 것은 제외한다.

세법2부 국세기본법, 소득세법, 조세특례제한법

01. 다음 중 국세기본법상 기한연장에 관한 설명으로 옳지 않은 것은?

① 기한연장은 6개월 이내로 하되, 해당 기한연장의 사유가 소멸되지 않는 경우 관할 세무서장은 1개월의 범위에서 그 기한을 다시 연장할 수 있다.

② 신고와 관련된 기한연장은 9개월을 넘지 않는 범위에서 관할 세무서장이 할 수 있다. ③ 기한의 연장을 받으려는 자는 기한 만료일 3일 전까지 해당 행정기관의 장에게 신청하여야 한다.

④ 기한연장의 통지대상자가 불특정 다수인 경우 관보 또는 일간신문에 공고하는 방법으로 통지를 갈음할 수 있다.

02. 다음 중 국세기본법상 서류 송달의 효력 발생 시기에 관한 설명으로 옳지 않은 것은?

① 원칙적으로 송달하는 서류는 송달받아야 할 자에게 도달한 때부터 효력이 발생한다.

② 전자송달의 경우에는 송달받을 자가 기업업무추진비한 전자우편주소에 입력된 때부터 효력이 발생한다.

③ 국세정보통신망에 저장하는 경우에는 저장된 때부터 효력이 발생한다.

④ 공시송달의 경우에는 서류의 주요 내용을 공고한 날부터 20일이 지나면 서류 송달이 된 것으로 본다.

03. 다음 중 국세기본법상 근거과세의 원칙에 관한 설명으로 옳지 않은 것은?

① 납세의무자가 세법에 따라 장부를 갖추어 기록하고 있는 경우에는 해당 국세 과세표준의 조사와 결정은 그 장부와 이와 관계되는 증거자료에 의하여야 한다.

② 국세를 조사·결정할 때 장부의 기록 내용이 사실과 다르거나 장부의 기록에 누락된 것이 있을 때에는 그 부분에 대해서만 정부가 조사한 사실에 따라 결정할 수 있다.

③ 근거과세의 원칙은 세법의 해석과 적용을 할 때 따라야 할 기본적 지침 중 하나이다.

④ 행정기관의 장은 해당 납세의무자 또는 그 대리인이 요구하면 결정서를 열람 또는 복사하게 하거나 그 등본 또는 초본이 원본과 일치함을 확인하여야 한다.

04. 다음 중 국세기본법상 납세의무가 소멸되는 경우가 아닌 것은?

① 국세의 부과가 철회된 때

② 국세환급금으로 납부할 국세가 충당된 때

③ 국세의 부과제척기간 내에 국세가 부과되지 아니하고 부과제척기간이 끝난 때

④ 납세보증인에 의해 국세가 납부된 때

05. 다음 중 국세기본법상 납세의무의 성립과 동시에 확정되는 국세가 아닌 것은?

① 원천징수하는 소득세

② 납세조합이 징수하는 소득세

③ 인지세

④ 정부가 조사·결정한 중간예납법인세

06. 다음 중 국세기본법상 수정신고의 요건으로 옳지 않은 것은?

① 과세표준신고서 또는 기한후과세표준신고서에 기재된 과세표준 및 세액이 세법에 따라 신고하여야 할 과세표준 및 세액에 미치지 못하는 경우

② 과세표준신고서 또는 기한후과세표준신고서에 기재된 결손금액 또는 환급세액이 세법에 따라 신고하여야 할 결손금액이나 환급세액에 미치지 못할 때

③ 원천징수의무자가 연말정산 과정에서 근로소득 등만 있는 자의 소득을 누락한 경우

④ 세무조정 과정에서 법인세법에 따른 국고보조금 및 공사부담금에 상당하는 금액을 익금과 손금에 동시에 산입하지 않은 경우

07. 다음 중 국세기본법상 가산세에 대한 설명으로 옳지 않은 것은?

① 가산세는 고의로 해당 의무를 위반한 경우 외에는 가산세 한도를 적용한다.

② 가산세는 해당 의무가 규정된 세법의 해당 국세의 세목으로 한다.

③ 가산세는 국세를 감면하는 경우에는 그 감면대상에 포함시키지 아니한다.

④ 가산세는 과세표준의 결손 또는 세액의 환급 시에는 부과하지 아니한다.

08. 다음 중 국세기본법상 관할관청에 관한 내용으로 가장 옳지 않은 것은?

① 과세표준신고서는 신고 당시 해당 국세의 납세지를 관할하는 세무서장에게 제출하여야 한다.

② 전자신고를 하는 경우에는 지방국세청장이나 국세청장에게 제출할 수 있다.

③ 과세표준신고서가 관할 세무서장 외의 세무서장에게 제출된 경우 그 신고는 효력이 없다.

④ 국세의 세액을 결정하는 때에 관할 세무서장 이외의 세무서장이 행한 결정은 그 효력이 없다.

09. 다음 중 국세기본법상 불복청구에 대한 결정으로 옳지 않은 것은?

① 심사청구가 이유있다고 인정될 경우 : 인용

② 불복청구의 대상이 되는 처분으로 권리나 이익을 침해당하지 않는 경우 : 인용

③ 청구기간이 지난 후에 청구한 경우 : 각하

④ 심사청구가 이유 없다고 인정되는 경우 : 기각

10. 다음 중 국세기본법상 물납재산의 환급에 관한 내용으로 가장 잘못된 것은?

① 납세자가 상속세를 물납한 후 환급하는 경우 해당 물납재산으로 환급하여야 한다.

② 물납재산을 환급하는 경우 국세환급가산금은 지급하지 아니한다.

③ 해당 물납재산의 성질상 분할하여 환급하는 것이 곤란한 경우 금전으로 환급한다.

④ 물납재산이 수납된 이후 발생한 법정과실 및 천연과실은 납세자에게 환급하여야 한다.

11. 다음 중 국세기본법상 납세자의 권리에 관한 내용으로 옳지 않은 것은?

① 사업자등록증을 발급하는 경우 세무공무원은 납세자권리헌장의 내용이 수록된 문서를 납세자에게 내주어야 한다.

② 세무공무원은 거래상대방에 대한 조사가 필요한 경우에도 같은 세목 및 같은 과세기간에 대하여 재조사할 수 없다.

③ 납세자가 장기출장 등으로 세무조사가 곤란하다고 판단되면 세무조사의 연기를 신청할 수 있다.

④ 증거인멸 등의 이유가 있는 경우 세무조사에 대한 사전통지를 하지 않을 수 있다.

12. 다음 중 소득세법상 납세의무자에 대한 설명으로 옳지 않은 것은?

① 거주자는 국내외원천소득 모두에 대하여 소득세 납세의무를 진다.

② 비거주자는 국내원천소득에 한하여 소득세 납세의무를 진다.

③ 현행 소득세법은 인별 과세제도를 채택하고 있으므로 공동사업에 대하여도 합산과세하는 경우는 없다.

④ 국세기본법에 따른 법인으로 보는 단체 외의 법인 아닌 국내 단체는 1 거주자로 보아 과세한다.

13. 다음의 자료에서 소득세법상 20x1년에 귀속되는 이자소득을 모두 고르시오.

> 정기예금이자 : 약정일 20x0년 12월 18일, 수령일 20x1년 1월 25일
> 비영업대금의 이자 : 약정일 20x1년 1월 31일, 수령일 20x0년 12월 25일
> 계약의 위약으로 인한 법정이자 : 약정일 20x0년 11월 30일, 수령일 20x1년 1월 31일

① 가   ② 가, 나   ③ 나, 다   ④ 가, 다

14. 다음 중 소득세법상 사업소득금액을 계산할 때 총수입금액에 산입하는 것은?

① 소득세를 환급받았거나 환급받을 금액 중 다른 세액에 충당한 금액

② 자산수증이익 중 이월결손금의 보전에 충당된 금액

③ 거주자의 사업소득금액을 계산할 때 이전 과세기간으로부터 이월된 소득금액

④ 관세환급금 등 필요경비로 지출된 세액이 환입되었거나 환입될 경우에 그 금액

15. 다음 중 소득세법상 사업소득의 필요경비 불산입 항목에 해당하지 않는 것은?

① 업무와 관련하여 고의 또는 중대한 과실로 인하여 지급되는 손해배상금

② 사업자가 가사와 관련하여 지출하였음이 확인되는 경비

③ 채권자가 불분명한 차입금 이자

④ 단체순수보장성보험의 보험료

16. 다음 중 소득세법상 근로소득으로 과세하지 않는 것은?

① 출자임원이 주택을 제공받음으로써 얻는 이익

② 비출자임원이 주택의 구입에 소요되는 자금을 저리로 대여받음으로써 얻는 이익

③ 「국민건강보험법」 또는 「고용보험법」에 따라 사용자가 부담하는 보험료

④ 퇴직으로 인하여 받는 소득으로서 퇴직소득에 속하지 아니하는 소득

17. 다음 중 소득세법상 비과세하는 근로소득의 한도가 나머지와 다른 것은?

　① 「방송법」에 따라 취재활동과 관련하여 받는 취재수당

　② 근로자 또는 그 배우자가 출산이나 6세 이하 자녀의 보육과 관련하여 받는 금액

　③ 「초·중등교육법」 따른 교육기관의 교원이 받는 연구보조비

　④ 종업원이 요건을 충족하여 지급기준에 따라 받는 자가운전보조금

18. 다음 중 소득세법상 연금소득에 대한 설명으로 옳지 않은 것은?

　① 공적연금소득 외의 연금소득에 대해서는 원천징수 하지 아니한다.

　② 연금소득은 필요경비가 인정되지 아니한다.

　③ 공적연금 관련법에 따라 받는 장애연금은 비과세 연금소득에 해당한다.

　④ 연금소득공제의 한도액은 900만원으로 한다.

19. 다음 중 소득세법상 기타소득의 필요경비로 실제 소요된 필요경비만 인정하는 것은?

　① 주택입주지체상금

　② 재산권에 관한 알선수수료

　③ 공익법인이 주무관청의 승인을 받아 시상하는 상금

　④ 광업권, 어업권, 산업재산권 등의 권리를 양도하거나 대여하고 그 대가로 받는 금품

20. 다음 중 소득세법상 부당행위계산 부인에 대한 설명으로 옳지 않은 것은?

　① 부당행위계산의 부인은 해당 거주자와 특수관계인과의 거래 시 적용할 수 있다.

　② 조세를 부당히 감소시킨 것으로 인정되는 경우에 적용된다.

　③ 부당행위계산 부인의 대상이 되는 소득은 사업소득, 양도소득에 한한다.

　④ 특수관계인으로 부터 금전이나 기타 자산 또는 용역을 높은 이율 등으로 차용하거나 제공받는 경우 부당행위계산 부인이 적용될 수 있다.

21. 다음 중 소득세법상 사업소득만 있는 거주자도 적용받을 수 있는 공제에 해당하는 것은?

　① 연금계좌세액공제　　　　　　　② 건강보험료 등 소득공제

　③ 주택임차차입금원리금상환액공제　　④ 보험료세액공제

22. 소득세법상 추가공제 중 건당 공제액이 가장 큰 항목에 해당하는 것은?

① 경로우대자공제   ② 장애인공제

③ 부녀자공제   ④ 한부모공제

23. 다음 중 소득세법상 양도소득에 대한 설명으로 틀린 것은?

① 양도소득세는 납부세액이 1천만원을 초과하는 경우 분납이 가능하다.

② 양도소득기본공제는 200만원을 적용한다.

③ 상가를 양도하는 경우 장기보유특별공제를 최대 30%까지 적용받을 수 있다.

④ 미등기양도자산에 대해서는 70%의 세율이 적용된다.

24. 다음 중 소득세법상 반드시 과세표준확정신고를 해야 하는 경우는 무엇인가?

① 근로소득만 있는 자

② 공적연금소득만 있는 자

③ 원천징수되는 연말정산 대상 사업소득만 있는 자

④ 도매 사업소득만 있는 자

25. 다음 중 소득세법상 복식부기의무자의 사업용 계좌에 관한 내용으로 가장 옳지 않은 것은?

① 복식부기의무자에 해당하는 과세기간의 개시일부터 6개월 이내에 신고하여야 한다.

② 1개의 계좌를 2 이상의 사업장에 대한 사업용계좌로 신고할 수 없다.

③ 사업용계좌를 변경하는 경우 종합소득과세표준확정신고기한까지 신고하여야 한다.

④ 사업용계좌 미신고·미사용가산세는 소득세 산출세액이 없는 경우에도 적용한다.

2부 주관식 · **문항 당 5점**

26. 다음은 국세기본법상 원천징수 등 납부지연가산세에 대한 내용이다. 아래의 괄호 안에 들어갈 숫자를 적으시오.

> 「소득세법」에 따라 소득세를 원천징수하여 납부할 의무가 있는 자가 징수하여야 할 세액을 법정납부 기한까지 납부하지 아니한 경우 납부하지 아니한 세액의 10%를 한도로 하여 다음의 금액을 합한 금액을 가산세로 한다.
> 1. 미납부세액×(   )%
> 2. 미납부세액×일수×22/100,000

27. 국세기본법상 다음의 (   ) 안에 들어갈 알맞은 숫자를 쓰시오.

> 국세청장은 심사청구의 내용이나 절차가 이 법 또는 세법에 적합하지 아니하나 보정할 수 있다고 인정되면 (   )일 이내의 기간을 정하여 보정할 것을 요구할 수 있다.

28. 소득세법상 다음의 (   ) 안에 들어갈 알맞은 숫자를 쓰시오.

> 생산직 및 그 관련직에 종사하는 근로자의 연장근로·야간근로 또는 휴일근로를 하여 받는 급여 중 월정액 급여 210만원 이하로서 직전 과세기간의 총급여액이 (   )원 이하인 근로자에 대하여 일정 금액을 비과세한다.

29. 소득세법상 다음의 (   ) 안에 들어갈 알맞은 숫자를 쓰시오.

> 근로소득이 있는 거주자로서 특별세액공제, 특별소득공제 및 월세액세액공제를 신청하지 아니한 경우에는 표준세액공제로 연 (   )원을 종합소득산출세액에서 공제한다.

30. 거주자 염해상은 제조업(중소기업)을 영위하는 복식부기의무자인 개인사업자로 20x1년 사업소득에 관한 자료는 다음과 같다. 소득세법상 20x1년 기업업무추진비 한도초과액은 몇 원인가? 단, 신규사업자가 아니며, 금액은 숫자로 쓰시오.

> • 매출액 : 10억원(일반수입금액)
> • 기업업무추진비 : 4천만원

제106회 세무회계2급 답안 및 해설

세법1부 – 법인세법, 부가가치세법

1	2	3	4	5	6	7	8	9	10	11	12	13	14	15
②	④	④	②	④	③	②	③	③	④	②	③	④	③	③

16	17	18	19	20	21	22	23	24	25		
②	①	④	③	③	④	④	②	③	③		

26	27	28	29	30
2	5	90,000,000원	1.3	20

01. 비영리내국법인은 **각 사업연도의 소득과 토지 등 양도소득에 대하여만 법인세 납세의무**를 진다. **청산시 잔여재산에 대해서 국가 등으로 귀속되므로 청산소득은 없다.**

02. 법인은 납세지가 변경된 경우 그 **변경된 날부터 15일 이내에 변경 후의 납세지 관할 세무서장**에게 이를 신고하여야 한다.

03. 주주임원인 경우 상여로 처분한다.

04. 나, 다는 강제 신고조정사항이며, 화재 등으로 인한 고정자산의 평가손실과 채무자의 파산으로 회수할 수 없는 채권은 결산조정사항이다.

06. **외국투자자가 내국법인의 주식 등을 100분의 20 이상 인수 또는 보유**하게 된 경우

07. 재고자산으로서 **파손·부패 등의 사유로 정상가격으로 판매할 수 없는 것**은 그 장부가액을 감액할 수 있다.

08. 내국법인이 각 사업연도에 지출하는 기부금 중 손금산입한도액을 초과하여 손금에 산입하지 아니한 금액은 **해당 사업연도의 다음 사업연도 개시일부터 10년 이내에 끝나는 각 사업연도**로 이월하여 그 이월된 사업연도의 소득금액을 계산할 때 그 기부금 각각의 손금산입한도액의 범위에서 손금에 산입한다.

09. 법인세와 법인세지방소득세 및 부가가치세의 매입세액, 법령에 따른 의무의 불이행 등에 대한 제재로서 부과되는 공과금(장애인고용부담금)은 손금불산입 한다.

10. 증권시장에서 **유가증권의 손익의 귀속시기는 매매계약을 체결한 날**이다.

11. 채무보증으로 인한 구상채권과 특수관계인에게 해당 법인의 업무와 관련 없이 지급한 가지급금 등의 채권은 대손충당금 설정 대상에서 제외한다.

12. 법인세법상 **소득공제는 이월공제 및 소급공제를 허용하고 있지 않다.**

14. 사업개시일 이전에 사업자등록을 신청한 경우에는 그 **신청한 날부터 그 신청일이 속하는 과세기간의 종료일까지**로 한다.

15. 부동산임대업은 부동산의 등기부상 소재지가 사업장이다.

16. 사업자가 폐업한 경우에는 지체 없이 사업자등록을 말소하여야 한다.

17. 의제매입세액의 공제시기는 면세농산물 등을 매입한 날이 속하는 과세기간으로 한다.

19. 수출대행수수료는 국내에서 공급되는 용역에 대한 대가이므로 10% 세율이 적용된다.

20. 과세표준 = 외상매출액(100,000,000) + 비영업용소형승용차 매각액(10,000,000)
　　　　+ 폐업시 잔존재화(5,000,000) = 115,000,000원

21. 수입재화에 대하여 세관장으로부터 수취한 수입세금계산서의 매입세액은 공제가 가능하다.

22. ②, ③은 재화 또는 용역의 공급에 해당하고, ①은 재화의 수입에 해당하지 않는다.
보세구역에서 국내로 공급하는 경우 재화의 수입에 해당한다.

23. 우편주문 판매를 대행하는 용역은 면세에 해당하지 아니한다.

24. 영수증 발급 대상 사업자라 하더라도 재화 또는 용역을 공급받는 자가 사업자등록증을 제시하고 세금계산서의 발급을 요구하는 경우로서 세금계산서를 발급하여야 한다.

25. 개인사업자와 소규모법인사업자의 경우에는 예정신고하지 아니하고 예정고지 세액을 납부할 수 있다.

26. 납부할 세액이 2천만원을 초과하는 경우에는 그 세액의 100분의 50 이하의 금액 납부기한이 지난 날 부터 1개월(중소기업의 경우에는 2개월) 이내에 분납할 수 있다.

27. 법인이 자산을 시가보다 높은 가액으로 매입한 경우 시가와 거래가액의 차액이 3억원 이상이거나 시가의 100분의 5에 상당하는 금액 이상인 경우에 한하여 적용한다.

28. 손금(상여금) = 직원 상여금(20,000,000 + 30,000,000) + 지급기준 범위 내 임원 상여금
　　　　(40,000,000) = 90,000,000원
법인이 근로자에게 지급하는 상여금은 원칙적으로 손금에 산입하나, 법인이 임원에게 지급하는 상여금 중 정관·주주총회·사원총회 또는 이사회의 결의에 따라 결정된 급여지급기준에 의하여 지급하는 금액을 초과하여 지급한 경우 그 초과금액은 손금에 산입하지 않는다.

세법2부 - 국세기본법, 소득세법, 조세특례제한법

1	2	3	4	5	6	7	8	9	10	11	12	13	14	15
①	④	③	①	④	②	④	③	②	④	②	③	①	④	④

16	17	18	19	20	21	22	23	24	25
③	모두	①	②	③	①	②	②	④	②

26	27	28	29	30
3	20	30,000,000	130,000	1,000,000원

01. 기한연장은 3개월 이내로 하되, 해당 기한연장의 사유가 소멸되지 않는 경우 관할 세무서장은 1개월의 범위에서 그 기한을 다시 연장할 수 있다.

02. 공시송달의 경우에는 서류의 주요 내용을 공고한 날부터 14일이 지나면 서류 송달이 된 것으로 본다.

03. 근거과세의 원칙은 국세 부과의 원칙 중 하나이다.

04. 부과가 취소된 때 납세의무가 소멸하고, **부과의 철회는 납세의무의 소멸사유가** 아니다.

05. 중간예납하는 법인세는 원칙적으로 납세의무가 성립하는 때에 **특별한 절차없이 그 세액이 확정**된다. 다만, 세법에 따라 정부가 조사 · 결정하는 경우는 제외한다.

06. 수정신고는 과세표준신고서 또는 기한후과세표준신고서에 기재된 결손금액 또는 환급세액이 세법에 따라 신고하여야 할 **결손금액이나 환급세액을 초과할 때에 할 수 있다.**

07. 가산세는 과세표준의 결손 시에도 부과하며, 납부할 세액에 가산하거나 환급받을 세액에서 공제한다.

08. 과세표준신고서가 **관할 세무서장 외의 세무서장에게 제출된 경우**에도 그 **신고의 효력에는 영향이 없다.**

09. 불복청구의 대상이 되는 처분으로 **권리나 이익을 침해당하지 않는 경우는 각하 결정 사유에** 해당한다.

10. 물납재산이 수납된 이후 발생한 **법정과실 및 천연과실은 납세자에게 환급하지 아니하고 국가에 귀속**된다.

11. 거래상대방에 대한 조사가 필요한 경우에는 같은 세목 및 같은 과세기간에 대하여 재조사할 수 있다.

12. 거주자 1인과 그의 특수관계인이 공동사업자에 포함되어 있는 경우로서 손익분배비율을 거짓으로 정하는 등 경우에 **공동사업합산과세 제도가** 있다.

13. 보통예금 · 정기예금 등의 이자의 수입시기는 실제로 이자를 지급받는 날(20X1년)이다.
비영업대금의 이익 : 약정에 의한 이자지급일. 다만, 약정에 의한 이자지급일 전에 이자를 받는 경우 그 이자지급일(20X0년)
위약을 원인으로 하는 손해배상금에 대한 법정이자는 기타소득이다

16. 「국민건강보험법」, 「고용보험법」 또는 「노인장기요양보험법」에 따라 국가, 지방자치단체 또는 **사용자가 부담하는 보험료는 비과세소득에 해당**한다.

17. 근로자 또는 그 배우자의 출산이나 6세 이하 자녀의 보육과 관련하여 **사용자로부터 받는 급여는 월 20만원 이내의 금액을 한도로 비과세**한다. 모두 20만원이내의 금액은 비과세이다.

18. 공적연금소득 외 연금소득에 대해서도 원천징수한다.

19. 재산권에 관한 알선수수료는 의제필요경비가 적용되지 아니한다.

20. 부당행위계산의 부인은 **출자공동사업자의 배당소득, 사업소득, 기타소득, 양도소득**에 대해서 적용한다.

21. 종합소득이 있는 거주자가 **연금계좌에 납입한 금액이 있는 경우 해당 과세기간의 종합소득산출세액에서 공제**한다.

22. 경로우대자공제 1명당 연 100만원, 장애인공제 1명당 연 200만원, 부녀자공제 연 50만원, 한부모공제 연 100만원

23. 양도소득기본공제는 각 호의 소득별로 각각 250만원을 적용한다.

24. 사업소득만 있는 사업자는 무조건 과세표준확정신고를 해야 한다.

25. 1개의 계좌를 2 이상의 사업장에 대한 사업용계좌로 신고할 수 있다.

26. 소득세를 원천징수하여 납부할 의무를 지는 자가 징수하여야 할 세액을 법정납부 기한까지 납부하지 아니한 경우 **납부하지 아니한 세액의 10%를 한도로** 하여 다음의 금액을 합한 금액을 가산세로 한다.

27. 국세청장은 심사청구의 내용이나 절차가 이 법 또는 세법에 적합하지 아니하나 보정할 수 있다고 인정되면 **20일 이내의 기간을 정하여 보정할 것을** 요구할 수 있다.

29. 근로소득이 있는 거주자로서 **특별세액공제, 특별소득공제 및 월세액에 대한 세액공제 신청을 하지 아니한 경우** : 연 13만원

30. 기업업무추진비한도액(중소기업) = 기본한도(36,000,000) + 수입금액(1,000,000,000) × 0.3%

$$= 39,000,000원$$

기업업무추진비(40,000,000) – 기업업무추진비한도액(39,000,000) = 1,000,000원

합격율	시험년월
23%	2023.04

세법1부 법인세법, 부가가치세법

01. 다음 중 법인세법상 납세지에 관한 설명으로 틀린 것은?

① 법인은 납세지가 변경된 경우 그 변경된 날부터 15일 이내에 변경 후의 납세지 관할 세무서장에게 이를 신고하여야 한다.

② 납세지 변경신고를 하지 아니한 경우에는 종전의 납세지를 그 법인의 납세지로 한다.

③ 신고기한을 경과하여 변경신고를 한 경우에는 다음 사업연도부터 변경된 납세지를 그 법인의 납세지로 한다.

④ 외국법인이 납세지를 국내에 가지지 아니하게 된 경우에는 그 사실을 납세지 관할 세무서장에게 신고하여야 한다.

02. 다음 중 법인세법상 사업연도에 대한 설명으로 가장 옳지 않은 것은?

① 내국법인이 사업연도 중에 합병에 따라 해산한 경우에는 그 사업연도 개시일부터 합병등기일까지의 기간을 그 해산한 법인의 1사업연도로 본다.

② 외국법인의 최초사업연도의 개시일은 국내에 사업자등록을 신청한 날이다.

③ 사업연도는 법령이나 법인의 정관 등에서 정하는 1회계기간으로 한다. 다만 그 기간은 1년을 초과하지 못한다.

④ 사업연도를 변경하려는 법인은 그 법인의 직전 사업연도 종료일부터 3개월 이내에 납세지 관할 세무서장에게 신고하여야 하며, 이 기한까지 신고하지 아니한 경우에는 사업연도가 변경되지 아니한 것으로 본다.

03. 다음 중 법인세법에 따른 결산조정사항에 해당하는 것은?

① 업무용승용차의 감가상각비의 손금산입

② 소멸시효 완성분 대손금의 손금산입

③ 파손으로 인한 재고자산평가손실의 손금산입

④ 감가상각의제 대상 법인의 의제상각액

04. 다음 중 법인세법상 소득처분에 관한 내용으로 옳지 않은 것은?

① 기타사외유출로 소득처분되는 경우에는 사후관리가 불필요하다.

② 사외유출된 소득이 주주인 임원에게 귀속된 경우 상여로 처분한다.

③ 개인주주에게 배당으로 소득처분되는 경우에는 법인에게 소득세 원천징수의무가 발생한다.

④ 유보로 소득처분 되는 경우에는 소득구분계산서 서식에서 관리한다.

05. 다음 중 법인세법상 익금불산입 항목에 해당하는 것은?

① 자산의 양도금액

② 자기주식처분이익

③ 「보험업법」에 의한 자산의 평가증

④ 지방세 과오납금의 환급금에 대한 이자

06. 다음 중 법인세법상 손금에 대한 설명으로 옳지 않은 것은?

① 손금은 자본 또는 출자의 환급, 잉여금의 처분을 제외하고 해당 법인의 순자산을 감소시키는 거래로 인하여 발생하는 손실 또는 비용의 금액으로 한다.

② 법령에 따라 의무적으로 납부하는 공과금은 손금에 산입한다.

③ 해당 법인의 소액주주가 아닌 주주인 임원이 사용하고 있는 사택 유지비는 손금에 산입한다.

④ 업무와 관련하여 발생한 교통사고 벌과금은 손금에 산입하지 아니한다.

07. 다음은 ㈜한국의 재고자산 평가에 관한 자료이다. 다음 중 ㈜한국의 기말 재고자산에 대하여 적용할 법인세법상 재고자산의 평가방법으로 옳은 것은?

> 사업연도는 20x1.01.01.~20x1.12.31.이다.
> 당초 신고한 재고자산 평가방법은 총평균법이다.
> 재고자산 평가방법을 20x1.12.15일에 이동평균법으로 변경신고하고, 변경신고한 방법으로 평가하였다.
> 20X1년 기말 재고자산 평가액
> • 선입선출법 : 50,000,000원　　• 총평균법 : 30,000,000원
> • 이동평균법 : 40,000,000원　　• 후입선출법 : 20,000,000원

① 선입선출법　　② 총평균법　　③ 이동평균법　　④ 후입선출법

08. 다음 중 법인세법상 기부금 손금산입 한도액이 다른 것은?

① 사회복지법인에 고유목적사업비로 지출하는 기부금
② 종교단체에 고유목적사업비로 지출하는 기부금
③ 사회복지공동모금회에 지출하는 기부금
④ 유엔난민기구에 지출하는 기부금

09. 다음 중 법인세법상 현실적인 퇴직에 해당하지 않는 경우는 어느 것인가?

① 법인의 직원이 해당 법인의 임원으로 취임한 경우
② 법인의 임직원이 그 법인의 조직변경에 의하여 퇴직한 경우
③ 임원이 연임된 경우
④ 무주택자인 근로자가 본인 명의로 주택을 구입하기 위해 퇴직급여를 중간정산하여 지급한 경우

10. 다음 중 법인세법상 의제배당에 관한 내용으로 가장 옳지 않은 것은?

① 「상법」상의 배당은 아니지만, 주주 등이 실질적으로 이와 유사한 경제적 이익을 받게 될 때 세법상 배당으로 본다.
② 자기주식처분이익의 전입으로 수령한 무상주는 배당으로 의제한다.
③ 주주인 내국법인이 취득하는 합병대가가 그 피합병법인의 주식 등을 취득하기 위하여 사용한 금액을 초과하는 금액은 배당으로 본다.
④ 해산으로 인한 의제배당의 귀속시기는 해산등기일이다.

11. 다음 중 법인세법상 감가상각방법을 신고하지 아니한 경우에 적용되는 상각방법이 다른 것은?

① 건축물   ② 광업권   ③ 폐기물매립시설   ④ 광업용 유형자산

12. 다음 중 법인세법상 부당행위계산의 부인에 관한 설명으로 옳지 않은 것은?

① 내국법인의 행위 또는 소득금액의 계산이 특수관계인과의 거래로 인하여 그 법인의 소득에 대한 조세의 부담을 부당하게 감소시킨 것으로 인정되는 경우에 부당행위계산의 부인을 적용한다.
② 부당행위계산을 적용할 때에는 건전한 사회 통념 및 상거래 관행과 특수관계인이 아닌 자 간의 정상적인 거래에서 적용되거나 적용될 것으로 판단되는 가격을 기준으로 한다.
③ 특수관계인에는 발행주식총수 또는 출자총액의 100분의 1에 미달하는 주식을 소유한 주주 등은 해당하지 않는다.
④ 자산을 시가보다 낮은 가액으로 매입한 경우에도 조세의 부담을 부당하게 감소시킨 것으로 인정된다.

13. 다음 중 법인세법상 신고 및 납부에 대한 설명으로 옳지 않은 것은?

① 법인세 납세의무가 있는 내국법인은 각 사업연도 종료일이 속하는 달의 말일부터 3개월(성실신고확인서를 제출하는 경우에는 4개월) 이내에 그 사업연도의 소득에 대한 법인세의 과세표준과 세액을 신고하여야 한다.
② 각 사업연도 소득금액이 없거나 결손금이 발생한 경우에도 법인세 신고를 하여야 한다.
③ 내국법인이 납부할 세액이 1천만원을 초과하는 경우에는 납부기한이 지난 날부터 2개월(중소기업의 경우에는 3개월) 이내에 분납할 수 있다.
④ 내국법인의 중간예납기간은 해당 사업연도의 개시일 부터 6개월이 되는 날까지로 한다.

14. 다음 중 부가가치세법상 사업자에 대한 설명으로 가장 옳지 않은 것은?

① 사업자는 일반과세자와 간이과세자로 분류된다.
② 수익사업을 영위하는 비영리법인은 사업자에 해당하지 아니한다.
③ 국가와 지방자치단체도 사업자가 될 수 있다.
④ 면세사업자는 부가가치세법상 납세의무를 지지 아니한다.

15. 다음 중 부가가치세법상 과세기간에 대한 설명으로 옳지 않은 것은?

① 간이과세자의 과세기간은 1월 1일부터 12월 31일까지이다.

② 신규로 사업을 시작하는 자에 대한 최초의 과세기간은 사업 개시일부터 그 날이 속하는 과세기간의 종료일까지로 한다.

③ 사업 개시일 이전에 사업자등록을 신청한 경우에는 그 신청한 날부터 그 신청일이 속하는 과세기간의 종료일까지로 한다.

④ 사업자가 폐업하는 경우의 과세기간은 폐업일이 속하는 과세기간의 개시일부터 폐업을 신청한 날까지로 한다.

16. 다음 중 부가가치세법상 사업자 단위 과세에 관한 설명으로 가장 옳지 않은 것은?

① 사업장이 둘 이상인 사업자는 사업자 단위로 해당 사업자의 본점 또는 주사무소 관할 세무서장에게 등록을 신청할 수 있다.

② 사업장 단위로 등록한 사업자가 사업자 단위 과세 사업자로 변경하려면 적용받으려는 과세기간 개시 20일 전까지 사업자의 본점 또는 주사무소 관할 세무서장에게 변경등록을 신청하여야 한다.

③ 사업자 단위 과세 사업자는 각 사업장을 대신하여 그 사업자의 본점 또는 주사무소의 소재지를 부가가치세 납세지로 한다.

④ 사업자 단위 과세 사업자가 각 사업장별로 신고·납부하려는 경우에는 그 납부하려는 과세기간 개시 30일 전에 사업자 단위 과세 포기신고서를 사업자 단위 과세 적용 사업장 관할 세무서장에게 제출하여야 한다.

17. 다음 중 부가가치세법상 과세하는 타사업장 반출 재화에 해당하는 것은?

① 자기의 다른 사업장에서 원료 등으로 사용하기 위하여 반출하는 경우

② 주사업장 총괄 납부 사업자가 판매 목적으로 타사업장에 반출하는 경우로서 세금계산서를 발급하고 확정신고한 경우

③ 상품진열 등의 목적으로 자기의 다른 사업장으로 반출하는 경우

④ 판매 목적으로 타사업장에 반출하는 경우로서 사업자 단위 과세 사업자인 경우

18. 다음 중 부가가치세법상 재화의 공급시기로 가장 옳지 않은 것은?

① 장기할부판매 : 대가의 각 부분을 받기로 한 때

② 사업상 증여 : 재화를 증여하는 때

③ 완성도기준지급조건부 판매 : 그 조건이 성취되거나 기한이 지나 판매가 확정되는 때

④ 폐업 시 잔존재화 : 폐업일

19. 다음 중 부가가치세법상 공제하지 않는 매입세액에 해당하지 않는 것은?

① 토지의 조성을 위한 자본적 지출에 대한 매입세액

② 기업업무추진비 관련 매입세액

③ 일반과세자가 면세사업자에게 공급한 재화에 대응하는 원재료 매입가액에 대한 매입세액

④ 비영업용 개별소비세 과세 대상 소형승용차의 구입에 관련된 매입세액

20. 다음 중 부가가치세법상 용역의 공급으로 보지 않는 것은?

① 고용관계에 따라 근로를 제공하는 것

② 건설업의 경우 건설사업자가 건설자재의 전부 또는 일부를 부담하는 것

③ 자기가 주요자재를 전혀 부담하지 않고 상대방으로부터 인도받은 재화를 단순히 가공만 해주는 것

④ 특수관계인에게 사업용 부동산의 임대용역을 공급하는 것

21. 다음 중 부가가치세법상 과세표준에 포함되는 것으로 옳은 것은?

① 대가의 지급 지연으로 인하여 받는 연체이자

② 환입된 재화의 가액

③ 공급받는 자에게 도달하기 전에 파손된 재화의 가액

④ 장기할부판매의 이자상당액

22. 다음 중 부가가치세법상 면세포기에 관하여 옳지 않은 것은?

① 부가가치세의 면세포기를 적용받기 위해서는 그 적용을 받으려는 달의 마지막 날까지 사업장 관할 세무서장에게 신고해야 한다.

② 부가가치세의 면세를 포기하려는 사업자는 면세포기신고서에 의하여 관할 세무서장에게 신고하고, 지체 없이 사업자등록을 해야 한다.

③ 부가가치세의 면세포기신고를 한 사업자는 신고한 날로부터 3년간은 부가가치세의 면제를 받지 못한다.

④ 부가가치세가 면제되는 재화 또는 용역의 공급이 영세율 적용의 대상이 되는 경우와 학술등 연구단체가 그 연구와 관련하여 실비 또는 무상으로 공급하는 재화 또는 용역의 경우는 부가가치세의 면세포기가 가능하다.

23. 다음 중 부가가치세법상 세금계산서 발급의무가 있는 경우로 옳은 것은?

① 무인자동판매기를 이용하여 공급되는 재화

② 부동산임대용역 중 간주임대료

③ 사업상 증여

④ 내국신용장에 의하여 공급하는 재화

24. 다음 중 부가가치세법상 의제매입세액공제율에 관한 설명으로 옳지 않은 것은?

① 음식점을 경영하는 법인사업자 : 6/106

② 음식점을 경영하는 해당 과세기간 과세표준 2억 이하인 개인사업자 : 9/109

③ 음식점을 경영하는 해당 과세기간 과세표준 2억 초과인 개인사업자 : 8/108

④ 제조업 중 떡방앗간을 경영하는 개인사업자 : 4/104

25. 다음 중 부가가치세법상 간이과세자에 대한 규정으로 가장 옳지 않은 것은?

① 제조업을 영위하는 사업자로서 직전 연도의 공급대가의 합계액이 4천 800만원 이상인 사업자는 세금계산서를 발급할 수 있다.

② 세금계산서를 교부받은 경우 '매입세액×업종별부가율'의 금액을 납부세액에서 공제한다.

③ 간이과세자는 의제매입세액공제를 적용받을 수 없다.

④ 해당 과세기간에 대한 공급대가의 합계액이 4천 800만원 미만인 경우 납부의무가 면제된다.

1부 주관식 **문항 당 5점**

26. 중소기업인 ㈜발전의 제1기 사업연도(20x1.7.1.~20x1.12.31.) 기업업무추진비한도액 계산 시 수입금액이 없더라도 법인세법상 최소한 인정받을 수 있는 기업업무추진비한도액을 숫자로 표시하시오.

27. 다음은 법인세법상 감가상각 중 즉시상각의제에 관한 내용이다. 괄호 안에 들어갈 알맞은 숫자를 쓰시오.

> 취득가액이 거래단위별로 (   )원 이하인 감가상각자산에 대해서는 그 사업에 사용한 날이 속하는 사업연도의 손비로 계상한 것에 한정하여 손금에 산입한다.

28. 법인세법상 다음 괄호 안에 들어갈 알맞은 숫자를 쓰시오.

> 각 사업연도 소득에서 공제하는 이월결손금은 각 사업연도 소득의 100분의 (   )을 한도로 한다(중소기업과 회생계획을 이행 중인 기업 등 대통령령으로 정하는 법인은 제외).

29. 부가가치세법상 다음 괄호 안에 알맞은 숫자는?

> 사업자가 사업개시일로부터 20일 이내에 등록을 신청하지 아니한 경우에는 사업개시일로부터 등록을 신청한 날의 직전일까지의 공급가액 합계액의 (   )%를 가산세로 한다.

30. 부가가치세법상 다음 빈칸에 들어갈 숫자를 쓰시오.

> 직전연도 사업장별 재화 및 용역의 공급가액의 합계액이 (   )억원 이상인 개인사업자가 당해연도 07.01. 이후 공급분에 대해 세금계산서를 발급하려면 대통령령으로 정하는 전자적 방법으로 세금계산서를 발급하여야 한다.

세법2부 국세기본법, 소득세법, 조세특례제한법

01. 다음 중 국세기본법상 기간과 기한에 대한 설명으로 가장 잘못된 것은?

① 세법에서 규정하는 신고 등에 관한 기한이 공휴일인 경우에는 그 다음 날을 기한으로 한다.

② 세법에서 규정하는 신고기한 만료일에 국세정보통신망이 프로그램의 오류로 전자신고를 할 수 없는 경우에는 그 장애가 복구되어 신고할 수 있게 된 날의 다음 날을 기한으로 한다.

③ 우편으로 과세표준신고서를 제출한 경우 과세관청에 도달한 때에 신고된 것으로 본다.

④ 신고서 등을 전자신고 하는 경우에는 해당 신고서 등이 국세청장에게 전송된 때에 신고된 것으로 본다.

02. 다음 중 국세기본법상 서류의 송달에 관한 내용으로 잘못된 것은?

① 송달을 받아야 할 자가 송달받기를 거부하지 아니하면 다른 장소에서 교부할 수 있다.

② 송달받아야 할 자를 만나지 못하였을 때에는 그 사용인 등으로서 사리를 판별할 수 있는 사람에게 서류를 송달할 수 있다.

③ 납부의 고지와 관계되는 서류의 송달을 우편으로 할 때에는 원칙적으로 등기우편으로 하여야 한다.

④ 국세정보통신망의 장애로 전자송달을 할 수 없는 경우 공시송달의 방법으로 송달하여야 한다.

03. 다음 중 국세기본법상의 세법적용의 원칙에 해당하지 않는 것은?

① 소급과세금지의 원칙   ② 실질과세의 원칙

③ 세무공무원의 재량과 한계   ④ 기업회계의 존중

04. 다음 중 국세기본법상 납세의무의 확정에 대한 설명으로 옳지 않은 것은?

① 소득세와 법인세는 납세의무자가 과세표준과 세액을 정부에 신고했을 때 확정된다.

② 인지세는 납세의무가 성립하는 때에 특별한 절차 없이 그 세액이 확정된다.

③ 정부부과제도의 세목이라 하더라도 납세자가 과세표준과 세액을 정부에 신고하면 확정된다.

④ 납세의무자가 과세표준과 세액을 무신고 하는 경우 정부가 결정 또는 경정하는 때에 확정된다.

05. 다음 중 국세기본법상 국세징수권에 관한 설명으로 옳지 않은 것은?

① 5억원 이상의 국세의 국세징수권 소멸시효기간은 7년이다.

② 5억원 미만의 국세의 국세징수권 소멸시효기간은 5년이다.

③ 과세표준과 세액의 신고에 의하여 납세의무가 확정되는 국세의 경우 신고한 세액에 대해서는 그 법정 신고납부기한의 다음 날 국세징수권을 행사할 수 있다.

④ 과세표준과 세액을 정부가 결정, 경정 또는 수시부과결정하는 경우 납부고지한 세액에 대해서는 그 고지에 따른 납부기한의 다음 날 국세징수권을 행사할 수 있다.

06. 다음 중 국세기본법상 수정신고에 관한 내용으로 가장 잘못된 것은?

① 원천징수의무자의 정산 과정에서의 누락으로 불완전한 신고를 한 경우 수정신고를 할 수 있다.

② 과세표준신고서를 법정신고기한까지 제출한 자만 수정신고 할 수 있다.

③ 법정신고기한까지 신고한 자가 신고기한이 지난 후 2년 이내에 수정신고한 경우 가산세가 감면된다.

④ 소득세를 법정신고기한까지 신고한 자의 수정신고는 당초 신고에 따라 확정된 세액을 증액하여 확정하는 효력을 가진다.

07. 국세기본법상 제2차 납세의무에 대한 설명 중 옳은 것은?

① 제2차 납세의무를 지는 무한책임사원의 납부책임에는 한도가 없다.

② 청산인의 제2차 납세의무의 범위에는 한도가 없다.

③ 출자자의 제2차 납세의무자는 납부기간 종료일 현재의 무한책임사원 등이다.

④ 사업양수인은 양도인이 사업용 부동산을 양도함으로써 납부하여야 할 양도소득세에 대하여 제2차 납세의무를 진다.

08. 다음 중 국세기본법상 국세의 우선권에서 우선 여부를 판단하는 법정기일로 옳지 않은 것은?

① 과세표준과 세액의 신고에 따라 납세의무가 확정되는 국세로서 신고한 세액 : 그 신고일

② 과세표준과 세액을 정부가 결정하는 경우의 고지한 세액 : 해당 세액의 결정일

③ 원천징수의무자나 납세조합으로부터 징수하는 국세 : 그 납세의무 확정일

④ 제2차 납세의무자의 재산에서 징수하는 국세 : 그 납부고지서의 발송일

09. 다음 중 국세기본법상 조세불복제도에 대한 설명으로 옳지 않은 것은?

① 심사청구는 세무서장을 거쳐 국세청장에게 하여야 한다.

② 동일한 처분에 대해서는 심사청구와 심판청구를 중복하여 제기할 수 없다.

③ 종합소득금액이 5천만원을 초과하는 경우 신청 또는 청구 시 국선대리인의 선정을 신청할 수 없다.

④ 심사청구와 심판청구는 정보통신망을 이용하여 제출할 수 없다.

10. 다음 중 국세기본법상 국세환급금에 관한 설명으로 옳지 않은 것은?

① 세무서장은 납세의무자가 국세 및 강제징수비로서 납부한 금액 중 잘못 납부한 금액이 있을 때에는 즉시 그 잘못 납부한 금액을 국세환급금으로 결정하여야 한다.

② 국세환급금 중 충당한 후 남은 금액은 국세환급금의 결정을 한 날부터 20일 내에 대통령령으로 정하는 바에 따라 납세자에게 지급하여야 한다.

③ 납세자는 국세환급금에 관한 권리를 타인에게 양도할 수 있다.

④ 세무서장은 국세환급금에 관한 권리의 양도 요구가 있는 경우에 양도인 또는 양수인이 납부할 국세 및 강제징수비에 충당하고, 남은 금액에 대해서는 양도의 요구에 지체 없이 따라야 한다.

11. 다음 중 국세기본법에 대한 설명으로 옳지 않은 것은?

① 납세자가 작성·비치한 장부 및 증빙서류는 그 거래사실이 속하는 과세기간 종료일부터 10년간 보존하여야 한다.

② 납세자가 국내에 주소 또는 거소를 두지 않은 때에는 세무사를 납세관리인으로 둘 수 있다.

③ 국세청장은 국세기본법에 규정한 사항, 기타 납세자의 권리보호에 관한 사항을 포함하는 납세자권리헌장을 제정하여 고시하여야 한다.

④ 납세자가 과세표준신고서를 우편으로 제출하는 경우에는 접수증을 교부하지 않을 수 있다.

12. 다음 중 소득세법에 대한 설명으로 가장 옳은 것은?

① 외국 국적을 가진 자는 거주자가 될 수 없다.

② 거주자의 소득세 납세지는 그 주소지로 하며, 주소지가 없는 경우에는 그 사업장 소재지로 한다.

③ 신규사업자의 과세기간은 사업개시일부터 12월 31일까지이다.

④ 현행 종합소득세의 세율은 8단계 초과누진세율이 적용된다.

13. 다음 중 소득세법상 국내원천소득에 대해서만 납세의무를 지는 자는?

① 계속하여 183일 이상 국내에 거주할 것을 통상 필요로 하는 직업을 가진 자

② 국내에 생계를 같이하는 가족이 있고, 그 직업 및 자산상태에 비추어 계속하여 183일 이상 국내에 거주할 것으로 인정되는 자

③ 외국을 항행하는 항공기의 승무원으로서 근무기간 외의 기간 중 통상 체재하는 장소가 국내에 있는 자

④ 국내에 주소를 둔 주한 외교관(대한민국 국민 아님)

14. 다음 중 소득세법상 배당가산(Gross-up) 대상이 되는 배당소득은?

① 법인으로 보는 단체로부터 받는 배당

② 출자공동사업자가 손익분배비율에 따라 받는 금액

③ 외국법인으로부터 받는 배당소득

④ 일반 집합투자기구로부터의 이익

15. 다음 중 소득세법상 사업소득에 대한 총수입금액에 산입하지 않는 것은?

① 거래상대방으로부터 받는 장려금 기타 이와 유사한 성질의 금액

② 관세환급금 등 필요경비로 지출된 세액이 환입되었거나 환입될 금액

③ 사업과 관련하여 해당 사업용 자산의 손실로 취득하는 보험차익

④ 부가가치세의 매출세액

16. 다음 중 소득세법상 복식부기의무자의 업무용승용차 관련비용에 대한 설명으로 옳지 않은 것은?

① 업무용승용차의 감가상각비를 계산할 때에는 정액법으로 상각하여야 한다.

② 간편장부대상자는 업무용승용차 관련비용에 대한 규정을 적용받지 아니한다.

③ 업무전용자동차보험에 가입하지 않은 경우 업무용승용차 관련비용은 전액 필요경비 불산입된다.

④ 업무용승용차별 감가상각비는 일반적인 경우 800만원까지 인정된다.

17. 다음 중 소득세법상 근로소득으로 과세하는 것은?

① 비출자임원이 사택을 제공받음으로써 얻는 이익

② 사용자가 국민건강보험법에 따라 부담한 국민건강보험료

③ 임직원의 고의(중과실 포함) 외의 업무상 행위로 인한 손해배상청구를 지급 사유로 하고 임직원을 피보험자로 하여 사용자가 부담한 손해배상보험의 보험료

④ 총급여액 5천만원인 생산직근로자가 받는 연 240만원 이내의 시간외근무수당

18. 다음 중 소득세법상 기타소득에 대한 설명으로 옳지 않은 것은?

① 저작자가 저작권법에 의한 저작권사용료로서 받는 금품은 사업성 유무와 관계없이 자유직업소득으로서 기타소득에 해당한다.

② 물품을 일시적으로 대여하고 사용료로서 받는 금품은 기타소득이다.

③ 일시적인 문예창작소득은 기타소득이지만 소설가가 소설을 쓰고 받는 인세의 경우는 사업소득이다.

④ 복권, 경품권, 그 밖에 추첨권에 당첨되어 받는 금품은 기타소득이다.

19. 다음 중 소득세법상 결손금에 관한 내용으로 옳지 않은 것은?

① 사업소득에서 발생하는 결손금은 근로·연금·기타·이자·배당소득금액에서 순서대로 공제한다.

② 부동산임대업(주거용 건물 임대업 제외)에서 발생한 결손금은 부동산임대업의 소득금액에서만 공제한다.

③ 해당 과세기간의 소득금액을 추계조사결정하는 경우에는 결손금을 공제할 수 없다.

④ 배당소득 또는 이자소득 중 원천징수세율을 적용받는 부분은 결손금의 공제대상에서 제외한다.

20. 다음 중 소득세법상 부양가족의 연령 및 소득금액의 제한 없이 적용받을 수 있는 공제항목으로 옳은 것은?

① 특별세액공제 – 장애인전용보장성보험료세액공제

② 특별세액공제 – 의료비세액공제

③ 기본공제 – 직계비속

④ 추가공제 – 장애인

21. 다음 중 소득세법상 세액공제 금액이 가장 큰 것으로 옳은 것은? (단, 공제요건은 모두 총족한 것으로 가정한다.)

① 기본공제대상자에 해당하는 8세 이상의 자녀가 4명인 경우

② 장애인전용보장성보험료로 200만원을 지출한 경우

③ 대학생인 아들의 대학교 등록금으로 500만원을 지출한 경우

④ 당해 과세기간에 출산한 공제대상자녀가 넷째인 경우

22. 다음 중 소득세법상 양도소득세 과세 대상에 해당하는 것은?

① 토지소유권의 무상 이전

② 골프장 회원권의 유상 양도

③ 사업용 기계장치의 양도

④ 이혼 시 재산분할

23. 다음 중 소득세법상 근로소득의 과세 방법에 대한 설명으로 옳지 않은 것은?

① 원천징수의무자는 매월분의 근로소득을 지급할 때 근로소득 간이세액표에 따라 소득세를 원천징수한다.

② 일용근로소득은 원천징수로서 납세의무가 종결된다.

③ 원천징수의무자는 원천징수한 소득세를 그 징수일의 다음 달 10일까지 납부하여야 한다.

④ 일용근로소득자는 1일 15만원의 근로소득 세액공제를 적용하며, 별도의 세액공제는 적용하지 아니한다.

24. 다음 중 소득세법상 중간예납 신고를 할 수 있는 자는?

① 해당 과세기간의 개시일 현재 사업자가 아닌 자로서 해당 과세기간 중에 사업을 개시한 자

② 종합소득이 있는 거주자 중 중간예납추계액이 중간예납기준액의 30%에 미달하는 자

③ 이자 · 배당 · 근로 · 연금소득 또는 기타소득만 있는 자

④ 사업소득자로서 휴 · 폐업 등으로 수시부과 소득만 있는 자

25. 다음 중 소득세법상 사업장현황신고를 반드시 해야 하는 경우는?

① 해당 과세기간 중 폐업한 면세사업자의 경우

② 사업자가 사망함으로써 과세표준확정신고 특례가 적용되는 경우

③ 부가가치세 과세 · 면세사업 겸영하는 사업자가 면세사업 수입금액 등을 신고하는 경우

④ 독립된 자격으로 보험모집 용역을 제공하고 그 실적에 따라 모집수당을 받는 자의 경우

2부 주관식   문항 당 5점

26. 국세기본법상 다음 괄호 안에 들어갈 알맞은 숫자를 쓰시오.

> 과세표준신고서를 법정신고기한까지 제출한 자가 법정신고기한이 지난 후 1개월 이내에 수정신고한 경우, 과소신고 · 초과환급신고가산세액의 100분의 (   )에 상당하는 금액을 감면한다.

27. 다음은 국세기본법상 세무조사 사전통지에 관한 내용이다. 빈칸에 들어갈 숫자를 적으시오.

세무공무원은 세무조사를 하는 경우에는 조사를 받을 납세자(납세자가 납세관리인을 정하여 관할 세무서장에게 신고한 경우에는 납세관리인)에게 조사를 시작하기 (　　　)일 전에 납세자 또는 납세관리인의 성명과 주소 또는 거소, 조사기간, 조사대상 세목, 과세기간 및 조사 사유, 부분조사를 실시하는 경우에는 해당 부분조사의 범위를 적은 문서로 통지해야 한다.

28. 다음은 소득세법상 연금소득에 관한 내용이다. 다음 괄호 안에 들어갈 숫자를 적으시오.

연금소득은 종합과세를 원칙으로 한다. 다만, 무조건 분리과세 대상 연금소득 외의 사적연금소득의 합계액이 연 (　　　　　　)원 이하인 경우 종합소득과세표준에 합산하지 아니하고 분리과세하되, 이 경우에도 해당 소득이 있는 거주자가 종합소득과세표준을 계산할 때 이를 합산하고자 하는 때에는 종합과세한다.

29. 소득세법상 다음 괄호 안에 공통으로 들어갈 알맞은 숫자를 쓰시오.

고용관계 없이 다수인에게 강연을 하고 강연료 등의 대가를 받은 20x1년 귀속 기타소득에 대해서는 거주자가 받은 금액의 100분의 (　　)에 상당하는 금액을 필요경비로 한다. 다만, 실제 소요된 필요경비가 거주자가 받은 금액의 100분의 (　　)에 상당하는 금액을 초과하면 그 초과하는 금액도 필요경비에 산입한다.

30. 근로소득이 있는 여성인 나기쁨 씨의 부양가족에 관련된 다음 자료를 이용하여 20x1년 나기쁨 씨의 종합소득공제 중 인적공제액을 계산하여 숫자로 표시하시오. 단, 세부담 최소화를 가정하며, 제시된 금액은 적법하게 수령한 소득으로 이 외의 자료는 없다.

- 본인(만 42세) 근로소득금액 90,000,000원
- 모친(만 72세) 논을 작물생산에 이용하게 함으로써 발생한 소득 20,000,000원
- 남편(만 45세) 사업소득금액 57,000,000원
- 장남(만 21세) 대학생, 소득 없음
- 차남(만 18세) 고등학생, 소득 없음

제104회 세무회계2급 답안 및 해설

▩▩▩ 세법1부 – 법인세법, 부가가치세법

1	2	3	4	5	6	7	8	9	10	11	12	13	14	15
③	②	③	④	④	③	①	③	③	④	①	④	③	②	④

16	17	18	19	20	21	22	23	24	25
④	②	③	③	①	④	①	④	④	②

26	27	28	29	30
18,000,000원	1,000,000	80	1	0.8

01. 납세지가 변경된 법인이 신고기한을 경과하여 변경신고를 한 경우에는 **변경신고를 한 날부터 그 변경된 납세지를 당해법인의 납세지**로 한다.

02. 외국법인의 최초사업연도의 개시일은 **국내사업장을 가지게 된 날**(국내사업장이 없는 경우에는 **국내원천 부동산소득 또는 국내원천 부동산등 양도소득이 최초로 발생한 날**)로 한다.

03. **파손·부패 등의 사유로 정상가격으로 판매할 수 없는 재고자산의 장부가액**을 해당 감액사유가 발생한 사업연도에 당해 재고자산을 사업연도종료일 현재 처분가능한 시가로 평가한 가액으로 감액하고, 그 감액한 금액을 해당 사업연도의 손비로 계상할 경우, 손금으로 산입할 수 있다.

04. 법인세법상 유보로 소득처분된 경우에는 **자본금과적립금조정명세서(을) 서식**에서 관리한다.

05. **국세 또는 지방세의 과오납금의 환급금에 대한 이자**는 익금불산입사항이다.

06. 해당 법인의 주주 등(소액주주 등은 제외)이거나 출연자인 임원 또는 그 친족이 사용하고 있는 사택의 유지비·관리비·사용료와 이와 관련되는 지출금은 해당 업무와 직접 관련이 없다고 인정되는 지출금액으로서 각 사업연도의 소득금액을 계산할 때 손금에 산입하지 아니한다.

07. 기말재고자산 = MAX(선입선출법 50,000,000원, 총평균법 30,000,000원) = 50,000,000원
   기한 후(12.15)에 신고하였으므로 선입선출법과 당초 신고한 방법(총평균법) 중 큰 금액으로 평가한다.

08. **사회복지공동모금회에 지출하는 기부금은 특례기부금**에 해당하고 나머지는 일반기부금에 해당한다.

10. 법인의 해산에 따른 의제배당의 귀속시기는 해당 법인의 **잔여재산의 가액이 확정된 날**이다.

11. 상각방법의 신고를 하지 아니한 경우 건축물은 정액법, **광업권 또는 폐기물매립시설과 광업용 유형자산은 생산량비례법에 의하여 상각범위액을 계산**한다.

12. **부당행위계산의 부인의 유형에 저가양도·고가양수**가 대표적인 사항이다. 저가양수시 조세의 부담한 감소는 없고, 저가로 양도한 상대방 법인이 조세가 부당하게 감소된다.

13. 내국법인이 납부할 세액이 1천만원을 초과하는 경우에는 납부기한이 지난 날부터 **1개월(중소기업의 경우에는 2개월) 이내에 분납**할 수 있다.

14. "사업자"란 사업 목적이 **영리이든 비영리이든 관계없이 사업상 독립적으로 재화 또는 용역을 공급하는 자**를 말한다.

15. 사업자가 폐업하는 경우의 과세기간은 폐업일이 속하는 **과세기간의 개시일부터 폐업일**까지로 한다.

16. 사업자 단위 과세 사업자가 각 사업장별로 신고·납부하거나 주사업장 총괄 납부를 하려는 경우에는 그 납부하려는 **과세기간 개시 20일 전**에 사업자 단위 과세 포기신고서를 사업자 단위 과세 적용 사업장 관할 세무서장에게 제출하여야 한다.

17. 사업장이 둘 이상인 사업자가 **자기의 사업과 관련하여 생산 또는 취득한 재화를 판매할 목적으로 자기의 다른 사업장에 반출하는 것은 재화의 공급**으로 본다.

18. 완성도기준지급조건부로 재화를 공급하는 경우 **대가의 각 부분을 받기로 한 때**를 재화의 공급시기로 본다.

20. 고용관계에 따라 **근로를 제공하는 것은 용역의 공급으로 보지 아니한다.**

21. 할부판매의 이자상당액은 **과세표준에 포함**한다.

22. **면세포기는 시기의 제한이 없으며**, 언제든지 포기신고를 할 수 있다.

23. 내국신용장 또는 구매확인서에 의하여 공급하는 재화는 세금계산서 발급의무의 면제에서 제외한다.

24. 과자점업, 도정업, 제분업 및 떡류 제조업 중 **떡방앗간을 경영하는 개인사업자의 의제매입세액공제율은 6/106**이다.

25. 간이과세자가 다른 사업자로부터 세금계산서 등을 발급받은 경우 해당 재화와 용역의 '**공급대가에 0.5퍼센트를 곱한 금액(매입세액의 5.5%)**'을 납부세액에서 공제한다.

26. 기본한도(중소기업) = 기본(36,000,000) ÷ 12개월 × 6개월 = 18,000,000원

세법2부 - 국세기본법, 소득세법, 조세특례제한법

1	2	3	4	5	6	7	8	9	10	11	12	13	14	15
③	④	②	③	①	②	①	②	④	②	①	④	④	①	④

16	17	18	19	20	21	22	23	24	25		
③	④	①	③	②	①	②	④	②	①		

26	27	28	29	30
90	20 (개정세법 25)	15,000,000	60	5,500,000원

01. 우편으로 과세표준신고서 등과 관련된 서류를 제출한 경우 **우편날짜도장이 찍힌 날에 신고되거나 청구된 것**으로 본다.

02. 국세정보통신망의 장애로 전자송달을 할 수 없는 경우에는 **교부 또는 우편의 방법으로 송달할 수 있다.**

03. **실질과세의 원칙은 국세부과의 원칙에 해당**한다.

04. 정부부과제도의 세목은 **정부가 과세표준과 세액에 대하여 결정하여야 확정**된다.

05. **5억원 이상의 국세의 소멸시효는 10년**이다.

06. 기한후과세표준신고서를 제출한 자는 관할 세무서장이 각 세법에 따라 해당 국세의 과세표준과 세액을 결정 또는 경정하여 통지하기 전으로서 국세부과제척기간이 끝나기 전까지 과세표준수정신고서를 제출할 수 있다.

07. ② **분배한 재산가액을 한도**로 한다

   ③ **납세의무 성립일 현재의 무한책임사원** 등이다.

   ④ **대상 국세는 해당 사업에 관한 국세(양도소득세 제외)에** 한정된다.

08. 과세표준과 세액을 정부가 결정하는 경우의 고지한 **세액의 법정기일은 그 납부고지의 발송일**로 한다.

09. **이의신청, 심사청구, 심판청구는 모두 정보통신망에 의하여 제출**할 수 있다.

10. 국세환급금 중 충당한 후 남은 금액은 **국세환급금의 결정을 한 날부터 30일 내**에 납세자에게 지급하여야 한다.

11. 납세자는 각 세법에서 규정하는 바에 따라 작성·비치한 장부 및 증거서류를 그 거래사실이 속하는 과세기간에 대한 해당 국세의 **법정신고기한이 지난 날부터 5년간(역외거래의 경우 7년간) 보존**하여야 한다.

12. ① 거주자 여부의 판단은 국적과 무관하다.

   ② **거주자의 주소지가 없는 경우에는 그 거소지를 납세지**로 한다.

   ③ 소득세의 과세기간은 1월 1일부터 12월 31일까지 1년으로 한다.

13. 국내원천소득에 대하여만 납세의무를 부담하는 자는 비거주자이며, 주한외교관과 그 외교관의 세대에 속하는 가족은 국내에 주소가 있는지 여부 및 국내 거주기간에 불구하고 그 신분에 따라 비거주자로 본다.

14. 법인으로 보는 단체로부터 받는 배당 외의 나머지는 배당가산하지 않는 배당소득에 해당한다.

15. 부가가치세의 매출세액은 총수입금액불산입 사항이다.

16. 성실신고확인대상자와 전문직 업종 사업자가 **업무전용자동차보험에 가입하지 않은 경우(사업자별 1대 제외) 업무사용비율금액의 100분의 50에 상당하는 금액을 업무용 사용금액으로 인정**한다.

17. 월정액급여 210만원 이하로서 직전 과세기간의 총급여액이 3천만원 이하인 생산직근로자(일용근로자 포함)가 연장근로·야간근로 또는 휴일근로를 하여 통상임금에 더하여 받는 급여 중 연 240만원 이하의 금액은 소득세를 과세하지 아니한다.

18. **저작자의 저작권사용료는 사업소득에 해당**한다.

19. 해당 과세기간의 소득금액에 대해서 추계조사 결정하는 경우에는 이월결손금 공제를 적용하지 아니하나, **당해연도에 발생한 결손금은 공제가 가능**하다.

20. **의료비세액공제는 나이 및 소득제한 요건 없이 적용**받을 수 있다.

21. 자녀세액공제 = 550,000원(개정세법 24) + (4명 − 2명) × 400,000원(개정세법 25) = 1,350,000원
   장애인보험료세액공제 = MIN[지출액(2,000,000), 한도(1,000,000)] × 15% = 150,000원
   교육비세액공제 = MIN[지출액(5,000,000), 한도(9,000,000)) × 15% = 750,000원
   출산입양공제(셋째 이상) = 700,000원

22. ① **"양도"란 자산을 유상으로 사실상 이전하는 것**을 말한다.
   ③ 기계장치는 양도소득세 과세 대상 자산에 해당하지 않는다.
   ④ 이혼시 **재산분할은 사실상 공유물의 분할**과 같다.

23. 일용근로소득에 대한 **산출세액의 100분에 55에 해당하는 금액**을 그 산출세액에서 공제한다.

24. 종합소득이 있는 거주자가 중간예납기간 종료일까지 중간예납추계액이 **중간예납기준액의 30%에 미달하는 경우**에는 11월 1일부터 11월 30일까지의 기간에 중간예납추계액을 중간예납세액으로 하여 납세지 관할 세무서장에게 신고할 수 있다.

25. 개인면세사업(해당 과세기간 중 사업을 폐업 또는 휴업한 사업자를 포함한다)는 해당 **사업장의 현황을 해당 과세기간의 다음 연도 2월 10일까지** 사업장 소재지 관할 세무서장에게 신고하여야 한다.

28. 연 1천 500만원 이하의 사적연금소득은 납세자가 종합과세 또는 분리과세 여부를 선택할 수 있다.

30.

관계	요 건		기본 공제	추가 공제	판 단
	연령	소득			
본인(여성)	–	–	○		종합소득금액 3천만원 초과자
모(72)	○	○	○	경로	**작물(식량)생산은 비과세 사업소득임**
배우자	–	×	×		소득금액 1백만원 초과자
장남(21)	×	○	×		
차남(18)	○	○	○		장애인은 연령요건을 따지지 않는다.

• **기본공제(4명) = 1,500,000×3 = 4,500,000원**   • **경로우대(1명) = 1,000,000원**

제100회 세무회계2급

합격율	시험년월
26%	2022.08

세법1부 법인세법, 부가가치세법

01. 다음 중 법인세법상 청산소득에 대한 납세의무자에 해당하는 것은?

① 영리내국법인

② 국내원천소득이 있는 외국법인

③ 비영리내국법인

④ 국가 및 지방자치단체

02. 다음 중 법인세법상 사업연도에 대한 설명으로 틀린 것은?

① 법령이나 정관 등에 사업연도에 관한 규정이 없는 경우로서 따로 사업연도를 정하여 신고하지 않은 경우 매년 1월 1일부터 12월 31일까지를 사업연도로 한다.

② 사업연도를 변경하려는 법인은 직전 사업연도 종료일부터 3개월 이내에 납세지 관할 세무서장에게 신고하여야 한다.

③ 법인은 1년을 초과하지 않는 범위라도 법령이나 법인의 정관으로 사업연도를 임의로 정할 수 없다.

④ 사업연도가 변경된 경우에는 종전의 사업연도 개시일부터 변경된 사업연도 개시일 전날까지의 기간을 1사업연도로 한다.

03. 다음 중 법인세법상 납세지에 대한 설명으로 옳지 않은 것은?

① 관할지방국세청장은 일정한 경우 납세지를 기업업무추진비할 수 있다.

② 내국법인의 납세지는 그 법인의 등기부에 따른 본점이나 주사무소의 소재지로 한다.

③ 국내사업장이 없는 외국법인으로서 국내 원천 부동산 등 양도소득이 있는 경우 법인세 납세지는 각각 그 자산의 소재지로 한다.

④ 법인은 납세지가 변경된 경우에는 변경 전 15일 이내에 변경 전의 납세지 관할 세무서장에게 납세지 변경신고를 하여야 한다.

04. 다음 중 법인세법상 소득처분이 유보가 가능한 것은?

① 기업업무추진비 한도초과액
② 임대보증금에 대한 간주익금
③ 감가상각부인액
④ 가지급금 인정이자

05. 다음 중 법인세법상 세금과 공과금에 대한 설명으로 가장 옳지 않은 것은?

① 업무와 관련하여 발생한 교통사고 벌과금은 손금에 불산입한다.
② 외국 법률에 따라 국외에 납부한 벌금은 손금에 불산입한다.
③ 법령에 따라 의무적으로 납부하는 것이 아닌 공과금은 손금에 산입한다.
④ 폐수배출부담금은 전액 손금에 불산입한다.

06. 다음 중 법인세법상 손익의 귀속시기로 옳지 않은 것은?

① 상품의 판매 : 상품 등을 인도한 날
② 시용판매 : 상대방이 현금을 지급한 날
③ 위탁판매 : 수탁자가 위탁자산을 매매한 날
④ 매출할인 : 약정에 의한 지급기일(약정이 없다면 지급한 날)

07. 다음 중 법인세법상 지급이자에 대한 설명으로 가장 옳지 않은 것은?

① 업무무관가지급금 지급이자 손금불산입을 적용함에 있어 지급이자에는 현재가치할인차금의 상각액을 포함한다.
② 지급이자 손금불산입의 적용순서는 채권자 불분명 사채이자, 비실명채권이자, 건설자금이자, 업무무관자산에 대한 지급이자의 순서로 적용한다.
③ 사업용 유형자산 및 무형자산의 건설 등에 소요되는 차입금에 대한 지급이자의 경우 건설 등이 준공된 후에 남은 차입금에 대한 이자는 각 사업연도의 손금으로 한다.
④ 채권자 불분명 사채이자는 전액 손금불산입하며 이자에 대한 원천징수세액은 기타사외유출로 소득처분하고, 나머지는 상여로 소득처분된다.

08. 다음 중 법인세법상 기업업무추진비에 대한 설명으로 가장 옳지 않은 것은?

① 기업업무추진비란 접대, 교제, 사례 또는 그 밖에 어떠한 명목이든 상관없이 이와 유사한 목적으로 지출한 비용으로서 판단은 실질 내용에 따라 판단하여야 한다.
② 기업업무추진비는 한도 내에서 손금으로 인정된다.
③ 기업업무추진비의 귀속시기는 기업업무추진비를 지출한 날로 한다.
④ 불특정 다수에게 지출한 광고선전비는 기업업무추진비가 아니다.

169

09. ㈜태산의 손익계산서상 계상된 수익은 다음과 같다. 법인세법상 익금불산입액의 합계액은 얼마인가?

> ㄱ. 외환차익 500,000원
> ㄴ. 자기주식처분이익 5,000,000원
> ㄷ. 법인세 과오납금의 환부이자 300,000원

① 300,000원　　　② 800,000원　　　③ 5,300,000원　　　④ 5,500,000원

10. 다음 중 법인세법상 인건비에 대한 설명으로 가장 옳지 않은 것은?

① 법인이 지배주주인 직원에게 정당한 사유 없이 동일직위에 있는 그 외 직원에게 지급하는 금액을 초과하여 보수를 지급한 경우 그 초과금액은 손금불산입한다.

② 정관 등에 의하여 결정된 급여지급기준이 없는 경우의 임원상여금은 전액 손금불산입하고 상여로 처분한다.

③ 근로자에 대한 이익처분에 의한 상여금은 손금에 산입한다.

④ 비상근 임원에게 지급된 보수 중 직무 범위 내의 금액은 손금에 산입할 수 있다.

11. 다음 중 법인세법상 법인의 업무용승용차 관련 비용에 관한 설명으로 가장 옳지 않은 것은? (단, 해당 법인은 부동산임대업을 주업으로 하지 아니하며, 업무전용자동차보험에 가입함)

① 승용차가 업무무관자산에 해당할 경우 전액 손금으로 인정되지 않는다.

② 업무용승용차의 감가상각비의 내용연수는 5년으로 하고, 상각방법은 정률법 또는 정액법으로 하여야 한다.

③ 업무용승용차의 감가상각비가 연간 800만원을 초과할 경우 초과한 금액은 손금불산입하여 차기로 이월한다.

④ 업무용승용차에는 운수업 등에서 수익을 얻기 위하여 사업에 직접 사용하는 승용자동차는 제외한다.

12. 다음은 법인세법상 중간예납에 대한 설명이다. 가장 옳지 않은 것은?

① 신설법인(합병·분할의 경우 제외)의 경우 최초 사업연도에는 중간예납세액 납부의무가 없다.

② 중간예납 시 분납은 적용받을 수 없다.

③ 직전 사업연도의 중소기업으로서 직전 사업연도의 납부실적기준으로 계산한 중간예납세액이 50만원 미만인 내국법인은 중간예납의무가 없다.

④ 중간예납세액은 원칙적으로 중간예납기간이 지난 날부터 2개월 이내 납부하여야 한다.

13. 다음 중 법인세법상 법인세 과세표준 및 세액 신고 시 첨부해야 할 필수서류에 해당하지 않는 것은?

① 재무상태표 및 손익계산서　　　　② 세무조정계산서

③ 이익잉여금처분계산서　　　　　　④ 합계잔액시산표

14. 다음 중 부가가치세에 대한 설명으로 틀린 것은?

① 사업자에 해당하는 자로서 개인, 법인(국가·지방자치단체와 지방자치단체조합을 포함한다), 법인격이 없는 사단·재단 또는 그 밖의 단체는 부가가치세를 납부할 의무가 있다.

② 국제거래되는 상품에 대하여 생산지국 과세원칙을 채택함으로써 수입하는 경우 부가가치세를 과세하지 않는다.

③ 납세의무자와 담세자가 일치하지 않는 간접세이다.

④ 부가가치세는 면세대상을 제외한 모든 재화 또는 용역의 소비에 대하여 과세하는 일반소비세이다.

15. 다음 중 부가가치세법상 사업자등록에 대한 설명으로 가장 옳지 않은 것은?

① 사업자가 사업자등록을 하지 않는 경우에는 사업장 관할 세무서장이 조사하여 등록할 수 있다.

② 사업자는 사업장마다 사업개시일로부터 20일 이내에 사업장 관할 세무서장에게 사업자등록을 신청하여야 한다.

③ 사업자등록을 사업장 관할 세무서장이 아닌 다른 세무서장에게 할 경우에는 신고하지 않은 것으로 본다.

④ 사업을 휴업하는 경우 지체없이 휴업신고를 해야 한다.

16. 부가가치세법상 주사업장 총괄 납부에 관한 설명으로 틀린 것은?

① 법인의 경우 지점을 주된 사업장으로 하여 주사업장 총괄 납부를 적용할 수 있다.

② 주사업장 총괄 납부 제도는 주된 사업장에서 각 사업장의 신고 및 납부를 총괄하여 할 수 있다.

③ 신규사업자가 총괄 납부하려는 경우에는 주된 사업장의 사업자등록증을 받은 날부터 20일 이내에 신청하여야 한다.

④ 수정신고 또는 경정청구 사유가 발생한 때에는 그 사유가 발생한 각 사업장 관할 세무서장에게 수정신고서 또는 경정청구서를 제출하여야 한다.

17. 다음 중 부가가치세법상 과세되는 용역의 공급에 해당하는 것은?

① 특허권의 대여　　② 상표권의 양도　　③ 전기의 공급　　④ 상품권의 양도

18. 다음 중 부가가치세법상 영세율에 관한 설명으로 잘못된 것은?

① 영세율이란 특정한 재화 또는 용역의 공급에 대하여 영의 세율을 적용하고 그 전 단계에서 부담한 부가가치세를 공제 또는 환급함으로써 부가가치세 부담을 완전히 면제하는 제도를 말한다.

② 영세율 적용대상자는 부가가치세법상 과세사업자가 이행하여야 할 제반의무를 이행하여야 하고 불이행 시에는 가산세 등의 제재를 받는다.

③ 영세율을 적용할 때 사업자가 비거주자 또는 외국법인이면 그 해당 국가에서 대한민국의 거주자 또는 내국법인에 대한 면세적용 여부에 관계없이 영세율을 적용한다.

④ 선박 또는 항공기에 의한 외국항행용역의 공급에 대하여는 영세율을 적용한다.

19. 다음 중 부가가치세법상 면세에 대한 설명으로 가장 옳지 않은 것은?

① 국내 생산 비식용 농산물은 면세한다.

② 의약품 조제용역은 과세하나 의약품 단순판매는 면세한다.

③ 도서의 공급은 면세한다.

④ 수돗물의 공급은 면세한다.

20. 다음 중 부가가치세법상 세금계산서에 관한 설명으로 가장 옳지 않은 것은?

① 부동산임대용역 중 간주임대료에 해당하는 부분은 세금계산서를 발급하지 아니한다.

② 세금계산서에 작성연월일은 필요적 기재사항이므로 이를 기재하지 않은 경우에는 세금계산서 불성실 가산세 적용대상이다.

③ 전자세금계산서를 발급한 사업자가 국세청장에게 전자세금계산서 발급명세를 전송한 경우에는 세금계산서를 5년간 보존해야 하는 의무가 면제된다.

④ 직전 연도의 사업장별 재화 등의 공급가액의 합계액이 0.8억원 이상인 개인사업자는 당해연도 6월 공급분 세금계산서 발급 시 전자세금계산서로 발급하여야 한다.

21. 다음 중 부가가치세법상 과세표준에 대한 설명으로 가장 옳지 않은 것은?

① 부가가치세의 과세표준은 해당 과세기간에 공급한 재화 또는 용역의 공급가액을 합한 금액이다.

② 금전 외의 대가를 받는 경우에는 자기가 공급한 재화 또는 용역의 시가를 과세표준으로 한다.

③ 공급대가는 부가가치세를 포함하지 않은 금액이다.

④ 세액이 별도로 표시되지 않은 경우는 거래금액의 100/110을 과세표준으로 한다.

22. 다음 중 부가가치세법상 대손세액공제에 대한 설명으로 잘못된 것은?

① 사업자가 과세되는 재화를 공급한 후 그 공급일부터 5년이 지난 날이 속하는 과세기간에 대한 확정신고 기한까지 대손금으로 인정되는 사유로 확정되는 대손세액으로 한다.

② 예정신고 시 대손세액공제를 한 경우에는 과소신고가산세 또는 초과환급신고가산세가 적용된다.

③ 대손세액을 공제받은 사업자가 대손금액의 전부 또는 일부를 회수한 경우에는 그 대손금액에 관련된 대손세액을 회수한 날이 속하는 과세기간의 매출세액에 가산한다.

④ 대손세액공제를 적용받고자 하는 사업자는 대손금액이 발생한 사실을 증명하는 서류를 제출하여야 한다.

23. 다음 중 부가가치세법상 신고 및 납부, 환급에 관한 설명으로 옳지 않은 것은?

① 예정신고를 한 개인사업자는 확정신고 시 예정신고한 과세표준과 납부세액 등은 신고하지 아니한다.

② 재화의 수입에 대한 부가가치세는 세관장에게 납부한다.

③ 사업자만이 대리납부의무자에 해당할 수 있다.

④ 관할 세무서장의 경정에 따라 추가로 발생한 환급세액이 있는 경우에는 지체없이 환급해야 한다.

24. 다음 중 부가가치세법상 의제매입세액에 관한 설명으로 잘못된 것은?

① 면세를 포기하고 영세율을 적용받는 경우에도 의제매입세액공제를 적용받을 수 있다.

② 의제매입세액은 면세농산물 등을 공급받은 날이 속하는 예정신고 또는 확정신고기간의 매입세액으로 공제된다.

③ 의제매입세액의 공제대상이 되는 원재료의 매입가액은 운임 등의 부대비용을 제외한 매입원가로 한다.

④ 제조업을 영위하는 사업자도 의제매입세액 공제를 적용받을 수 있다.

25. 다음 중 부가가치세법상 간이과세를 적용받을 수 있는 업종에 해당하는 것은?

① 변호사업, 공인회계사업, 세무사업 등의 사업서비스업

② 부동산매매업

③ 상품중개업

④ 최종소비자에게 직접 재화를 공급하는 과자점업

1부 주관식 **문항 당 5점**

26. 다음 자료를 이용하여 중소기업으로서 ㈜대구의 제1기 사업연도(20x1.7.1.~20x1.12.31.)의 법인세 산출세액을 계산하시오.

> 1. ㈜대구는 도매업을 영위하는 법인으로 당기 사업연도의 과세표준은 300,000,000원이다.
> 2. 법인세율은 2억 이하 9%, 2억 초과 19%로 가정한다.

27. 다음은 법인세법상 가산세에 관한 설명으로 괄호 안에 들어갈 알맞은 숫자는 무엇인가?

> 내국법인이 장부의 비치·기장의무를 이행하지 않은 경우 둘 중 큰 금액을 가산세로 납부하여야 한다.
> ① 산출세액×(   )%   ② 수입금액×7/10,000

28. 다음 자료에서 법인세법상 상여로 소득처분할 금액의 합계액은 얼마인가?

> • 정치자금기부금 3,000,000원
> • 업무와 관련하여 발생한 교통사고 벌과금 500,000원
> • 증명서류가 없는 기업업무추진비(귀속자불분명) 4,000,000원
> • 퇴직한 주주인 임원의 퇴직급여 한도초과액 2,000,000원

29. 다음은 부가가치세법상 예정신고에 관한 설명이다. 괄호 안에 들어갈 알맞은 숫자는 무엇인가?

> 납세지 관할 세무서장은 개인사업자에 대하여는 각 예정신고기간마다 직전 과세기간에 대한 납부세액의 50퍼센트로 결정하여 해당 예정신고기간이 끝난 후 25일까지 징수한다.
> 그러나 휴업 또는 사업 부진으로 인하여 사업실적이 악화된 경우 등 각 예정신고기간의 공급가액 또는 납부세액이 직전 과세기간의 공급가액 또는 납부세액의 (   )에 미달하는 자는 예정신고를 하고 예정신고기간의 납부세액을 납부할 수 있다. 이 경우 예정고지는 없었던 것으로 본다.

30. 다음 중 부가가치세법상 공제받을 수 있는 매입세액의 합계액은 얼마인가?

> • 토지조성과 관련된 매입세액 2,000,000원
> • 사업자가 지출한 사용인의 복리후생과 관련된 매입세액 500,000원
> • 기업업무추진비의 지출과 관련된 매입세액 300,000원
> • 업무용으로 사용하는 개별소비세과세대상 승용자동차의 유지에 관련된 매입세액   200,000원
> • 사업상 피해재산의 복구와 관련된 매입세액 1,000,000원

세법2부 국세기본법, 소득세법, 조세특례제한법

01. 국세기본법상 용어의 정의에 관한 설명으로 옳지 않은 것은?

① '납세의무자'는 세법에 따라 국세를 납부할 의무(국세를 징수하여 납부할 의무 포함)가 있는 자를 말한다.

② '지방세'는 국세에 해당하지 아니하고 지방세기본법에서 규정하는 세목을 말한다.

③ '세무공무원'은 국세청장, 지방국세청장, 세무서장 또는 그 소속 공무원을 말한다.

④ '과세표준'이란 세법에 따라 직접적으로 세액산출의 기초가 되는 과세대상의 수량 또는 가액을 말한다.

02. 다음 중 국세기본법상 기한의 연장에 대한 설명으로 잘못된 것은?

① 관할 세무서장은 천재지변이나 그 밖에 사유로 납세자가 기한 연장을 신청한 경우에만 그 기한을 연장할 수 있다.

② 기한의 연장을 받으려는 자는 기한 만료일 3일 전까지 문서로 관할 세무서장에게 신청하여야 한다.

③ 관할 세무서장은 그 승인 여부를 통지하여야 한다.

④ 기한연장은 3개월 이내로 하되, 해당 기한연장의 사유가 소멸되지 않는 경우 관할 세무서장은 1개월의 범위에서 그 기한을 다시 연장할 수 있다.

03. 다음 중 국세기본법상 납세의무의 성립시기가 다른 세목은?

① 법인세(청산소득 제외)　　　　② 종합소득세

③ 부가가치세(수입재화 제외)　　④ 종합부동산세

04. 다음 중 국세기본법상 제척기간 및 소멸시효에 관한 설명으로 가장 옳지 않은 것은?

① 소멸시효는 납부고지, 독촉, 교부청구, 압류의 사유로 중단된다.

② 국세징수권은 행사할 수 있는 날부터 5년(5억원 이상 10년) 동안 행사하지 않으면 소멸시효가 완성된다.

③ 내국법인이 역외거래에 의하여 이중장부 작성을 하고 법인세를 포탈한 경우 국세의 부과제척기간은 법인세를 부과할 수 있는 날부터 10년간이다.

④ 부과제척기간이 만료하면 부과권이 장래를 향하여 소멸한다.

05. 다음은 국세기본법상 사업양수인의 제2차 납세의무에 대한 것이다. 가장 틀린 것은?

① 주된 납세의무자는 사업양수인이다.

② 사업양수인의 납세의무는 양수한 재산가액을 한도로 한다.

③ 사업양도인의 재산으로 징수가 부족한 경우이어야 한다.

④ 양도일 이전에 양도인의 납세의무가 확정된 그 사업에 관한 국세 및 강제징수비에 대해 제2차 납세의무를 진다.

06. 다음 중 국세기본법상 수정신고 및 경정청구에 관한 설명으로 가장 옳지 않은 것은?

① 후발적 사유로 인한 경정청구는 그 사유가 발생한 것을 안 날부터 3개월 이내에 경정을 청구할 수 있다.

② 경정의 청구를 받은 세무서장은 그 청구를 받은 날부터 2개월 이내에 과세표준 및 세액을 결정 또는 경정하거나 할 이유가 없다는 뜻을 청구자에게 통지해야 한다.

③ 신고납세제도를 취하는 국세의 수정신고는 증액 확정력이 없다.

④ 법정신고기한이 지난 후 1개월 이내 수정신고한 경우 과소신고가산세의 90%를 감면한다.

07. 거주자 권민우 씨의 체납된 소득세를 징수하기 위하여 관할 세무서장은 권민우 씨 소유의 주택을 압류하였다. 다음 중 국세기본법상 국세와 다른 채권의 우선순위로 맞게 짝지은 것은?

ㄱ. 소득세 체납액(20x0년 5월 31일 신고)　　　　　ㄴ. 체납처분비
ㄷ. 압류주택에 대한 은행의 채권(저당권설정일 : 20x0년 5월 20일)　　ㄹ. 일반채권

① ㄴ 〉 ㄷ 〉 ㄱ 〉 ㄹ　　　　　　② ㄱ 〉 ㄴ 〉 ㄷ 〉 ㄹ

③ ㄴ 〉 ㄱ 〉 ㄷ 〉 ㄹ　　　　　　④ ㄱ 〉 ㄷ 〉 ㄴ 〉 ㄹ

08. 다음 중 국세기본법상 불복대상에서 제외되는 처분이 아닌 것은?

① 조세범 처벌절차법에 따른 통고처분

② 감사원법에 따라 심사청구를 한 처분이나 그 심사청구에 대한 처분

③ 국세기본법 및 세법에 따른 과태료 처분

④ 국세기본법에 따른 처분으로서 필요한 처분을 받지 못한 경우

09. 다음 중 국세기본법상 가산세를 부과하는 경우는?

① 가산세 부과의 원인이 천재지변 등 기한연장사유에 해당하는 경우
② 세법해석에 관한 질의·회신 등에 따라 신고·납부하였으나 이후 다른 과세처분을 하는 경우
③ 「국토의 계획 및 이용에 관한 법률」에 따른 도시·군 계획 또는 그 밖의 법령 등으로 인해 세법상 의무를 이행할 수 없게 된 경우
④ 법령의 부지·착오로 납세의무를 이행하지 않은 경우

10. 다음 중 국세기본법상 세무조사 정기선정사유에 해당하지 않는 것은?

① 납세자가 세법에서 정하는 신고, 성실신고확인서의 제출, 세금계산서 또는 계산서의 작성·교부·제출, 지급명세서의 작성·제출 등의 납세협력의무를 이행하지 아니한 경우
② 국세청장이 납세자의 신고 내용에 대하여 과세자료, 세무정보 등 회계성실도 자료 등을 고려하여 정기적으로 성실도를 분석한 결과 불성실 혐의가 있다고 인정하는 경우
③ 최근 4과세기간 이상 같은 세목의 세무조사를 받지 아니한 납세자에 대하여 업종 등을 고려하여 신고 내용이 적정한지를 검증할 필요가 있는 경우
④ 무작위추출방식으로 표본조사를 하려는 경우

11. 다음 중 국세기본법상 과세전적부심사의 청구에 대한 설명으로 가장 틀린 설명은?

① 청구기간이 지난 과세전적부심사에 대해서 과세관청은 채택하지 아니한다는 결정을 내린다.
② 과세전적부심사 청구를 받은 과세관청은 청구를 받은 날로부터 30일 이내에 청구인에게 통지해야 한다.
③ 과세전적부심사 청구가 이유가 있을 경우 채택하거나 일부 채택 결정할 수 있다.
④ 과세예고통지를 하는 날부터 국세부과 제척기간의 만료일까지의 기간이 3개월 이하인 경우에는 과세전적부심사를 청구할 수 없다.

12. 소득세법상 거주자와 비거주자에 대한 설명으로 가장 옳지 않은 것은?

① 비거주자는 거주자가 아닌 개인을 말한다.
② 거주자는 국외원천소득에 대하여 납세의무가 있다.
③ 거주자와 비거주자의 구분은 국적에 따라 판단한다.
④ 비거주자는 국내원천소득에 대해 납세의무가 있다.

13. 다음 중 소득세법상 배당소득에 대한 설명으로 가장 옳지 않은 것은?

① 잉여금처분에 의한 배당의 수입시기는 해당 법인의 잉여금처분결의일이다.

② 외국법인으로부터 받는 이익이나 잉여금의 배당은 배당소득에 해당하지 않는다.

③ 법인세법에 의하여 처분된 배당의 수입시기는 해당 법인의 해당 사업연도 결산확정일이다.

④ 법인으로 보는 단체로부터 받는 분배금은 배당소득에 해당한다.

14. 다음 중 소득세법상 주택임대소득에 대한 설명으로 옳지 않은 것은?

① 해당 과세기간에 주택임대수입금액의 합계액이 2천만원 이하인 자의 주택임대소득은 분리과세 특례의 적용이 가능하다.

② 주택 수를 계산할 때 다가구주택은 1개의 주택으로 보되, 구분등기된 경우 각각을 1개의 주택으로 본다.

③ 주택 수를 계산할 때 본인과 자녀가 각각 주택을 소유하는 경우에는 이를 합산하지 아니한다.

④ 1개의 주택을 소유하는 자의 주택임대소득은 전액 비과세된다.

15. 다음 중 소득세법상 사업소득에 대한 설명으로 틀린 것은?

① 복식부기의무자가 사업용 유형자산의 양도가액을 총수입금액에 산입한 경우 해당 사업용 유형자산의 양도 당시 장부가액은 필요경비이다.

② 업무와 관련하여 고의 또는 중대한 과실로 타인의 권리를 침해한 경우에 지급되는 손해배상금은 필요경비로 산입한다.

③ 거래상대방으로부터 받는 장려금 기타 이와 유사한 성질의 금액은 총수입금액에 이를 산입한다.

④ 작물재배업에서 발생하는 소득으로서 해당 과세기간의 수입금액의 합계액이 10억원 이하는 비과세이다.

16. 다음 중 소득세법상 비과세 대상 근로소득에 대한 설명으로 가장 옳지 않은 것은?

① 회사로부터 수령한 근로자 본인 또는 가족에 대한 학자금은 비과세된다.

② 요건을 충족한 자가운전보조금 중 월 20만원 이내의 금액은 비과세된다.

③ 사내 급식 등으로 제공받는 식사 기타 음식물은 비과세된다.

④ 종업원이 지급받는 직무발명보상금으로서 연 700만원 이하의 금액은 비과세된다.

17. 다음 중 소득세법상 근로소득 원천징수 및 연말정산에 대한 설명으로 가장 옳지 않은 것은?

① 일용근로자의 근로소득은 원천징수로써 과세를 종결한다.

② 국외 근로소득은 원천징수의 대상이 되지 않는다.

③ 일반근로자의 경우 2월분 소득 지급 시 지급자가 연말정산을 행한다.

④ 원천징수의무자는 원천징수한 소득세를 그 징수일이 속하는 반기의 마지막 달의 다음 달 10일까지 납부해야 한다.

18. 다음 중 소득세법상 기타소득의 필요경비에 대한 설명으로 옳은 것은?

① 다수가 순위 경쟁하는 대회에서 입상자가 받는 상금은 수입금액의 80%를 필요경비로 인정받을 수 있다.

② 계약의 위약으로 인하여 받는 위약금과 배상금 중 주택입주 지체상금은 50%를 필요경비로 인정받을 수 있다.

③ 일시적인 문예창작소득에 대해서는 수입금액의 70%를 필요경비로 인정받는다.

④ 슬롯머신 등을 이용하여 받는 당첨금품은 필요경비를 인정받을 수 없다.

19. 다음 중 소득세법상 기타소득의 과세최저한으로 소득세가 과세되지 않는 경우는?

① 슬롯머신 등 당첨금품이 건별 300만원인 경우

② 승마투표권 등에 따른 환급금으로서 건별로 권면에 표시된 금액의 합계액과 적중한 개별투표당 환급금이 각각 15만원인 경우

③ 일시적 인적용역 제공으로 인한 기타소득금액이 건별로 5만원인 경우

④ 연금계좌에서 연금외수령하는 기타소득금액이 건별로 5만원인 경우

20. 다음 중 소득세법상 거주자의 양도소득에 대한 설명으로 옳지 않은 것은?

양도소득의 비과세 대상에서 제외되는 고가주택은 양도 당시 실지거래가액의 합계액이 9억원을 초과하는 것을 말한다.

② 양도담보는 그 실질이 채권담보에 해당하므로 양도로 보지 않는다.

③ 부동산의 양도시기는 원칙적으로 대금청산일이다.

④ 토지의 양도소득이 있는 거주자에 대해서는 해당 과세기간의 양도소득금액에서 연 250만원을 공제한다.

21. 다음 중 소득세법상 거주자의 인적공제에 대한 설명으로 옳지 않은 것은?

① 부양가족이 장애인에 해당하는 경우에는 나이의 제한을 받지 않는다.

② 본인이 배우자가 없는 사람으로서 기본공제대상자인 직계비속이 있는 경우 연 100만원의 추가 공제가 가능하다.

③ 본인은 나이의 제한은 없으나 소득금액이 1억원을 초과할 경우 기본공제가 적용되지 않는다.

④ 인적공제를 할 때 공제대상자에 해당하는지 여부의 판정은 원칙적으로 해당 과세기간 종료일 현재의 상황에 따른다.

22. 다음 중 소득세법상 세액공제에 대한 설명으로 잘못된 것은?

① 비치·기록한 장부에 의하여 신고하여야 할 소득금액의 100분의 20 이상을 누락하여 신고한 경우 기장세액공제를 적용하지 않는다.

② 일용근로자의 근로소득에 대해서 원천징수를 하는 경우에는 해당 근로소득에 대한 산출세액의 100분의 55에 해당하는 금액을 그 산출세액에서 공제한다.

③ 해당 과세기간에 출산하거나 입양 신고한 공제대상자녀가 첫째인 경우 연 15만원을 종합소득산출세액에서 공제한다.

④ 외국소득세액이 해당 과세기간의 공제한도금액을 초과하는 경우 그 초과하는 금액은 이월하여 그 이월된 과세기간의 공제한도금액 내에서 공제받을 수 있다.

23. 다음 중 소득세법상 공동사업의 소득금액계산 특례에 대한 설명으로 가장 옳지 않은 것은?

① 출자공동사업자의 배당소득 수입시기는 그 배당을 지급받는 날이다.

② 공동사업의 소득분배는 손익분배비율에 따라 각 공동사업자별로 분배한다.

③ 공동사업장에서 발생한 채무에 대하여 무한책임을 부담하기로 약정한 자는 출자공동사업자에 해당하지 아니한다.

④ 출자공동사업자의 배당소득 원천징수세율은 25%이다.

24. 다음 중 소득세법상 거주자가 반드시 과세표준 확정신고를 해야 하는 경우는?

① 사업소득(도매업)과 근로소득(일용직 아님)이 있는 경우

② 분리과세 이자소득과 양도소득이 있는 경우

③ 양도소득과 퇴직소득이 있는 경우

④ 100만원의 기타소득금액과 근로소득(일용직 아님)이 있는 경우

25. 다음 중 소득세법상 종합소득세의 납세 절차에 대한 설명으로 옳지 않은 것은?

① 소득세의 중간예납세액은 고지서의 발급으로 징수하는 것이 원칙이다.

② 해당 과세기간 중 신규로 사업을 시작하는 자는 중간예납의무를 지지 않는다.

③ 부가가치세가 면세되는 개인사업자는 사업장 현황신고의무가 있다.

④ 성실신고확인대상사업자가 성실신고확인서를 제출하는 경우에는 종합소득과세표준 확정신고를 그 과세기간의 다음 연도 6월 1일부터 6월 30일까지 해야 한다.

2부 주관식 문항 당 5점

26. 국세기본법상 다음 괄호 안에 들어갈 내용은 무엇인가?

연대납세의무자에게 서류를 송달할 때에는 대표자를 명의인으로 한다. 다만, (   )와 독촉에 관한 서류는 연대납세의무자 모두에게 각각 송달하여야한다.

27. 국세기본법상 아래의 빈칸에 들어갈 내용은 무엇인가?

국세부과의 원칙 중 (   )원칙에 대한 설명으로 납세의무자가 세법에 따라 장부를 갖추어 기록하고 있는 경우에는 해당 국세 과세표준의 조사와 결정은 그 장부와 이와 관계되는 증거자료에 의하여야 한다.

28. 소득세법상 아래의 괄호 안에 공통으로 들어갈 알맞은 숫자는?

주택을 대여하고 보증금을 받은 경우에는 ( ) 주택 이상을 소유하고 보증금의 합계액이 (   )억원을 초과하는 경우에만 간주임대료를 계산한다.

29. 다음은 거주자 강태오 씨의 금융소득 내역이다. 소득세법상 과세되는 금융소득의 합계액은 얼마인가?

내역	금액
법원의 판결에 의한 손해배상금에 대한 법정이자	3,000,000원
외국법인으로부터 받은 배당금(원천징수되지 않음)	2,000,000원
정기예금이자	1,000,000원

30. 소득세법상 아래의 빈 칸에 들어갈 가산세율로 알맞은 숫자는?

> 사업자(소규모사업자 및 소득금액이 추계되는 자는 제외)가 영수증 수취명세서를 미제출하는 경우에는
> 그 제출하지 아니한 분의 지급금액 (   )%를 가산세로 해당 과세기간의 종합소득 결정세액에 더하여
> 납부하여야 한다.

제100회 세무회계2급 답안 및 해설

세법1부 - 법인세법, 부가가치세법

1	2	3	4	5	6	7	8	9	10	11	12	13	14	15
①	③	④	③	③	②	①	③	①	③	②	②	④	②	③

16	17	18	19	20	21	22	23	24	25		
②	①	③	②	④	③	①	③	①	④		

26	27	28	29	30
47,000,000원	20	6백만원	1/3	150만원

01. **영리내국법인의 경우 청산소득에 대하여 법인세 납세의무**가 있다.

02. 사업연도는 법령이나 법인의 정관 등에서 정하는 1회계기간으로 한다. 다만, 그 기간은 1년을 초과하지 못한다.

03. 법인은 납세지가 변경된 경우에는 그 변경된 날부터 **15일 이내에 변경 후의 납세지 관할 세무서장에**게 납세지 변경신고를 해야 한다.

04. 기업업무추진비한도초과액과 임대보증금에 대한 간주익금은 기타사외유출로, 가지급금 인정이자는 귀속자에 대하여 상여처분한다.

05. 법령에 따라 **의무적으로 납부하는 것이 아닌 공과금은 손금에 산입하지 않는다.**

06. 시용판매는 상대방이 그 **상품 등에 대한 구입의 의사를 표시한 날**을 귀속시기로 한다.

07. 업무무관 가지급금 지급이자 손금불산입을 적용함에 있어 **지급이자에는 현재가치할인차금의 상각액을 포함하지 않는다.**

08. 기업업무추진비는 **접대행위를 한 날**이 속하는 사업연도로 한다.

09. 법인세 과오납금의 환부이자(300,000)만 익금불산입한다.

10. 법인이 그 임원 또는 직원에게 **이익처분에 의하여 지급하는 상여금은 이를 손금에 산입하지 아니한다.**

11. 업무용승용차는 정액법을 상각방법으로 하고 내용연수를 5년으로 하여 계산한 금액을 감가상각비로 하여 손금에 산입하여야 한다.

12. 내국법인이 **납부할 중간예납세액이 1천만원을 초과하는 경우에는 분납**할 수 있다.

13. 법인세의 과세표준과 세액을 신고할 때 그 신고서에 **재무상태표, 손익계산서, 이익잉여금처분계산서, 세무조정계산서**를 첨부하지 않은 경우 무신고로 본다.

14. 재화의 수입에 대해서는 **소비지국 과세원칙**에 따른다.

15. **다른 세무서장에게 신고**할 수 있다.

16. 신고는 사업장별로 하여야 한다.

17. **시설물, 권리(특허권) 등 재화를 사용하게 하는 것은 용역의 공급**에 해당한다.

18. 영세율을 적용할 때 사업자가 비거주자 또는 외국법인이면 그 해당 국가에서 대한민국의 거주자 또는 내국법인에 대하여 동일하게 면세하는 경우에만 영세율을 적용(**상호면세주의**)한다.

19. **의약품의 조제용역은 면세**이고 단순판매는 과세이다.

20. 직전 연도의 사업장별 재화 및 용역의 공급가액(면세공급가액을 포함)의 합계액이 0.8억원 이상(**당해 연도 7월 1일 이후**)인 개인사업자는 전자세금계산서 의무발급 대상자이다.

21. 공급대가는 부가가치세가 포함된 대가를 말한다.

22. 대손세액공제의 범위는 사업자가 부가가치세가 과세되는 재화 또는 용역을 공급한 후 그 **공급일부터 10년이 지난 날이 속하는 과세기간에 대한 확정신고 기한까지** 대손금으로 인정되는 사유로 확정되는 대손세액으로 한다.

23. 대리납부 대상 용역 또는 권리를 공급받는 자는 그 대가를 지급하는 때에 그 대가를 받은 자로부터 부가가치세를 징수하여 대리납부할 의무가 있으므로 **사업자 여부와는 관계가 없다.**

24. **면세를 포기하고 영세율을 적용받는 경우는 제외**한다.

25. 최종소비자에게 직접 재화를 공급하는 과자점업, 도정업, 양복점업 등은 간이과세의 적용이 가능하다.

26. 연환산과세표준 = 300,000,000÷6개월×12개월 = 600,000,000원

    연환산산출세액 = 2억×9% + (6억 - 2억)×19% = 94,000,000원

    산출세액(6개월) = 94,000,000÷12개월×6개월 = 47,000,000원

28. 귀속자 불분명 기업업무추진비는 대표자상여, 임원퇴직금한도초과액은 해당 임원의 상여로 처분한다. 그리고 **법인은 정치자금법에 의하여 정치자금기부를 할 수 없다.**

> **제6장 기부의 제한**
> ☐ **제31조(기부의 제한)** ① 외국인, 국내·외의 **법인** 또는 단체는 정치자금을 기부할 수 없다.
> ② 누구든지 국내·외의 법인 또는 단체와 관련된 자금으로 정치자금을 기부할 수 없다.

만약 법인이 정치자금을 기부하거나 받은 자는 "정치자금부정수수죄"로서 5년 이하의 징역 또는 1천만원의 벌금에 처한다. 본 문제는 **정치자금기부의 불법행위에 대해서 잘못된 정보를 제공**하고 있다.

30. 개별소비세 과세 대상 승용차, 기업업무추진비, 토지에 관련된 매입세액은 불공제매입세액이다.

세법2부 - 국세기본법, 소득세법, 조세특례제한법

1	2	3	4	5	6	7	8	9	10	11	12	13	14	15
①	①	④	③	①	③	①	④	④	①	①	③	②	④	②

16	17	18	19	20	21	22	23	24	25		
①	④	①	③	①	③	③	①	①	④		

26	27	28	29	30
납부의 고지	근거과세	3	3백만원	1

01. 납세의무자의 범위에 **국세를 징수하여 납부할 의무가 있는 자(징수납부의무자)는** 제외한다.

02. 관할 세무서장은 천재지변이나 그 밖에 사유로 신고, 신청, 청구, 그 밖에 서류의 제출 또는 통지를 정하여진 **기한까지 할 수 없다고 인정하는 경우에도 그 기한을 연장할 수** 있다.

03. 종합부동산세는 **과세기준일에 납세의무가 성립**한다.

04. **국제거래 등의 역외거래**에 의하여 사기나 그 밖의 부정행위로 인한 국세를 포탈한 경우 **부과제척기간은 15년**이다.

05. 사업양수시 **주된 납세의무자는 사업양도인**이다.

06. 신고납세제도를 취하는 국세의 **수정신고는 당초의 신고에 따라 확정된 과세표준과 세액을 증액하여 확정하는 효력**을 가진다.

07. **체납처분비, 법정기일 전 권리가 설정된 재산**을 매각하여 그 매각금액에서 국세를 징수하는 경우 그 권리에 의하여 담보된 채권은 국세 등에 우선하여 징수한다.

08. 국세기본법 또는 세법에 따른 처분으로서 위법 또는 부당한 처분을 받거나 필요한 처분을 받지 못함으로 인하여 권리나 이익을 침해당한 자는 이 장의 규정에 따라 그 처분의 취소 또는 변경을 청구하거나 필요한 처분을 청구할 수 있다.

09. 법령의 부지(알지못함)·착오는 정당한 사유로 보지 아니한다.

10. **①은 수시세무조사에 대한 사유이고, ②③④는 정기세무조사 대상 선정기준**이다.

11. 청구기간이 지난 **과세전적부심사의 청구는 심사하지 아니한다는 결정**을 내린다.

12. **거주자 및 비거주자의 구분은 주소와 거소로 판단**한다.

13. 외국법인으로부터 받는 이익이나 잉여금의 배당 또는 분배금은 배당소득에 해당한다.

14. 1개의 주택을 소유하는 자의 주택이 고가주택(과세기간 종료일 기준시가 12억원 이상)에 해당하는 경우 그 주택임대소득은 과세된다.

15. **업무와 관련하여 고의 또는 중대한 과실로 타인의 권리를 침해한 경우에 지급되는 손해배상금은 필요경비에 산입하지 아니한다.**

16. 회사로부터 수령한 근로자 본인에 대한 학자금은 법정 요건 충족 시 비과세되지만, **근로자 가족에 대한 학자금은 요건을 충족할 수 없으므로 비과세를 적용받을 수 없다.**

17. 원천징수의무자는 원천징수한 소득세를 원칙적으로 그 징수일이 속하는 달의 다음 달 10일까지 납부해야 한다. **반기납부는 예외사항**이다.

18. ② 주택입주지체상금은 **80%필요경비 추정 기타소득**이다.

    ③ 일시문예창작소득은 **60%필요경비 추정 기타소득**이다.

    ④ 당첨금품에 대한 필요경비는 **당첨당시 슬롯머신에 투입한 금액이 필요경비**이다.

19. ① **슬롯머신 등 당첨금품의 과세최저한은 200만원 이하**이다.

    ② **승마투표권의 과세최저한은 10만원이하**이다.

    ④ 세액공제 받은 연금계좌 납입액과 연금계좌 운용실적에 따라 증가된 금액을 연금외 수령한 소득에 대해서는 과세최저한이 적용되지 않는다.

20. 고가주택은 **양도 당시 실지거래가액의 합계액이 12억원을 초과하는 것**을 말한다.

21. 본인 기본공제를 적용할 경우 나이와 소득에 제한을 받지 않는다.

22. 해당 과세기간에 출산하거나 입양 신고한 공제대상자녀가 **첫째인 경우 연 30만원을 종합소득산출세액에서 공제**한다.

23. **출자공동사업자의 배당소득 수입시기는 과세기간 종료일**이다.

24. 근로소득만 있는 자, 공적연금소득만 있는 자, 연말정산되는 사업소득만 있는 자 및 원천징수되는 기타소득으로서 종교인소득만 있는 자 중 두 가지 이상의 소득이 있는 자는 과세표준확정신고를 해야 한다.

25. **성실신고확인대상사업자**가 성실신고확인서를 제출하는 경우에는 종합소득과세표준 확정신고를 그 과세기간의 **다음 연도 5월 1일부터 6월 30일까지** 해야 한다.

26. 연대납세의무자에게 서류를 송달할 때에는 그 대표자를 명의인으로 하며, 대표자가 없을 때에는 연대납세의무자 중 국세를 징수하기에 유리한 자를 명의인으로 한다. 다만, **납부의 고지와 독촉에 관한 서류는 연대납세의무자 모두에게 각각 송달**하여야 한다.

27. 납세의무자가 세법에 따라 장부를 갖추어 기록하고 있는 경우에는 해당 국세 과세표준의 조사와 결정은 그 장부와 이와 관계되는 증거자료에 의하여야 한다.

29. **손해배상금에 대한 법정이자는 과세대상에서 제외**되고, 나머지는 과세대상 금융소득이다.

제96회 세무회계2급

합격율	시험년월
31%	2021.12

세법1부　법인세법, 부가가치세법

01. 다음 중 법인세법상 법인의 소득에 대한 설명으로 옳지 않은 것은?

① 손금의 범위에는 잉여금의 처분을 포함한다.

② 익금이란 순자산을 증가시키는 거래로 인하여 발생하는 수익을 의미한다.

③ 현행 법인세법은 열거되지 않은 소득이라도 순자산증가액을 과세소득으로 본다.

④ 각 사업연도의 소득은 그 사업연도에 속하는 익금의 총액에서 손금의 총액을 뺀 금액으로 한다.

02. 다음 중 법인세법상 반드시 기타사외유출로 처분하는 경우가 아닌 것은?

① 업무용승용차 임차료 중 감가상각비 상당액 한도초과액

② 추계에 의해 결정된 과세표준과 결산서상의 법인세비용차감전순이익과의 차액

③ 임대보증금 등의 간주익금

④ 손금불산입한 채권자 불분명 사채이자에 대한 원천징수세액 상당액

03. 다음 중 법인세법상 손익의 귀속시기가 옳지 않은 것은?

① 상품 판매(부동산 제외)에 따른 손익의 귀속시기는 그 상품을 인도한 날이다.

② 자산의 위탁판매로 인한 손익의 귀속시기는 수탁자가 그 위탁자산을 판매한 날이다.

③ 비상장 중소기업이 제공하는 장기건설용역의 경우 특례로 인도기준을 선택할 수 있다.

④ 자산의 임대 손익으로서 임대료 지급기간이 1년을 초과하는 경우 기간 경과분을 강제로 인식한다.

04. 다음 중 법인세법상 손금에 대한 설명으로 옳지 않은 것은?

① 일반적으로 손금으로 인정받기 위해서는 법인의 사업과 관련된 것으로 거래증빙에 의하여 입증되어야 한다.

② 법인세법 시행령에 열거된 손비의 범위에 대해서만 손금으로 인정이 가능하다.

③ 법인은 원칙적으로 모든 거래에 관한 증명서류를 과세표준 신고기한이 지난 날부터 5년간 보관해야 한다.

④ 손금 항목이라도 지출된 사업연도에 전액 인정되지 않고, 지출 성격에 따라 비용 배분에 의하여 인식 시기를 달리하는 경우도 있다.

05. 다음은 ㈜행복의 비품에 관한 자료이다. 법인세법상 비품의 처분이익은 얼마인가?

• 취득가액	10,000,000원	• 감가상각누계액	7,000,000원
• 상각부인액	1,000,000원	• 양도가액	5,000,000원

① 1,000,000원   ② 2,000,000원   ③ 3,000,000원   ④ 5,000,000원

06. 다음 중 법인세법상 자산 및 부채의 평가방법으로 옳지 않은 것은?

① 일반 법인이 유가증권 평가방법을 신고하지 않은 경우 총평균법을 적용한다.

② 재고자산의 평가방법은 원칙적으로 법인이 신고한 방법(원가법 또는 저가법)에 의한다.

③ 기업회계기준에 따라 인식한 외환차손익에 대해서 별도 세무조정이 필요 없다.

④ 매매목적용 부동산의 평가방법을 신고하지 않은 경우 선입선출법을 적용한다.

07. 다음 중 법인세법상 지급이자에 대한 설명으로 옳지 않은 것은?

① 사업용 유형자산의 매입과 관련된 일반차입금에 대한 지급이자도 자본화를 선택할 수 있다.

② 건설자금이자 자본화 대상 자산은 사업용 유형자산, 무형자산, 투자자산 및 제조 등에 장기간이 소요되는 재고자산을 포함한다.

③ 건설자금 명목으로 차입한 것으로 준공 후 남은 차입금에 대한 이자는 각 사업연도의 손금으로 한다.

④ 차입한 건설자금의 일시예금에서 생기는 수입이자는 자본적 지출금액에서 차감한다.

08. 다음 중 법인세법상 업무용승용차에 관한 설명으로 옳지 않은 것은?

① 업무용승용차를 처분하여 발생하는 손실 중 한도초과액은 손금불산입하고 기타사외유출로 처분한다.

② 업무용승용차란 개별소비세 과세대상인 승용차로서 법에서 열거한 "특정 영업용승용차"를 제외한 것을 말한다.

③ 업무전용자동차보험에 가입하지 않더라도 업무용승용차 관련비용의 업무사용비율만큼 손금으로 인정 가능하다.

④ 업무용승용차별 감가상각비 중 업무사용비율에 해당하는 금액은 연간 800만원(특정 요건을 충족하는 부동산임대업을 주업으로 하는 내국법인 등은 400만원) 한도 내에서만 손금으로 인정한다.

09. 다음 중 법인세법상 기업업무추진비에 관한 설명으로 옳지 않은 것은?

① 적격증빙을 수취하지 아니한 기업업무추진비는 손금불산입하고 대표자의 상여로 처리한다.

② 기업업무추진비를 금전 외의 자산으로 제공한 경우 해당 자산의 가액은 장부가액으로 한다.

③ 사업연도를 무신고한 중소기업(신설법인 및 부동산임대업을 주업으로 하는 특정 법인 제외)의 기업업무추진비 한도액은 최소 3,600만원이다.

④ 약정에 따라 채권의 일부를 포기하는 경우에도 기업업무추진비로 볼 수 있다.

10. 다음 중 법인세법상 수시부과하는 사유로서 옳지 않은 것은?

① 신고를 하지 아니하고 본점 등을 이전한 경우

② 사업부진 기타의 사유로 인하여 휴업 또는 폐업상태에 있는 경우

③ 기한 내에 신고를 하지 아니한 경우

④ 기타 조세를 포탈할 우려가 있다고 인정되는 상당한 이유가 있는 경우

11. 다음 중 법인세법상 과세표준 등의 신고에 관한 설명으로 옳지 않은 것은?

① 내국법인은 원칙적으로 각 사업연도의 종료일이 속하는 달의 말일부터 3개월 이내에 그 사업연도의 소득에 대한 법인세의 과세표준과 세액을 납세지 관할세무서장에게 신고하여야 한다.

② 내국법인이 성실신고확인서를 제출하는 경우에는 각 사업연도의 종료일이 속하는 달의 말일부터 4개월 이내에 그 사업연도의 소득에 대한 법인세의 과세표준과 세액을 납세지 관할세무서장에게 신고하여야 한다.

③ 내국법인으로서 각 사업연도의 소득금액이 없거나 결손금이 있는 법인의 경우에는 신고하지 않을 수 있다.

④ 납세지 관할세무서장 및 관할지방국세청장은 제출된 신고서 또는 그 밖의 서류에 미비한 점이 있거나 오류가 있을 때에는 보정할 것을 요구할 수 있다

12. 다음 중 법인세법상 원천징수에 대한 설명으로 옳지 않은 것은?

① 법인세를 원천징수할 시기는 원칙적으로 원천징수 대상 소득을 실제 지급하는 때이다.

② 원천징수세액이 1천원 미만인 경우 해당 법인세를 징수하지 아니한다.

③ 원천징수의무자가 납세의무자로부터 법인세를 원천징수한 경우 그 납세의무자에게 원천징수영수증을 발급하여야 한다.

④ 이자소득과 배당소득은 법인세 원천징수 대상 소득이다.

13. 다음 중 법인세법상 세액공제에 대한 설명으로 옳지 않은 것은?

① 재해손실세액공제 적용 시 자산의 가액에는 토지의 가액을 포함한다.

② 외국납부세액공제는 이월공제가 가능하지만, 재해손실세액공제는 이월공제가 허용되지 아니한다.

③ 법인세 과세표준을 추계결정(천재지변 제외)하는 경우 외국납부세액공제를 적용하지 아니한다.

④ 외국납부세액 공제한도금액을 계산할 때 국외사업장이 2 이상의 국가에 있는 경우에는 국가별로 구분하여 이를 계산한다.

14. 다음 중 부가가치세법에 대한 설명으로 잘못된 것은?

① 과세 대상 사업자는 간이과세자와 일반과세자로 구분한다.

② 직전 연도 공급대가의 합계액이 4,000만원 이상인 간이과세자는 원칙적으로 세금계산서를 발급해야 한다.

③ 사업자단위과세는 본점 또는 주사무소에서 총괄하여 각 사업장을 대신하여 신고 및 납부한다.

④ 사업자등록은 원칙적으로 사업장마다 사업개시일 부터 20일 내에 등록신청하여야 한다.

15. 다음 중 부가가치세법상 과세거래에 해당하지 않는 것은? 단, 아래 지문에 해당하는 재화 및 용역의 매입세액은 매입세액공제를 받은 것으로 가정한다.

① 사업자가 자기의 고객 중 추첨을 통하여 당첨된 자에게 재화를 경품으로 제공하는 경우

② 사업자가 사업용 건물을 현물출자하는 경우

③ 사업자가 사업을 폐업하는 때 잔존하는 재화

④ 사업자가 자기의 사업을 위하여 직접 용역을 공급하는 경우

16. 다음 중 부가가치세법상 사업장에 관한 설명으로 잘못된 것은?

① 광업의 경우 광업사무소의 소재지로 한다.

② 직매장은 사업장으로 보며 하치장은 사업장으로 보지 않는다.

③ 부동산상의 권리만을 대여하는 부동산임대업은 부동산의 등기상 소재지를 사업장으로 한다.

④ 건설업 법인의 경우 법인의 등기부상 소재지를 사업장으로 한다.

17. 다음 중 부가가치세법상 재화 및 용역의 공급시기에 대한 설명으로 잘못된 것은?

① 장기할부판매의 경우는 재화가 인도되거나 이용가능하게 되는 때

② 폐업시 잔존재화는 폐업하는 때

③ 재화의 이동이 필요한 경우는 재화가 인도되는 때

④ 내국물품의 국외 반출은 수출재화의 선적일 또는 기적일

18. 다음 중 부가가치세 과세표준에 대한 설명으로 잘못된 것은?

① 재화를 공급한 후 공급받는 자에게 지급하는 장려금은 과세표준에서 공제하지 않는다.

② 공급받는 자에게 도달하기 전에 파손되거나 훼손되거나 멸실한 재화의 가액은 과세표준에 포함하지 않는다.

③ 자기적립마일리지 등으로 대금의 전부 또는 일부를 결제받은 금액은 과세표준에서 제외한다.

④ 하자보증금은 과세표준에서 공제한다.

19. 다음 중 부가가치세법상 과세사업과 면세사업에 공통으로 사용되는 매입세액을 안분계산하지 않고 전액 공제하는 사유가 아닌 것은?

① 해당 과세기간의 총공급가액 중 면세공급가액이 5% 미만이면서 공통매입세액이 5백만원 미만인 경우

② 공통사용재화를 매입한 과세기간과 동일한 과세기간에 공급한 경우

③ 해당 과세기간 중의 공통매입세액 합계액이 5만원 미만인 경우

④ 신규로 사업을 개시한 해당 과세기간에 매입한 공통사용재화를 해당 과세기간에 매각하여 과세표준 안분계산을 생략한 경우

20. 다음 중 부가가치세법상 영세율에 대한 설명으로 잘못된 것은?

① 영세율은 원칙적으로 거주자 또는 내국법인에 대하여 적용하며, 비거주자 또는 외국법인의 경우는 상호주의에 의한다.

② 선박 또는 항공기에 의한 외국항행용역의 공급은 영세율을 적용한다.

③ 영세율을 적용받는 경우 조기환급이 가능하다.

④ 수출을 대행하고 수출대행수수료를 받는 수출대행용역은 영세율에 해당한다.

21. 다음 중 부가가치세법상 면세포기에 관한 설명으로 옳지 않은 것은?

① 면세포기는 시기의 제한이 없으며, 언제든지 포기신고를 할 수 있다.

② 면세포기의 효력은 면세포기신고를 하고, 사업자등록을 한 이후의 거래분부터 적용된다.

③ 부가가치세의 면세포기를 하려면 영세율 적용의 대상이 되는 경우 또는 학술연구단체·기술연구단체가 그 연구와 관련하여 실비 또는 무상으로 공급하는 경우에 해당하여야 가능하다.

④ 면세포기신고를 한 사업자는 신고한 날로부터 언제든 면세사업자를 신청할 수 있다.

22. 다음 중 부가가치세법상 대손세액공제와 관련된 설명으로 옳지 않은 것은?

① 대손세액공제는 확정신고 시에 가능하다.

② 어음의 부도발생일로부터 6개월이 지난 경우라면 채무자의 재산에 대하여 저당권을 설정하고 있더라도 대손세액공제를 받을 수 있다.

③ 대손금을 회수한 경우 회수한 날이 속하는 과세기간의 매출세액에 가산한다.

④ 대여금에 대해서는 대손세액공제를 적용할 수 없다.

23. 다음 중 부가가치세법상 세금계산서 발급의무가 면제되는 경우에 해당하지 않는 것은?

① 면세사업에 전용되는 자가공급

② 항공기에 의해 외국항행용역을 제공하는 경우

③ 재화를 직접 수출하는 경우

④ 내국신용장에 의해 수출업자에게 재화를 공급하는 경우

24. 다음의 자료는 일반과세자인 김한세(음식점업)씨의 20x1년 1기 과세기간에 대한 세금계산서 수취내역이다. 부가가치세법상 공제받을 수 있는 매입세액의 합계액은 얼마인가?

내역	매입세액
• 01월 01일 : 세무대행 수수료	500,000원
• 01월 15일 : 배달용 오토바이(125cc 이하) 유류대금	10,000원
• 02월 06일 : 종업원 회식비	300,000원
• 03월 05일 : 거래처 기업업무추진비	100,000원
• 05월 08일 : 개별소비세 과세 대상 자동차 구입대금	10,000,000원

① 510,000원   ② 810,000원   ③ 910,000원   ④ 10,910,000원

25. 다음 중 부가가치세법상 납부세액에 관한 설명으로 옳지 않은 것은?

① 매입처별세금계산서합계표를 제출하지 아니한 경우의 세금계산서 수령분 매입세액은 원칙적으로 매출세액에서 공제하지 아니한다.

② 토지조성을 위한 자본적 지출에 관련된 매입세액으로서 토지취득 및 형질변경 등에 관련된 것은 매출세액에서 공제하지 아니한다.

③ 법에 따른 매입자발행세금계산서에 기재된 매입세액은 공제대상 매입세액으로 본다.

④ 일반과세자가 간이과세자로 변경되면 변경 당시의 재고품에 대해 일정부분 매입세액공제를 받을 수 있다.

1부 주관식   **문항 당 5점**

---

26. 아래 자료에서 법인세 세무조정계산서 작성 시 소득금액조정합계표 및 자본금과적립금조정명세서(乙)의 작성과 모두 연관되는 항목의 합계액을 구하시오.

> • 기업업무추진비 한도초과액 : 1,200,000원
> • 임원상여금 : 1,500,000원
> • 업무무관자산 등에 대한 지급이자 손금불산입액 : 700,000원
> • 대손충당금 한도초과액 : 1,000,000원
> • 건물 감가상각비 한도초과액 : 1,000,000원

27. 다음은 법인세법상 부당행위계산의 부인 요건에 대한 설명으로 괄호 안에 알맞은 숫자를 넣으시오.

> 법인세법상 부당행위계산의 부인은 특수관계인과의 거래로 인하여 그 법인의 소득에 대한 조세의 부
> 담을 부당하게 감소시킨 것으로 인정되는 경우에 적용한다. 조세의 부담을 부당하게 감소시킨 것으로
> 인정되는 경우란 고가매입 또는 저가양도의 경우 시가와 거래가액의 차액이 (   )원 이상이거
> 나 시가의 100분의 5에 상당하는 금액 이상인 경우를 말한다.

28. 다음 자료를 이용하여 ㈜한세의 제1기 사업연도 법인세 산출세액을 구하시오.

> • ㈜한세는 신설중소법인으로 설립등기일은 20x1년 7월 1일이다.
> • 각 사업연도의 소득금액 : 150,000,000원
> • 비과세소득 : 20,000,000원
> • 소득공제액 : 10,000,000원

29. 부가가치세법상 아래의 괄호 안에 알맞은 숫자를 쓰시오.

> 직전 연도의 공급가액 요건을 충족하는 개인사업자가 부가가치세가 과세되는 재화 또는 용역을 공급
> 하고 신용카드매출전표 등을 발급하는 경우 신용카드매출전표 등의 발급금액 또는 결제금액의 1.3%
> 를 연간 (   )원을 한도로 납부세액에서 공제할 수 있다.

30. 부가가치세법상 아래의 괄호 안에 알맞은 숫자를 쓰시오.

> 개인사업자와 직전 과세기간 공급가액의 합계액이 (   )원 미만인 영세법인사업자에 대하여
> 는 납세지 관할세무서장이 각 예정신고기간마다 직전 과세기간에 대한 납부세액의 50%에 상당하는
> 금액을 결정하여 예정 신고기한 내에 징수하도록 규정하고 있다.

세법2부 국세기본법, 소득세법, 조세특례제한법

01. 다음 중 국세기본법상 국세부과의 원칙과 세법적용의 원칙에 대한 설명으로 잘못된 것은?

① 납세의무가 성립된 후에는 그 성립 후의 새로운 세법에 따라 소급하여 과세하지 않는다.

② 신의성실의 원칙은 과세당국과 납세자 모두에게 적용된다.

③ 세무공무원이 재량으로 직무를 수행할 때에는 과세의 형평과 해당 세법의 목적에 비추어 일반적으로 적당하다고 인정되는 한계를 준수해야 한다.

④ 명의신탁 부동산을 양도한 경우 납세의무자는 명의수탁자이다.

02. 다음 중 국세기본법상 기한연장의 사유로 옳지 않은 것은?

① 납세자가 화재, 전화, 그 밖의 재해를 입거나 도난을 당한 경우

② 납세자 또는 그 동거가족이 질병이나 중상해로 6개월 이상의 치료가 필요하거나 사망하여 상중인 경우

③ 권한 있는 기관에 장부나 서류가 압수 또는 영치된 경우

④ 납세자의 장부 작성을 대행하는 세무사가 폐업을 하는 경우

03. 아래의 보기 중 국세기본법상 납세의무자가 과세표준과 세액을 정부에 신고했을 때 확정되는 세목끼리 짝지어진 것으로 옳은 것은?

① 소득세 – 상속세

② 법인세 – 증여세

③ 부가가치세 – 소득세

④ 상속세 – 종합부동산세

04. 다음 중 국세기본법상 상속세 및 증여세 외의 일반적인 국세의 부과제척기간에 대한 설명으로 옳지 않은 것은?

① 국가가 국세를 결정, 경정결정 및 부과취소를 할 수 있는 기간을 '국세의 부과제척기간'이라 한다.

② 과세표준과 세액을 신고하는 국세의 부과제척기간의 원칙적인 기산일은 과세기간 종료일이다.

③ 납세자가 사기나 그 밖의 부정한 행위로 국세를 포탈하거나 환급, 공제를 받은 경우 해당 국세를 부과할 수 있는 날부터 10년(역외거래 15년)이다.

④ 납세자가 법정신고기한까지 과세표준신고서를 제출하지 않은 경우 해당 국세를 부과할 수 있는 날부터 7년(역외거래 10년)이다.

05. 다음 중 국세기본법상 소멸시효의 정지사유기간에 해당하지 않는 것은?

① 세법에 따른 분납기간

② 세법에 따른 납부고지의 유예기간

③ 체납자가 국외에 3개월 이상 계속 체류하는 경우 해당 국외 체류 기간

④ 세법에 따른 압류·매각의 유예기간

06. 다음 중 국세기본법상 제2차 납세의무에 대한 설명으로 옳지 않은 것은?

① 사업양수인은 양도인이 사업용 부동산을 양도함으로써 납부하여야 할 양도소득세에 대하여는 제2차 납세의무를 지지 않는다.

② 주된 납세의무에 관하여 생긴 사유는 제2차 납세의무에도 효력이 있다.

③ 법인의 재산으로 그 법인이 납부할 국세에 충당하여도 부족한 경우에는 그 법인의 무한책임사원 이나 과점주주는 그 부족한 금액에 대하여 제2차 납세의무를 진다.

④ 출자자의 제2차 납세의무자는 과세기간 개시일 현재 무한책임사원이 부담한다.

07. 다음 중 국세기본법상 국세환급금에 대한 설명으로 옳지 않은 것은?

① 납부한 국세 중 잘못 납부하거나 초과하여 납부한 금액이 있는 납세의무자는 환급을 청구할 권리가 있다.

② 세무서장은 직권으로 납세자의 동의 없이 국세환급금을 세법에 따라 자진납부하는 국세에 충당할 수 있다.

③ 납세자의 국세환급금에 관한 권리는 행사할 수 있는 때부터 5년간 행사하지 않으면 소멸시효가 완성된다.

④ 납세자는 국세환급금에 관한 권리를 타인에게 양도할 수 있다.

08. 다음 중 국세기본법상 국세가 우선하는 채권은 무엇인가?

> 거주자 갑이 2021년 귀속 소득세를 납부하지 않음에 따라 관할세무서장은 갑의 주택을 2023년 8월 31일에 압류하여 2024년 4월 30일에 매각하였다. 소득세 신고일은 2022년 5월 20일이다.

① 최우선변제 임차보증금

② 갑이 운영하는 기업체 종업원의 최종 3년간의 퇴직급여

③ 갑의 주택에 설정된 저당권(설정일 2023.6.30.)에 의해 담보되는 채권

④ 강제징수비

09. 다음 중 국세기본법상 수정신고, 경정 등의 청구 및 기한 후 신고에 대한 설명으로 잘못된 것은?

① 통상적인 경정청구는 법정 신고기한 경과 후 10년 이내에 청구할 수 있다.

② 기한 후 신고는 납세의무 확정력이 없다.

③ 관할을 위반하여 신고서를 제출한 경우에도 그 신고의 효력에는 영향이 없다.

④ 경정청구의 경우 납세의무의 확정력이 없다.

10. 다음 중 국세기본법상 불복대상과 불복청구인에 대한 설명으로 옳지 않은 것은?

① 이의신청에 대한 처분에 대해서는 심판청구를 할 수 있다.

② 이의신청은 임의적 절차이므로 이의신청을 제기하지 않고 심사청구를 제기할 수 있다.

③ 동일한 처분에 대하여 심사청구를 한 후 인용되지 않을 경우 심판청구를 제기할 수 있다.

④ 국세기본법에 의해 위법한 처분을 받음으로써 권리의 침해를 당한 자뿐만 아니라 이로 인해 이익의 침해를 받게 될 납세보증인 또한 위법한 처분을 받은 자의 처분에 대하여 불복청구를 할 수 있다.

11. 다음 중 국세기본법상 납세자의 권리에 대한 설명으로 잘못된 것은?

① 납세자에 대한 구체적인 탈세 제보가 있는 경우 수시 세무조사 대상이 된다.

② 세무조사를 하는 경우(증거인멸 우려가 있는 경우 등 제외) 납세자에게 조사개시 30일 전에 통지하여야 한다.

③ 세무조사를 마친 날부터 20일(공시송달 사유에 해당하는 경우 40일) 이내에 조사결과를 통지하여야 한다.

④ 납세자의 질병으로 세무조사가 곤란할 때 세무조사 연기신청을 할 수 있다.

12. 다음 중 소득세법에 관한 설명으로 옳지 않은 것은?

① 소득세법상 과세기간은 사업개시일로부터 해당 과세기간 종료일까지이다.

② 신탁재산에 귀속되는 소득은 그 신탁의 이익을 받을 수익자에게 귀속되는 것으로 본다.

③ 소득세법은 종합과세제도이지만 양도소득과 퇴직소득은 분류과세 한다.

④ 사업소득이 있는 거주자의 소득세 납세지는 원칙적으로 납세자의 주소지로 한다.

13. 다음 중 소득세법상 금융소득에 대한 원천징수세율이 나머지 보기와 같지 않은 것은?

① 출자공동사업자의 배당소득

② 법원보관금 등의 이자

③ 보통예금의 이자

④ 기명주식의 이익배당

14. 다음 중 소득세법상 근로소득에 대한 설명으로 잘못된 것은?

① 법인세법상 임원의 퇴직급여 한도초과액은 근로소득으로 과세한다.

② 일용근로자란 동일한 고용주에게 3월(건설공사 1년) 이상 계속하여 고용되어 있지 않은 자(하역
종사자는 기간 제한 없음)를 말한다.

③ 중소기업의 종업원이 얻는 주택자금대여이익은 근로소득으로 과세한다.

④ 출자 임원에 대한 사택제공이익은 근로소득으로 과세한다.

15. 다음 중 소득세법상 사업소득금액 계산시 총수입금액에 산입하지 않는 것은?

① 거래상대방으로부터 받는 장려금 기타 이와 유사한 성질의 금액

② 사업용 유형자산인 상가 양도금액

③ 사업과 관련된 자산수증이익·채무면제이익

④ 사업과 관련하여 해당 사업용 자산의 손실로 인하여 취득하는 보험차익

16. 다음 중 소득세법상 주택임대소득에 관한 설명으로 옳지 않은 것은?

① 주택 수 계산에 있어 본인과 배우자가 각각 주택을 소유하는 경우 이를 합산한다.

② 주택 수 계산에 있어 다가구주택은 1개의 주택으로 보되, 구분 등기된 경우에는 각각을 1개의
주택으로 계산한다.

③ 국외소재주택의 임대소득은 1주택 소유자의 소득이라도 과세한다.

④ 비과세대상에서 제외하는 고가주택이라 함은 과세기간 종료일 또는 주택 양도일 현재 실지거래
가액이 9억원을 초과하는 주택이다.

17. 다음 중 소득세법상 기타소득의 수입시기로 옳지 않은 것은?

① 일반적인 기타소득 : 그 지급을 받은 날

② 법인세법에 따라 처분된 기타소득 : 기타소득 처분결의일

③ 산업재산권을 양도하고 받은 기타소득 : 대금청산일, 인도일, 사용·수익일 중 빠른 날

④ 연금계좌에서 연금외수령한 기타소득 : 연금외수령한 날

18. 다음 중 소득세법상 종교인소득에 대한 설명으로 옳지 않은 것은?

① 종교인소득의 지급자는 소득 지급시 원천징수 여부를 선택할 수 있다.

② 소득의 지급자가 기타소득으로 원천징수하여 지급하는 경우 해당 종교인소득은 무조건 종합과세 대상이다.

③ 식사를 제공받지 않은 경우 식사대로 받는 월 20만원 이하의 수당은 비과세소득이다.

④ 종교인소득은 원칙적으로 기타소득으로 구분하나, 근로소득으로 원천징수하거나 과세표준확정 신고를 한 경우에는 근로소득으로 구분한다.

19. 다음 중 소득세법상 소득금액 계산과 관련된 설명으로 잘못된 것은?

① 직계존속에게 주택을 무상으로 사용하게 하고 직계존속이 그 주택에 실제 거주하는 경우 부당행 위계산의 부인 대상이 아니다.

② 공동사업자의 구성원 변동이 있는 경우 기장의무는 직전 연도 당해 공동사업장의 수입금액에 의해 판정한다.

③ 이자소득, 연금소득에 대해서는 부당행위계산 부인이 적용되지 않는다.

④ 피상속인의 소득금액은 상속인에게 승계되며 상속인의 소득금액과 합산된다.

20. 다음 중 소득세법상 종합소득공제에 대한 설명으로 옳지 않은 것은?

① 100만원 이하의 소득이 있는 배우자는 연령에 상관없이 기본공제가 가능하다.

② 기본공제대상자가 아닌 자는 추가공제대상자가 될 수 없다.

③ 경로우대자공제를 받기 위한 최소한의 나이는 65세이다.

④ 기본공제대상자가 장애인인 경우 1명당 연 200만원을 추가공제한다.

21. 다음 중 소득세법 및 조세특례제한법상 근로소득자 및 사업소득자 모두 적용받을 수 있는 공제가 아닌 것은?

① 표준세액공제   ② 신용카드등소득공제

③ 연금계좌세액공제   ④ 연금보험료공제

22. 다음 중 소득세법상 양도소득에 관한 설명으로 옳지 않은 것은?

① 양도란 자산에 대한 등기 또는 등록과 관계없이 매도 등을 통하여 그 자산을 유상으로 사실상 이전하는 것을 말한다.

② 골프회원권을 양도하는 경우 양도소득세 과세 대상에 해당한다.

③ 양도자산의 원칙적인 취득시기 및 양도시기는 해당 자산의 대금청산일로 한다.

④ 양도소득은 부당행위계산의 부인 특례규정을 적용받지 아니한다.

23. 다음 중 소득세법상 공제대상자녀 수에 따른 자녀세액공제액으로 연결이 잘못된 것은? 단, 해당 과세기간에 출산하거나 입양한 공제대상자녀는 없는 것으로 가정한다.

① 공제대상자녀 수가 1명인 경우 : 연 25만원

② 공제대상자녀 수가 2명인 경우 : 연 55만원

③ 공제대상자녀 수가 3명인 경우 : 연 95만원

④ 공제대상자녀 수가 4명인 경우 : 연 105만원

24. 다음 중 소득세법상 중간예납에 대한 설명으로 옳지 않은 것은?

① 원칙적으로 사업소득이 있는 거주자가 중간예납의무를 지며, 퇴직소득 및 양도소득에 대해서는 중간예납을 하지 않는다.

② 중간예납기간은 1월 1일부터 6월 30일까지이며, 당해연도의 10월 31일까지 납부하여야 한다.

③ 신규로 사업을 시작한 자는 중간예납의무를 지지 않는다.

④ 중간예납추계액이 중간예납기준액의 30%에 미달하는 경우 중간예납추계액을 신고·납부할 수 있다.

25. 다음 중 소득세법상 납부에 관한 설명으로 잘못된 것은?

① 종합소득세 납부세액이 1천만원을 초과하는 경우 분할납부가 가능하다.

② 양도소득세는 예정신고 및 납부를 하여야 한다.

③ 세액을 분할납부하는 경우 분납기한은 납부기한 경과 후 45일 이내이다.

④ 이자소득에 대한 원천징수세액이 1천원 미만인 경우에도 소득세 원천징수의무가 있다.

2부 주관식　문항 당 5점

26. 다음 자료에서 설명하는 국세기본법상 제도로서 아래의 빈칸에 들어갈 용어는 무엇인가?

> (　　　　　　　　)(이)란 최초신고 및 수정신고한 과세표준 및 세액 또는 결정이나 경정된 과세표준 및 세액 등이 세법에 따라 신고하여야 할 과세표준 및 세액을 초과(결손금액 또는 환급세액이 미달)하는 경우에 과세관청으로 하여금 과세표준 및 세액을 정정하여 결정 또는 경정하도록 촉구하는 납세의무자의 청구를 말한다. 이는 과세표준과 세액이 과대신고된 경우 납세의무자의 권리구제를 가능케 하기 위한 제도로서 매우 중요하다.

27. 국세기본법상 다음 괄호 안에 들어갈 내용은 무엇인가?

> 출자자의 제2차 납세의무를 부담하는 과점주주란 합자회사의 유한책임사원 등 법에서 정한 1인과 그의 특수관계인으로서 그들의 소유주식의 합계 또는 출자액의 합계가 해당 법인의 발행 주식 총수 또는 출자총액의 (　　)%를 초과하면서 그 법인의 경영에 지배적인 영향력을 행사하는 자들을 말한다.

28. 소득세법상 괄호 안에 들어갈 알맞은 숫자를 쓰시오.

> 아래의 기타소득은 최소 (　　)%의 추정 필요경비율이 적용된다.
> ① 공익법인이 주무관청의 승인을 받아 시상하는 상금 및 부상과 다수가 순위 경쟁하는 대회에서 입상자가 받는 상금 및 부상
> ② 계약의 위약 또는 해약으로 인하여 받는 위약금과 배상금 중 주택입주지체상금

29. 소득세법상 다음의 괄호 안에 들어갈 알맞은 숫자를 쓰시오.

> 직전 연도의 상시고용인원이 (　　)명 이하인 원천징수의무자로서 원천징수 관할 세무서장으로부터 승인을 받은 자는 원천징수세액을 그 징수일이 속하는 반기의 마지막 달의 다음 달 10일까지 납부할 수 있다.

30. 소득세법상 다음의 괄호 안에 들어갈 내용은 무엇인가?

> 복식부기의무자는 업무용승용차에 대한 감가상각비를 계산할 때 정액법을 상각방법으로 하고, 내용연수를 (　　)년으로 하여 계산한 금액을 감가상각비로 하여 필요경비에 산입해야 한다.

제96회 세무회계2급 답안 및 해설

세법1부 - 법인세법, 부가가치세법

1	2	3	4	5	6	7	8	9	10	11	12	13	14	15
①	②	③	②	①	④	②	③	②	③	③	④	①	②	④

16	17	18	19	20	21	22	23	24	25
③	①	④	②	④	④	②	④	②	④

26	27	28	29	30
2,000,000	3억	12,800,000	1천만	1억5천만

01. 해당 법인의 순자산을 감소시키는 거래로 인하여 발생하는 손실 또는 비용의 금액으로 한다. 다만, 자본 또는 출자의 환급, **잉여금의 처분을 제외**한다.

02. 추계에 의해 결정된 과세표준과 법인의 재무상태표상의 법인세비용차감전순이익과의 차액은 대표자에 대한 이익처분에 의한 **상여로 처분**한다. 다만, 천재지변 등으로 장부나 그 밖의 증명서류가 멸실된 경우 등 부득이한 경우 기타사외유출로 처분한다.

03. 단기건설의 경우 원칙은 진행기준이나 예외적으로 중소기업인 경우 인도기준으로 신고조정이 가능하나, **장기건설의 경우 중소기업여부를 불문하고 진행기준으로 손익을 인식**해야 한다.

04. 손비는 법인세법 및 다른 법률에서 달리 정하고 있는 것을 제외하고는 그 법인의 사업과 관련하여 발생하거나 지출된 손실 또는 비용으로서 일반적으로 인정되는 통상적인 것이거나 수익과 직접 관련된 것으로 한다. 따라서 **열거되지 않아도 순자산감소액은 원칙적으로 손금에 해당**한다.

05. 세법상 장부가액 = 장부가액(10,000,000 - 7,000,000)+상각부인액(1,000,000) = 4,000,000원
처분이익 = 양도가액(5,000,000) - 세법상 장부가액(4,000,000) = 1,000,000원
감가상각자산을 양도한 경우 당해 자산의 상각부인액은 양도일이 속하는 사업연도의 손금(유보추인)에 이를 산입한다.

06. 기한 내에 재고자산의 평가방법을 신고하지 아니한 경우 납세지 관할세무서장이 선입선출법에 의하여 재고자산을 평가한다. 다만, **매매를 목적으로 소유하는 부동산의 경우에는 개별법**으로 한다.

07. 건설자금에 충당한 차입금의 이자란 그 명목 여하에 불구하고 사업용 유형자산 및 무형자산의 매입·제작 또는 건설에 소요되는 차입금에 대한 지급이자 또는 이와 유사한 성질의 지출금을 말한다. 따라서 **투자자산 및 재고자산의 건설 등을 위한 차입금의 지급이자 등은 자본화할 수 없다.**

08. 업무전용자동차보험에 가입하지 아니한 경우 : 전액 손금불인정

09. 법인이 기업업무추진비를 금전 외의 자산으로 제공한 경우 해당 자산의 가액은 제공한 때의 **장부가액과 시가 중 큰 금액으로 산정**한다.

11. 내국법인으로서 **각 사업연도의 소득금액이 없거나 결손금이 있는 법인의 경우에도 적용**한다.

12. 법인세 원천징수 대상 소득은 소득세법에 따른 이자소득과 집합투자기구로부터의 이익 중 「자본시장과 금융투자업에 관한 법률」에 따른 투자신탁의 이익이다.

13. 재해손실세액공제 적용시 상실된 자산의 가액에 토지의 가액을 포함하지 아니한다.

14. 직전 연도의 공급대가의 합계액이 **4천 800만원 이상인 간이과세자는 세금계산서를 발급**해야 한다.

15. 사업자가 자신의 용역을 자기의 사업을 위하여 대가를 받지 아니하고 공급함으로써 다른 사업자와의 과세형평이 침해되는 경우에는 자기에게 용역을 공급하는 것으로 본다. 이 경우 그 용역의 범위는 대통령령으로 정한다. 다만, 현재 대통령령으로 용역의 **자가공급 중과세 대상으로 정한 바가 없어 용역의 자가공급은 과세거래로 보지 않는다.**

16. 부동산상의 권리만을 대여하는 경우 그 사업에 관한 **업무를 총괄하는 장소를 사업장**으로 한다.

17. 장기할부판매의 경우 대가의 **각 부분을 받기로 한 때를 재화의 공급시기**로 본다.

18. 하자보증금은 예치금에 불과하기 때문에 과세표준에서 공제하지 않는다.

19. 과세사업과 면세사업 등에 공통으로 사용되는 재화를 공급받은 과세기간 중에 그 재화를 공급한 경우 그 재화에 대한 매입세액의 안분 계산은 **직전 과세기간의 공급가액을 기준으로 한다.**

20. 수출을 대행하고 수출대행수수료를 받는 수출대행용역은 수출품 생산업자의 수출대행계약에 의해 수출업자의 명의로 수출하는 경우에 해당하지 않으므로 영세율 적용대상 용역에 해당하지 않는다.

21. 면세의 포기를 신고한 사업자는 신고한 날부터 **3년간 부가가치세를 면제받지 못한다.**

22. 부도발생일 부터 6개월 이상 지난 수표 또는 어음상의 채권으로서 채무자의 재산에 대하여 **저당권을 설정하고 있는 경우에는 대손세액공제를 적용받을 수 없다.**

23. 내국신용장에 의해 수출업자에게 재화를 공급하는 경우에는 영세율이 적용되더라도 국내 거래이므로 세금계산서 발급 대상 거래이다.

24. 공제매입세액 = 세무대행 수수료(500,000) + 배달용 125CC이하 오토바이 유류대금(10,000) + 종업원 회식비(300,000) = 810,000원
    개별소비세법 과세 대상 자동차(**운수업, 자동차판매업 등의 업종에 직접 영업으로 사용되는 것 제외**)의 구입과 임차 및 유지에 관한 매입세액과 기업업무추진비 및 이와 유사한 비용의 지출에 관련된 매입세액은 매출세액에서 공제하지 않는다.

25. 일반과세자가 간이과세자로 변경되는 경우 과세유형 변경일 현재 재고품, 건설중인자산, 감가상각자산에 대하여 일정 금액을 납부세액에 더하여 납부한다.(**재고납부세액**)

26. 유보 = 대손충당금 한도초과액(1,000,000) + 건물 감가상각비 한도초과액(1,000,000)
    기업업무추진비 한도초과액과 업무무관자산 등에 대한 지급이자는 기타사외유출, 임원상여금은 상여로 처리한다.

28. 과세표준(6개월) = 각 사업연도의 소득금액(150,000,000) - 비과세소득(20,000,000)
    $\qquad$ - 소득공제(10,000,000) = 120,000,000원
    연환산과세표준 = 120,000,000 ÷ 6개월 × 12개월 = 240,000,000원
    연산출세액 = 18,000,000 + 40,000,000 × 19% = 25,600,000원
    산출세액(6개월) = 25,600,000 ÷ 12개월 × 6개월 = 12,800,000원

세법2부 - 국세기본법, 소득세법, 조세특례제한법

1	2	3	4	5	6	7	8	9	10	11	12	13	14	15
④	④	③	②	③	④	②	③	①	③	②	①	①	③	②

16	17	18	19	20	21	22	23	24	25
④	②	②	④	③	②	④	④	②	③

26	27	28	29	30
경정청구	50	80	20	5

01. 과세의 대상이 되는 소득, 수익, 재산, 행위 또는 거래의 귀속이 명의일 뿐이고 사실상 귀속되는 자가 따로 있을 때에는 사실상 귀속되는 자를 납세의무자로 하여 세법을 적용한다. 따라서 **명의신탁한 부동산을 양도한 경우 납세의무자는 명의신탁자**이다.

02. 납세자의 장부 작성을 대행하는 세무사 또는 공인회계사가 화재, 전화, 그 밖의 재해를 입거나 도난을 당한 경우에는 기한연장의 사유가 된다.

03. 법인세, 소득세, 종합부동산세(납세자가 신고하는 경우)는 신고했을 때 확정되며, 상속세, 증여세, 종합부동산세(납세자가 신고하는 경우 제외)는 정부가 결정하는 때에 확정된다.

04. 국세 부과제척기간의 기산일은 과세표준과 세액을 신고하는 국세의 경우 해당 국세의 **과세표준과 세액에 대한 신고기한 또는 신고서 제출기한의 다음 날**이다.

05. 체납자가 국외에 **6개월 이상 계속 체류하는 경우** 해당 국외 체류 기간이 정지사유에 해당한다.

06. 법인의 재산으로 그 법인에 부과되거나 그 법인이 납부할 국세 및 강제징수비에 충당하여도 부족한 경우에는 그 국세의 **납세의무 성립일 현재** 무한책임사원 또는 과점주주는 그 부족한 금액에 대하여 제2차 납세의무를 진다.

07. 세무서장은 국세환급금으로 결정한 금액을 납부기한 전 징수 사유에 해당하는 납부고지에 의한 국세와 체납된 국세 및 강제징수비에 충당하여야 한다. 다만, 세법에 따라 **자진납부하는 국세에의 충당은 납세자가 그 충당에 동의하는 경우에만 한다.**

08. 강제징수비 〉 최우선변제 임차보증금 및 임금채권 〉 국세(신고일 2022.05.20.) 〉 담보권설정일이 국세의 법정기일보다 늦은 피담보채권(2023.06.30.)

09. 과세표준신고서를 법정신고기한까지 제출한 자 및 기한후과세표준신고서를 제출한 자는 최초신고 및 수정신고한 국세의 과세표준 및 세액의 결정 또는 경정을 **법정신고기한이 지난 후 5년 이내에 관할세무서장에게 청구**할 수 있다.

10. 동일한 처분에 대하여 심사청구를 한 후 인용되지 않을 경우에는 심판청구를 제기할 수 없다.

11. 세무공무원은 세무조사를 하는 경우에는 조사를 받을 납세자에게 **조사를 시작하기 20일** 전(개정세법 25)에 조사대상 세목, 조사기간 및 조사 사유, 그 밖에 대통령령으로 정하는 사항을 통지하여야 한다.

12. 소득세의 과세기간은 1월 1일부터 12월 31일까지 1년으로 한다. 다만, 거주자가 사망한 경우 1월 1일부터 사망한 날까지, 거주자가 출국한 경우 1월 1일부터 출국한 날까지로 한다.

13. **출자공동사업자의 배당소득에 대해서는 25%**, 나머지 보기들은 14%의 원천징수세율이 적용된다.

14. 중소기업의 종업원이 주택(주택에 부수된 토지를 포함한다)의 구입·임차에 소요되는 자금을 저리 또는 무상으로 대여받음으로써 얻는 이익은 비과세하는 근로소득이다.

15. 양도소득세 과세대상인 토지, 건축물(상가양도)을 양도함으로써 발생하는 소득은 양도소득으로 과세한다.

16. 비과세되는 주택임대소득에서 제외하는 고가주택이라 함은 과세기간 종료일 또는 해당 주택의 **양도일 현재 기준시가가 12억원을 초과하는 주택**이다.

17. 법인세법에 따라 **처분된 기타소득은 그 법인의 해당 사업연도의 결산확정일**을 수입시기로 한다.

18. 소득의 지급자가 기타소득으로 원천징수하지 아니한 경우 종교인소득을 지급받은 자는 종합소득과세표준을 신고하여야 한다. **기타소득으로 원천징수하여 지급한 종교인소득은 조건부 종합과세대상 (300만원 이하인 경우)이다.**

19. 피상속인의 소득금액에 대한 소득세로서 상속인에게 과세할 것과 상속인의 소득금액에 대한 소득세는 구분하여 계산하여야 한다.

20. 기본공제대상자 중 70세 이상인 사람에 대하여는 경로우대자 추가공제를 적용한다.

21. 근로소득이 있는 거주자(일용근로자 제외)의 신용카드등 사용금액의 연간합계액이 해당 과세연도 총급여액의 100분의 25를 초과하는 경우 신용카드등 소득공제를 적용한다.

22. 납세지 관할세무서장 또는 지방국세청장은 양도소득이 있는 거주자의 행위 또는 계산이 거주자의 특수관계인과의 거래로 인하여 그 소득에 대한 조세 부담을 부당하게 감소시킨 것으로 인정되는 경우에는 그 거주자의 행위 또는 계산과 관계 없이 해당 과세기간의 소득금액을 계산할 수 있다. 특수관계인으로부터 시가보다 높은 가격으로 자산을 매입하거나 특수관계인에게 시가보다 낮은 가격으로 자산을 양도한 경우에는 그 취득가액 또는 양도가액을 시가에 따라 계산한다.

23. 공제대상자녀의 수가 3명 이상인 경우 연 55만원(개정세법 24)과 2명을 초과하는 1명당 연 40만원 (개정세법 25)을 합한 금액을 자녀세액공제액으로 한다. 따라서 공제대상자녀의 수가 4명인 경우 자녀세액공제액은 135만원이다.

24. 사업소득이 있는 거주자는 1월 1일부터 6월 30일까지의 기간을 중간예납기간으로 하여 **11월 30일까지 중간예납세액을 징수**하여야 한다.

25. 납부할 세액이 각각 1천만원을 초과하는 자는 그 납부할 세액의 일부를 **납부기한이 지난 후 2개월 이내에 분할납부할 수** 있다.

29. 직전 연도(신규로 사업을 개시한 사업자의 경우 신청일이 속하는 반기)의 **상시고용인원이 20명 이하** 인 원천징수의무자로서 원천징수 관할 세무서장으로부터 원천징수세액을 매 반기별로 납부할 수 있도록 승인을 받은 자는 원천징수세액을 그 징수일이 속하는 반기의 마지막 달의 다음 달 10일까지 납부할 수 있다.

30. 복식부기의무자가 업무용승용차에 대하여 감가상각비를 계산할 때 **정액법을 상각방법**으로 하고, **내용연수를 5년**으로 하여 계산한 금액을 감가상각비로 하여 필요경비에 산입하여야 한다. (5년 강제 정액 상각)

제95회 세무회계2급

합격율	시험년월
26%	2021.10

세법1부 법인세법, 부가가치세법

01. 다음 중 법인세법상 납세지에 관한 설명으로 옳지 않은 것은?

① 법인은 그 납세지가 변경된 경우 그 변경된 날부터 30일 이내에 변경 후의 납세지 관할세무서장에게 신고하여야 한다.

② 내국법인의 납세지는 그 법인의 등기부에 따른 본점이나 주사무소의 소재지이다.

③ 외국법인의 납세지는 국내사업장의 소재지이다.

④ 원천징수한 법인세의 납세지는 해당 원천징수의무자의 소재지로 한다.

02. 다음 중 법인세법상 소득처분에 대한 설명으로 옳지 않은 것은?

① 사외로 유출되었으나 귀속이 불분명한 경우 대표자에 대한 상여로 처분한다.

② 법인의 세무조정사항에 대하여 그 소득의 귀속을 확인하는 것을 '소득처분'이라고 한다.

③ 모든 세무조정에 대해서는 소득처분이 동반된다.

④ 과세관청이 증빙불비 등의 사유로 추계결정하는 경우 기타사외유출로 소득처분한다.

03. 다음 중 법인세법상 익금불산입 항목에 대한 설명으로 옳지 않은 것은?

① 불공정 자본거래로 인하여 특수관계인으로부터 분여받은 이익은 익금에 산입하지 않는다.

② 법인세는 지출 당시 손금으로 인정받지 못하므로 환급액도 익금에 산입하지 않는다.

③ 이중과세방지를 위하여 지주회사가 자회사로부터 받은 배당소득금액 중 일정금액은 익금에 산입하지 않는다.

④ 자본감소의 경우로서 감소액이 주식의 소각, 주금의 반환에 든 금액과 결손보전에 충당한 금액을 초과한 경우 그 초과금액은 익금에 산입하지 않는다.

04. 다음 중 법인세법상 자산의 취득가액의 계산에 대한 설명으로 잘못된 것은?

① 타인으로부터 매입한 자산은 원칙적으로 매입가액에 부대비용을 가산한 금액을 취득가액으로 한다.

② 적격합병의 경우 취득가액은 피합병법인의 장부가액으로 한다.

③ 일반적인 채무의 출자전환에 따라 취득한 주식은 취득 당시 시가를 취득가액으로 한다.

④ 정부로부터 무상으로 할당받은 온실가스 배출권은 거래시가를 취득가액으로 한다.

05. 다음 중 법인세법상 세금과공과금에 대한 설명으로 옳지 않은 것은?

① 의제매입세액 및 재활용폐자원 등에 대한 매입세액공제액은 해당 원재료의 매입가액에서 공제한다.

② 폐수배출부담금은 전액 손금에 산입하지 않는다.

③ 기업업무추진비지출에 관련된 매입세액은 전액 손금불산입한다.

④ 세금계산서합계표 미제출로 인하여 공제받지 못한 부가가치세 매입세액은 손금에 산입하지 아니한다.

06. 다음 중 법인세법상 임대보증금의 간주익금에 대한 설명으로 잘못된 것은?

① 부동산을 임대하고 보증금을 받은 모든 법인은 간주임대료를 계산하여야 한다.

② 간주임대료는 익금에 산입하고 소득처분은 기타사외유출(추계는 제외)로 한다.

③ 기계 등을 대여하고 받는 보증금에 대하여는 간주임대료를 계산하지 아니한다.

④ 간주익금 해당액이 음수(-)인 경우에는 이를 없는 것으로 본다.

07. 다음 중 법인세법상 감가상각제도에 대한 설명으로 옳지 않은 것은?

① 리스자산 중 기업회계기준에 따른 금융리스자산은 리스회사의 감가상각자산으로 한다.

② 감가상각자산에 토지는 제외된다.

③ 감가상각이란 자산의 내용연수에 걸쳐 합리적 방법에 따라 비용을 배분하는 과정이다.

④ 감가상각비의 손금산입은 결산조정사항이나, 일부 신고조정사항도 있다.

08. 다음은 ㈜발전의 이자수익에 대한 자료이다. 이에 대한 법인세법상 세무조정으로 올바른 것은?

> ㈜발전은 1기에 3년만기 정기적금(원리금 만기 일시지급 조건)에 가입하고 이자수익 3,000,000원을 기간 경과에 따라 다음과 같이 회계처리하였다.
>
> | 1기 : | (차) | 미수수익 | 1,000,000원 | (대) | 이자수익 | 1,000,000원 |
> | --- | --- | --- | --- | --- | --- | --- |
> | 2기 : | (차) | 미수수익 | 1,000,000원 | (대) | 이자수익 | 1,000,000원 |
> | 3기 : | (차) | 현금 | 3,000,000원 | (대) | 미수수익 | 2,000,000원 |
> | | | | | | 이자수익 | 1,000,000원 |

① 1기 : 세무조정 없음

② 2기 : 〈익금산입〉 1,000,000원 (유보)

③ 3기 : 〈익금불산입〉 1,000,000원 (△유보)

④ 3기 : 〈익금산입〉 2,000,000원 (유보)

09. 법인세법상 손금으로 인정되는 대손금 중 성격이 다른 하나는?

① 채무자의 파산, 사업의 폐지 등으로 회수할 수 없는 채권

② 민사소송법상 재판상 화해 등으로 회수불능으로 확정된 채권

③ 특수관계인과의 거래가 아닌 중소기업 외상매출금으로서 거래일부터 2년 경과한 것

④ 채무자의 재산에 대한 경매가 취소된 압류채권(민사집행법)

10. 다음 중 법인세법상 특례 기부금에 해당하지 않는 것은?

① 국방헌금과 국군장병 위문금품의 가액

② 천재지변으로 생기는 이재민을 위한 구호금품의 가액

③ 지방자치단체에 무상으로 기증하는 금품의 가액

④ 의료법에 의한 의료법인에 고유목적사업비로 지출하는 기부 금품의 가액

11. 다음 중 법인세법상 과세표준의 계산에 대한 설명으로 옳지 않은 것은?

① 각사업연도 소득금액에서 이월결손금, 비과세소득, 소득공제의 순서로 차감하여 과세표준을 계산한다.

② 결손금 소급공제 한도인 직전 사업연도 법인세액에는 가산세 및 토지등 양도소득에 대한 법인세를 포함한다.

③ 천재지변 등으로 장부나 그 밖의 증명서류가 멸실되어 과세표준과 세액을 추계결정하는 경우 이월결손금 공제가 적용된다.

④ 소급공제 받은 결손금은 법인세의 과세표준을 계산함에 있어 이미 공제받은 결손금으로 본다.

12. 다음 자료를 통해 계산한 법인세법상 ㈜무지개의 대손충당금 설정 한도액은 얼마인가?

> ㈜무지개는 도소매업을 영위하고 있으며, 사업연도는 20x1.1.1.~20x1.12.31.이다.
> • 20x0년 말 세무상 대손충당금 설정 대상 채권잔액 : 10,000,000원
> • 20x1년 대손 발생액 : 90,000원
> • 20x1년 말 세무상 대손충당금 설정 대상 채권잔액 : 20,000,000원

① 100,000원　　　　② 180,000원　　　　③ 200,000원　　　　④ 300,000원

13. 다음 중 법인세법 또는 조세특례제한법상 이월공제되지 않는 세액공제는 무엇인가?
① 외국납부세액공제　　　　　　　　　② 재해손실세액공제
③ 연구인력개발비세액공제　　　　　　④ 조세특례제한법상 통합투자세액공제

14. 다음 중 부가가치세법의 특징에 대한 설명으로 가장 옳지 않은 것은?
① 부가가치세는 공급자가 납부하고 소비자가 부담하는 간접세이다.
② 납세의무자의 부양가족 수, 기초생계비 등 인적사항이 고려되지 않는 물세이다.
③ 세금계산서의 수수로 인하여 근거과세제도를 확립할 수 있다.
④ 수출하는 재화에 대해서는 면세를 적용하므로 수출을 촉진시킨다.

15. 다음 중 부가가치세 납세의무에 대한 설명으로 잘못된 것은?
① 사업자가 아닌 자가 부가가치세가 과세되는 재화를 개인용도로 사용하기 위해 수입하는 경우에는 부가가치세 납세의무가 없다.
② 사업자가 부가가치세 과세대상 재화를 공급시 부가가치세를 거래징수하지 못한 경우에도 부가가치세를 납부할 의무가 있다.
③ 사업자등록 없이 부가가치세가 과세되는 용역을 공급하는 사업자의 경우에도 부가가치세를 신고 납부할 의무가 있다.
④ 영리목적 없이 사업상 독립적으로 용역을 공급하는 자도 납세의무자에 해당한다.

16. 부가가치세법상 과세기간에 대한 설명으로 옳지 않은 것은?
① 신규사업자의 과세기간은 사업개시일부터 그 날이 속하는 과세기간 종료일까지로 한다.
② 법인사업자와 일반과세자인 개인사업자의 과세기간은 다르다.
③ 폐업자의 과세기간은 폐업일이 속하는 과세기간의 개시일부터 폐업일까지로 한다.
④ 간이과세자의 과세기간은 1월 1일부터 12월 31일까지로 한다.

17. 다음 중 부가가치세법상 사업자등록 정정사유가 아닌 것은?

① 개인사업자의 대표자가 변경되는 경우 ② 상호를 변경하는 경우

③ 사업의 종류에 변동이 있는 경우 ④ 사업장을 이전하는 경우

18. 다음 중 부가가치세법상 재화의 공급으로 보는 특례(공급의제)에 관한 설명으로 옳지 않은 것은?

① 간주공급은 실질공급과 같이 세금계산서를 발행하여야 한다.

② 사업자가 사업의 종류를 변경한 경우 변경 전 사업에 대한 잔존재화에 대해서는 과세하지 않는다.

③ 대가를 받지 않고 다른 사업자에게 양도하는 견본품은 과세하지 않는다.

④ 사업을 위해 착용하는 작업복, 작업모 및 작업화를 종업원에게 제공하는 경우 과세하지 않는다.

19. 다음 중 부가가치세법상 면세 및 면세사업자에 대한 설명으로 잘못된 것은?

① 면세포기를 한 사업자는 신고한 날부터 3년간은 면세를 다시 적용받지 못한다.

② 면세사업자도 매입세금계산서합계표 제출의무가 있다.

③ 주택 부수토지임대용역은 면세대상이지만 그 외의 토지임대용역은 과세대상(비과세 제외)이다.

④ 국민주택규모를 초과하는 주택의 임대용역은 과세이다.

20. 다음 중 부가가치세법상 세금계산서에 관한 설명으로 옳지 않은 것은?

① 세금계산서의 필요적 기재사항은 공급하는 사업자의 등록번호와 성명·명칭, 공급받는 자의 등록번호, 공급가액과 부가가치세액, 작성연월일이다.

② 법인사업자와 사업장별 재화 및 용역의 직전연도 연간 총공급가액 합계액이 1억원 이상인 개인사업자에 한하여 당해연도 7월 1일 이후 공급분에 대하여 반드시 전자세금계산서를 발급하여야 한다.

③ 전자세금계산서를 적법하게 발급하고 국세청장에게 전송한 경우에는 세금계산서합계표를 제출하지 않을 수 있고, 세금계산서 보관의무도 면제된다.

④ 면세사업자는 공급받는 자가 요구하는 경우에도 세금계산서를 발급할 수 없다.

21. ㈜발전은 택시와 시내버스운송사업에 공통으로 사용하고 있던 수리설비를 20x1년 5월 31일에 8,000,000원(공급가액)에 매각하였다. ㈜발전의 공급가액 명세가 다음과 같을 때 20x1년 1기 확정 부가가치세 과세표준에 포함되는 공통수리설비의 공급가액은 얼마인가?

과세기간	택시	시내버스	합계
20x0년 제1기	2억원	6억원	8억원
20x0년 제2기	3억원	5억원	8억원
20x1년 제1기	4억원	4억원	8억원

① 1,500,000원　　② 2,000,000원　　③ 3,000,000원　　④ 4,000,000원

22. 부가가치세법상 의제매입세액공제에 대한 설명으로 옳지 않은 것은?

① 수입되는 면세농산물의 매입가액은 관세의 과세가격으로 한다.
② 공제대상이 되는 원재료의 매입가액은 운임 등의 부대비용을 제외한 매입원가로 한다.
③ 면세농산물 등을 원재료로 하여 제조 또는 가공한 재화 또는 창출한 용역의 공급이 과세되는 경우에 적용된다.
④ 면세농산물 등을 공급받는 날이 속하는 과세기간의 확정신고시에만 공제가 가능하다.

23. 다음 중 부가가치세법상 매입자발행세금계산서에 관한 설명으로 옳지 않은 것은?

① 매입자발행세금계산서를 발행하려는 자는 해당 재화 또는 용역의 공급시기가 속하는 과세기간의 종료일부터 1년 이내에 관할세무서장에게 거래 사실의 확인을 신청하여야 한다.
② 신청서를 송부받은 공급자 관할세무서장은 신청인의 신청내용, 제출된 증빙자료를 검토하여 거래 사실 여부를 확인하여야 한다. 이 경우 거래 사실의 존재 및 그 내용에 대한 입증책임은 신청인에게 있다.
③ 신청을 받은 관할세무서장은 신청서에 재화 또는 용역을 공급한 자의 인적사항이 부정확하거나 신청서 기재방식에 흠이 있는 경우에는 신청일 부터 7일 이내에 일정한 기간을 정하여 보정요구를 할 수 있다
④ 거래 사실의 확인 신청 대상이 되는 거래는 거래 건당 공급대가가 50만원 이상인 경우로 한다.

24. 다음 중 부가가치세법상 가산세율이 옳지 않은 것은?

① 타인 명의로 사업자등록을 하는 경우 : 1%

② 사업자가 사업개시일부터 20일 이내에 사업자등록을 신청하지 않은 경우 : 1%

③ 세금계산서의 발급시기가 지난 후 해당 재화 또는 용역의 공급시기가 속하는 과세기간에 대한 확정신고 기한까지 세금계산서를 발급하는 경우 : 1%

④ 법인이 세금계산서의 발급시기가 지난 후 해당 재화 또는 용역의 공급시기가 속하는 과세기간에 대한 확정신고 기한까지 전자세금계산서를 발급하지 아니한 경우 : 2%

25. 다음 중 부가가치세법상 환급에 대한 설명으로 옳지 않은 것은?

① 일반환급의 경우 예정신고 기한이 지난 후 30일 이내 환급하여야 한다.

② 사업설비를 취득한 경우 조기환급신고를 할 수 있다.

③ 대통령령으로 정하는 재무구조개선계획을 이행 중인 경우 조기환급신고를 할 수 있다.

④ 조기환급신고를 한 부분은 예정신고 및 확정신고대상에서 제외한다.

1부 주관식   문항 당 5점

26. ㈜한세는 20x1년 중 김세무씨로부터 시가 200,000,000원인 유가증권을 100,000,000원에 매입하고 다음과 같이 회계처리하였다. ㈜한세와 김세무씨는 특수관계인에 해당하며, 사업연도 종료일 현재 유가증권의 시가는 150,000,000원이다. ㈜한세의 회계처리에 대한 세무조정 내용으로 아래의 괄호 안에 들어갈 알맞은 금액은 몇 원인가?

회계처리 :	(차) 유가증권	100,000,000원	(대) 현금	100,000,000원
세무조정 :	〈익금산입〉	유가증권 ( )	(유보)	

27. 다음 자료를 이용하여 법인세법상 무조건 기타사외유출에 해당하는 항목의 합계액을 구하시오.

- 기업업무추진비 한도초과액의 손금불산입액 : 1,000,000원
- 업무무관자산에 대한 지급이자의 손금불산입액 : 1,500,000원
- 업무무관비용의 귀속자가 출자임원인 경우의 손금불산입액 : 500,000원
- 비용으로 계상한 토지 취득세의 손금불산입액 : 2,000,000원

28. 법인세법상 다음 괄호 안에 공통으로 들어갈 내용은 무엇인가?

> 내국법인의 납부할 세액이 (   )을 초과하는 경우에는 납부할 세액에서 (   )을 초과하
> 는 금액을 납부기한이 지난 날 부터 1개월(중소기업의 경우 2개월)이내 분납할 수 있다.

29. 부가가치세법상 다음의 빈칸에 들어갈 내용은 무엇인가?

> 간이과세자의 해당 과세기간에 대한 공급대가의 합계액이 (   )원 미만이면 그 과세기간의
> 납부세액의 납부의무를 면제한다. 다만, 일반과세자가 간이과세자로 변경되는 경우 납부세액에 더해
> 야 할 재고납부세액은 납부해야 한다.

30. 다음 자료를 이용하여 정한국씨의 상가건물 일부 면세전용에 대한 20x1년 2기 간주공급 부가가치세 과세표준을 계산하시오.

> 일반과세자인 정한국씨는 20x1년 4월 1일 매입세액을 공제받은 상가건물을 100,000,000
> 원(부가가치세 제외)에 취득하여 떡 공장(과세)을 운영하다가, 20x1년 10월 1일부터 사업을
> 확장하여 상가건물 중 일부를 쌀 도매용(면세)으로 사용하고 있다.
> [관련 자료]
> • 20x1년 1기 총공급가액 중 면세공급가액 비율 : 50%
> • 20x1년 2기 총공급가액 중 면세공급가액 비율 : 40%
> • 건물에 대한 감가율은 5%이다.

세법2부 국세기본법, 소득세법, 조세특례제한법

01. 다음 중 국세기본법상 기간과 기한에 대한 설명으로 잘못된 것은?

① 세법에서 규정하는 기간의 계산은 국세기본법 또는 세법에 특별한 규정이 있는 것을 제외하고는 민법에 따른다.
② 기간을 일, 주, 월 또는 년으로 정한 때에는 원칙적으로 기간의 초일을 산입한다.
③ 납부기한이 공휴일, 토요일인 때에는 그 날의 다음 날을 기한으로 한다.
④ 우편신고의 경우 우편 날짜 도장이 찍힌 날에 신고된 것으로 본다.

02. 다음 중 국세기본법상 납세의무의 성립시기가 옳지 않은 것은?

① 상속세 : 상속이 개시되는 때   ② 증여세 : 증여에 의해 재산을 취득하는 때

③ 부가가치세 : 재화 및 용역을 공급하는 때   ④ 종합부동산세 : 과세기준일

03. 국세기본법상 조세채권의 소멸사유 중 조세채권이 실현되면서 소멸하는 사유로 옳은 것은?

① 충당   ② 부과취소

③ 국세부과권 제척기간의 만료   ④ 국세징수권 소멸시효의 완성

04. 다음은 국세기본법상 국세징수권 소멸시효에 관하여 설명한 내용이다. 타당하지 않은 것은?

① 국세징수권 소멸시효의 완성은 기산일로 소급하여 징수권이 소멸하며, 제2차 납세의무자 등에도 그 효력이 미친다.

② 국세징수권의 소멸시효가 완성되면 납세자의 원용(주장)이 없더라도 그 국세징수권은 당연히 소멸한다.

③ 납세자는 본인의 의사에 의하여 국세징수권의 소멸시효의 이익을 포기할 수 있다.

④ 5억원 이상의 국세에 대한 국세징수권 소멸시효는 10년으로 한다.

05. 다음 중 국세기본법상 제2차 납세의무에 대한 설명으로 잘못된 것은?

① 해산한 법인의 청산인 등은 각자가 받은 재산의 가액을 한도로 제2차 납세의무가 있다.

② 합명회사의 무한책임사원은 무제한 납세의무를 진다.

③ 납세의무 성립일 현재 과점주주는 지분율만큼 제2차 납세의무가 있다.

④ 사업을 양수한 양수인은 해당 사업에 관한 양도 전후의 모든 국세에 대해 제2차 납세의무가 있다.

06. 다음은 국세기본법상 과세전적부심사에 대한 결정에 관한 내용이다. 빈칸에 들어갈 숫자로 옳은 것은?

> 과세전적부심사청구를 받은 세무서장, 지방국세청장 또는 국세청장은 각각 국세심사위원회의 심사를 거쳐 채택, 불채택 등의 결정을 하고 그 결과를 청구를 받은 날부터 (   )일 이내에 청구인에게 통지해야 한다.

① 30   ② 45   ③ 60   ④ 90

07. 다음 중 기한후신고를 한 경우 국세기본법상 가산세의 감면율로 연결이 옳지 않은 것은?

① 법정신고기한이 지난 후 1개월 이내 : 50%

② 법정신고기한이 지난 후 1개월 초과 3개월 이내 : 30%

③ 법정신고기한이 지난 후 3개월 초과 6개월 이내 : 20%

④ 법정신고기한이 지난 후 6개월 초과 12개월 이내 : 10%

08. 다음 중 국세기본법상 과세 관할에 관한 설명으로 옳지 않은 것은?

① 과세표준신고서는 신고 당시 해당 국세의 납세지를 관할하는 세무서장에게 제출하여야 한다.

② 과세표준신고서가 납세지 관할세무서장 외의 세무서장에게 제출된 경우 그 신고는 효력이 없다.

③ 전자신고를 하는 경우 납세지 관할세무서장이 아닌 지방국세청장이나 국세청장에게 과세표준신고서를 제출할 수 있다.

④ 국세의 과세표준과 세액의 결정 또는 경정결정은 그 처분 당시 그 국세의 납세지를 관할하는 세무서장이 한다.

09. 다음 중 국세기본법상 국세우선권에 제한을 가져오는 것에 해당하지 않는 것은?

① 강제집행, 경매 또는 파산 절차에 든 비용   ② 선집행 지방세와 공과금

③ 종업원의 최종 3월분의 임금   ④ 소액주택임차보증금

10. 다음 중 국세기본법상 납세자권리헌장에 포함하여야 할 내용으로 옳지 않은 것은?

① 납세자의 성실성 추정   ② 세무조사권 남용의 금지

③ 세무조사의 사전통지와 연기신청   ④ 통합조사금지의 원칙

11. 다음 중 국세기본법상 공동사업에 대한 연대납세의무에 관한 설명으로 옳지 않은 것은?

① 공동사업에 관한 국세는 공동사업자가 연대하여 납부할 의무를 진다.

② 납세고지서는 연대납세의무자 모두에게 각각 송달하여야 한다.

③ 연대납세의무자 중 1인이 그 일부를 납부했을 경우 다른 연대납세의무자에게도 그 납부한 한도 내에서 납세의무는 소멸된다.

④ 연대납세의무에 관하여 다른 세법에 특례규정이 있는 경우에도 그 특례규정이 우선 적용되지 않는다.

12. 다음 중 소득세법에 관한 설명으로 잘못된 것은?

① 거주자는 국외원천소득에 대해서도 납세의무가 있다.

② 납세자와 담세자가 동일한 직접세이다.

③ 과세대상 소득은 소득원천설에 따른 열거주의만 적용한다.

④ 개인별 소득을 기준으로 과세하는 개인단위 과세제도를 원칙으로 하고 있다.

13. 소득세법상 거주자 또는 비거주자가 되는 시기에 관한 설명으로 옳지 않은 것은?

① 비거주자는 국내에 주소를 둔 날에 거주자로 된다.

② 거주자는 주소 또는 거소의 국외 이전을 위하여 비자를 받은 날에 비거주자로 된다.

③ 비거주자는 국내에 거소를 둔 기간이 183일이 되는 날에 거주자로 된다.

④ 거주자가 국내에 주소가 없거나 국외에 주소가 있는 것으로 보는 사유가 발생한 날의 다음 날에 거주자에서 비거주자로 된다.

14. 다음 중 소득세법상 이자소득의 원칙적인 수입시기로 알맞지 않은 것은?

① 보통예금·정기예금의 이자 : 실제로 이자를 지급받는 날

② 저축성보험의 보험차익 : 보험금 환급금의 지급일

③ 비영업대금의 이익 : 실제로 이자를 지급받는 날

④ 환매조건부 채권·증권의 매매차익 : 약정에 따른 해당 채권·증권의 환매수일·환매도일

15. 다음 중 소득세법상 사업소득에 관한 설명으로 옳지 않은 것은?

① 사업소득금액 계산시 대표자 본인에 대한 급여는 필요경비로 인정하지 않는다.

② 은행예금 수입이자는 사업소득금액 계산시 총수입금액에 불산입한다.

③ 복식부기의무자가 사업용 차량운반구를 양도하는 경우 그 양도가액은 총수입금액에 불산입한다.

④ 사업소득 중에서도 원천징수대상이 되는 소득이 있다.

16. 소득세법상 근로소득에 대한 설명으로 옳지 않은 것은?

① 해당 사업연도의 소득금액을 법인이 신고함에 따라 발생한 그 법인의 임원에 대한 상여의 수입시기는 결산확정일이다.

② 근로소득만 있는 자로서 연말정산을 한 경우에는 해당 소득에 대하여 과세표준 확정신고를 하지 아니할 수 있다.

③ 원천징수의무자는 해당 과세기간의 다음연도 2월분의 근로소득을 지급할 때에 연말정산을 하여야 한다.

④ 잉여금처분에 의한 상여의 수입시기는 해당 법인의 잉여금처분결의일이다.

17. 소득세법상 연금소득에 대한 설명으로 옳지 않은 것은?

① 연금소득금액은 소득세법에서 정한 총연금액에서 실제 지출된 필요경비를 차감한 금액으로 한다.

② 산업재해보상보험법에 따라 받는 각종 연금은 비과세소득이다.

③ 공적 연금소득을 지급하는 자가 연금소득의 일부 또는 전부를 지연하여 지급하면서 지연지급에 따른 이자를 함께 지급하는 경우 해당 이자는 공적 연금소득으로 본다.

④ 납입시에 소득공제 등을 적용받지 않은 연금불입액은 수령시에 과세되지 않는다.

18. 다음 중 소득세법상 기타소득에 관한 설명으로 잘못된 것은?

① 산업재산권 등을 양도하거나 대여하고 그 대가로 받는 금품은 해당 기타소득의 수입금액의 60%를 필요경비로 인정받을 수 있다.

② 일시적인 문예창작소득으로 받는 기타소득은 수입금액의 60%를 필요경비로 인정받을 수 있다.

③ 일정한 인적용역을 일시적으로 제공하고 그 대가로 지급받는 기타소득은 수입금액의 60%를 필요경비로 인정받을 수 있다.

④ 슬롯머신 등을 이용하여 받는 당첨금품은 해당 수입금액의 60%를 필요경비로 인정받을 수 있다.

19. 다음은 거주자 정바름씨의 소득 관련 자료이다. 정바름씨의 소득세법상 20x1년 귀속 종합소득금액은 얼마인가?

구분	20x0년 귀속분	20x1년 귀속분
근로소득금액	21,000,000원	20,000,000원
(상가)부동산임대사업소득금액	(-)3,000,000원	5,000,000원
사업소득금액	(-)5,000,000원	1,000,000원

① 13,000,000원　　② 16,000,000원　　③ 23,000,000원　　④ 26,000,000원

20. 다음 중 소득세법상 미등기양도자산에 대한 설명으로 잘못된 것은?

① 양도소득세 비과세 적용이 배제된다.　　② 필요경비 개산공제를 배제한다.

③ 장기보유특별공제를 배제한다.　　　　④ 70%의 양도소득세율이 적용된다.

21. 소득세법상 종합소득공제에 대한 설명으로 옳지 않은 것은?

① 비거주자에 대하여 종합과세하는 경우 종합소득공제는 본인 및 배우자에 대한 인적공제만 적용된다.

② 배우자가 없는 거주자로서 기본공제대상자인 직계비속이 있는 경우 연 100만원의 추가공제가 가능하다.

③ 인적공제의 합계액이 종합소득금액을 초과하는 경우 그 초과하는 공제액은 없는 것으로 한다.

④ 거주자의 기본공제대상자 중 장애인복지법에 따른 장애인이 있는 경우 연 200만원의 추가공제가 가능하다.

22. 다음 중 소득세법상 기장세액공제에 대한 설명으로 옳지 않은 것은?

① 간편장부대상자가 복식부기에 따라 비치·기장한 장부에 의하여 소득금액을 계산하고 세법이 규정한 과세표준확정신고서류를 제출하는 경우에 적용한다.

② 복식부기에 의하여 계산한 세액의 20%에 해당하는 금액을 공제한다. 다만, 공제세액이 100만원을 초과하는 경우에는 100만원을 공제한다.

③ 기장세액공제와 관련된 장부 및 증명서류를 해당 과세표준 확정신고기간 종료일부터 5년간 보관하지 않는 경우에는 기장세액공제를 적용하지 않는다.

④ 비치·기록한 장부에 의하여 신고하여야 할 소득금액의 10% 이상을 누락하여 신고한 경우 기장세액공제를 적용하지 않는다.

23. 다음 중 소득세법상 소규모사업자도 적용대상이 되는 가산세는 무엇인가?

① 계산서발급불성실가산세

② 영수증수취명세서미제출가산세

③ 지급명세서제출불성실가산세

④ 증명서류수취불성실가산세

24. 다음 중 소득세법상 소득금액 계산의 특례에 대한 설명으로 옳지 않은 것은?

① 종합소득금액 중 이자소득은 부당행위계산 부인규정을 적용받지 않는다.

② 거주자가 비(非)특수관계인과 부동산임대사업을 공동으로 경영하는 경우 각자 소득세 납세의무를 진다.

③ 거주자가 특수관계인에게 부동산을 무상으로 임대한 경우 부당행위계산 부인규정이 적용될 수 있다.

④ 종합과세되는 배당소득은 전액이 결손금 또는 이월결손금의 공제대상에 해당한다.

25. 다음 중 소득세법상 신고 및 납부절차에 대한 설명으로 옳지 않은 것은?

① 분리과세 대상 이자소득 또는 기타소득만 있는 거주자는 과세표준 확정신고를 하지 않을 수 있다.

② 사업장현황신고는 해당 과세기간의 다음연도 1월 25일까지 사업장 소재지 관할세무서장에게 신고하여야 한다.

③ 사업소득 중 수시부과하는 소득에 대하여는 중간예납의무를 부과하지 않는다.

④ 성실신고확인 대상 사업자가 기한 내에 성실신고확인서를 제출하지 않은 경우 5% 가산세를 적용한다.

2부 주관식	문항 당 5점

26. 다음은 국세기본법상 납세자의 권리구제 절차를 나타낸 것이다. 임의적 절차를 포함하며, 심판청구를 선택심급으로 할 때 괄호 안에 들어갈 알맞은 것은 무엇인가?

> 과세전적부심사청구 → (　　　　) → 심판청구 → 행정소송

27. 다음은 납부지연가산세에 관한 설명이다. 국세기본법상 아래의 빈칸에 들어갈 숫자는 무엇인가?

> 납세의무자가 국세기본법 및 세법에 따른 납부기한까지 국세의 납부를 하지 않거나 납부하여야 할 세액보다 적게 납부한 경우에는 다음의 금액을 '납부지연가산세'로 납부하여야 한다.
> • 미납세액(또는 과소납부분 세액) × 미납일수 × (　　　　)/100,000

28. 소득세법상 아래의 빈칸에 들어갈 내용은 무엇인가?

> 해당 과세기간에 종합소득과세표준을 계산할 때 합산하는 종합소득금액이 (   )원 이하인
> 거주자가 배우자가 없는 여성으로서 부양가족이 있는 세대주이거나 배우자가 있는 여성인 경우 연
> 50만원의 부녀자공제를 적용한다.

29. 소득세법상 다음의 괄호 안에 공통으로 들어갈 내용은 무엇인가?

> 근로소득에 대한 원천징수의무자가 12월분의 근로소득을 다음연도 (   ) 말일까지 지급하지 아니
> 한 때에는 그 근로소득을 다음연도 (   ) 말일에 지급한 것으로 보아 소득세를 원천징수한다.

30. 소득세법상 다음 괄호 안에 들어갈 내용은 무엇인가?

> 사업자가 사업과 관련하여 다른 사업자로부터 재화 등을 공급받고 적격증명서류(세금계산서, 계산서
> 등)를 받지 않거나 사실과 다른 적격증명서류를 받은 경우에는 미수취·불분명분 금액의 (   )%를 가
> 산세로 해당 과세기간의 종합소득결정세액에 더하여 납부하여야 한다.

제95회 세무회계2급 답안 및 해설

▰▰▰▰ 세법1부 – 법인세법, 부가가치세법

1	2	3	4	5	6	7	8	9	10	11	12	13	14	15
①	④	①	④	③	①	①	④	④	④	②	③	②	④	①

16	17	18	19	20	21	22	23	24	25
②	①	①	④	②	③	④	④	①	①

26	27	28	29	30
1억원	250만원	1천만원	4,800만	3,800만

01. 법인은 납세지가 변경된 경우 그 변경된 날부터 **15일 이내**에 대통령으로 정하는 바에 따라 변경 후의 납세지 관할 세무서장에게 이를 신고하여야 한다.

02. 과세관청이 증빙불비 등의 사유로 추계결정하는 경우 대표자에 대한 상여로 처분한다. 다만, 천재지변 등 부득이한 사유로 추계결정하는 경우에는 기타사외유출로 처분한다

03. 불공정 자본거래로 인하여 특수관계인으로부터 분여받은 이익은 익금에 산입한다.

04. 무상으로 할당받은 온실가스배출권은 영(0)원으로 한다.

05. 기업업무추진비지출에 관련된 매입세액은 기업업무추진비에 합산하여 기업업무추진비한도액 범위 내에서 손금에 산입한다.

06. 소득금액을 추계하지 않는 법인은 **일정한 요건에 해당하는 법인만 간주임대료 계산**을 한다.

07. **금융리스자산은 리스이용자의 감가상각자산**으로 하며, 금융리스 외의 리스자산은 리스회사의 감가상 각자산으로 한다.

08. 정기적금의 이자는 실제 수령한 날에 인식한다.

    1기 : 〈익금불산입〉   1,000,000원   (△유보)

    2기 : 〈익금불산입〉   1,000,000원   (△유보)

    3기 : 〈익금산입〉   2,000,000원   (유보) ← 유보추인

09. **민사집행법상 경매가 취소된 압류채권은 신고조정사항**이다.

10. 의료법인의 고유목적사업비로 지출시 일반기부금에 해당한다.

11. 결손금 소급공제 한도 계산시 **직전 사업연도 법인세액에 가산세 및 토지등 양도소득에 대한 법인세는 제외한다.**

12. 대손실적률 = 20x1년 대손 발생액(90,000)÷20x1년 기초 채권잔액(10,000,000) = 0.9%

    대손충당금 설정한도 = 대손충당금 설정 대상 채권 잔액(20,000,000원

                    ×Max(1%, 대손실적률 0.9%) = 200,000원

13. **재해손실세액공제는 이월공제되지 않는다.**
14. 수출하는 재화에 대해서는 영세율을 적용하므로 수출을 촉진시킨다.
15. 재화를 수입하는 자는 사업자여부와 용도에 불문하고 부가가치세 납세의무가 있다.
16. 법인사업자와 일반과세자인 개인사업자의 과세기간은 같다.
17. 법인의 대표자가 변경되는 경우에만 사업자등록 정정사유에 해당하며 개인사업자의 대표자가 변경되는 경우에는 폐업사유와 신규사업등록에 해당한다.
18. 판매목적 타사업장 반출 외의 간주공급은 세금계산서를 발행의무가 없다.
19. **주택의 임대용역은 규모에 관계없이 면세대상**이다.
20. 직전연도 사업장별 재화 및 용역의 **공급가액(면세공급가액을 포함)의 합계액(2023년 0.8억원)** 이상인 개인사업자는 전자세금계산서를 발급하여야 한다.
21. 8,000,000(공급가액)×20x0년 2기 [과세공급가액(3억)/총공급가액(8억)] = 3,000,000원
22. 의제매입세액은 확정신고분 아니라 예정신고시에도 적용이 가능하다.
23. 거래 사실의 확인 신청 대상이 되는 거래는 거래 **건당 공급대가가 5만원 이상인 경우**로 한다.
24. 타인의 명의로 사업자등록을 하거나 그 타인 명의의 사업자 등록을 이용하여 사업을 하는 것으로 확인되는 경우 그 타인 명의의 사업개시일 부터 실제 사업을 하는 것으로 확인되는 날의 직전일 까지의 공급가액 합계액의 2%(개정세법 25)를 가산세로 한다.
25. **예정신고에는 환급이 없고,** 확정신고 기한이 지난 후 30일 이내 환급하여야 한다.
26. 자산의 저가매입에 따른 이익은 일반적으로 매입시점에는 익금에 해당하지 않지만, 법인이 그의 특수관계인인 개인으로부터 유가증권을 저가로 매입하는 경우에는 예외적으로 매입시점에 시가(2억)와 그 매입가액(1억)의 차액(1억원)을 익금으로 본다.
27. 기업업무추진비 한도초과액(1,000,000)+업무무관자산 지급이자(1,500,000) = 2,500,000원
업무무관비용의 귀속자가 출자임원인 경우 상여처분하고, 비용으로 계상한 토지의 취득세는 유보로 처리한다.
30. 면세전용 간주시가(건물) = 취득가액(100,000,000)×[1 - 감가율(5%)]×2기 면세비율(40%)
　　　　　　 = 38,000,000원

세법2부 – 국세기본법, 소득세법, 조세특례제한법

1	2	3	4	5	6	7	8	9	10	11	12	13	14	15
②	③	①	③	④	①	④	②	②	④	④	③	②	③	③

16	17	18	19	20	21	22	23	24	25
①	①	④	③	②	①	④	③	④	②

26	27	28	29	30
이의신청	22	3,000만	2월	2

01. 기간 계산시 **초일 불산입 말일산입이 원칙**이다.

02. 부가가치세는 기간 과세로 **과세기간이 끝나는 때 납세의무가 성립**한다.

03. **충당의 경우만 조세채권이 실현**되어 소멸한다.

04. 민법상 소멸시효가 완성된 후 그 이익을 받을자는 이익을 포기할 수 있으나, 조체채권채무에 대해 **납세자는 본인의 의사에 의하여 국세징수권의 소멸시효의 이익을 포기할 수 없다.**

05. 사업 양도일 전에 납세의무가 확정된 국세(양도세 제외)에 관해서만 제 2차 납세의무가 있다.

06. 결과를 **청구를 받은 날부터 30일 이내**에 청구인에게 통지해야 한다.

07. 법정신고기한이 지난 후 **6개월까지 무신고가산세의 감면이 있다.**

08. 과세표준신고서가 납세지 **관할세무서장 외의 세무서장에게 제출된 경우**에도 그 신고의 효력에는 **영향이 없다.**

09. 공과금 자체는 국세 등에 우선하지 못하며, 지방세의 우선 여부는 별도로 판정해야 한다.

10. 세무조사는 납세자의 사업과 관련하여 세법에 따라 신고 · 납부의무가 있는 세목을 통합하여 실시하는 것을 원칙으로 한다.

11. 연대납세의무에 관하여 다른 세법에 특례규정이 있는 경우에는 그 **특례규정을 우선하여 적용한다.**

12. 예외적으로 금융소득(이자, 배당)과 사업소득은 유형별 포괄주의를 적용한다.

13. 거주자는 주소 또는 거소의 국외 이전을 위하여 **출국하는 날의 다음날**에 비거주자로 된다 .일반적으로 비거주자가 되는 시기는 사유발생일의 "다음날"이며 거주자가 되는 시기는 사유가 발생한 날이 된다.

14. 비영업대금의 이익 : 약정에 따른 이자지급일

15. 복식부기의무자가 사업용 차량운반구 양도시 양도가액은 총수입금액에 산입한다.

16. 해당 사업연도의 소득금액을 법인이 신고함에 따라 발생한 그 법인의 임원에 대한 상여의 수입시기는 근로를 제공한 날이다.

17. 연금소득금액은 소득세법에서 정한 총연금액에서 연금소득공제를 적용한 금액으로 한다

18. 슬롯머신 등을 이용하는 행위에 참가하여 받는 당첨금품 등은 슬롯머신 등에 **투입한 금액(실제경비)을 필요경비**로 인정한다.

19. 부동산임대소득에서 발생한 이월결손금은 부동산임대소득금액에서만 공제한다.

	20x0년		20x1년	
	소득금액	이월결손금	소득금액	이월결손금 공제
근로소득금액	21,000,000		20,000,000	
부동산임대소득	(-)3,000,000	3,000,000	5,000,000	△3,000,000
사업소득금액	(-)5,000,000		1,000,000	
종합소득금액	16,000,000		23,000,000	

☞ 확정답안에서 부동산임대소득금액에서 발생한 이월결손금을 사업소득금액에서 먼저 공제하고 잔여분을 부동산임대소득금액에서 공제한 것은 잘못된 문제 풀이다.

20. 일반적인 개산공제 **필요경비율은 3%이지만, 미등기자산은 0.3%를 적용**한다.

21. 비거주자에 대하여 종합과세하는 경우 **종합소득공제는 본인에 대한 공제만 가능**하다.

22. 비치·기록한 장부에 의하여 신고하여야 할 소득금액의 **20% 이상을 누락하여 신고**한 경우 기장세액공제를 적용하지 않는다.

23. **소규모사업자도 지급명세서 제출불성실가산세**가 적용된다.

24. 결손금 및 이월결손금을 공제할 때 금융소득 종합과세시 세액계산특례에 따라 산출세액을 계산을 하는 경우 종합과세되는 배당소득 또는 이자소득 중 원천징수세율을 적용받는 부분은 결손금 또는 이월결손금의 공제대상에서 제외한다.

25. 사업장현황신고는 해당 **과세기간의 다음연도 2월 10일까지 사업장 소재지 관할세무서장에게 신고**하여야 한다.

27. **납부지연가산세 계산시 1일 22/100,000**

제94회 세무회계2급

합격율	시험년월
38%	2021.08

세법1부 **법인세법, 부가가치세법**

01. 다음 중 법인세법상 사업연도에 관한 설명으로 옳지 않은 것은?

① 사업연도는 법령이나 정관 등에서 정하는 1 회계기간으로 하며, 예외적으로 1년을 초과할 수 있다.

② 내국법인(법인으로 보는 단체 제외)의 경우 최초 사업연도 개시일은 설립등기일이다.

③ 사업연도를 변경하려는 법인은 그 법인의 직전 사업연도 종료일부터 3개월 이내에 납세지관할 세무서장에게 신고하여야 한다.

④ 법인의 사업연도를 법령에 따라 신고하여야 하는 법인이 그 신고를 하지 아니한 때는 매년 1월 1일부터 12월 31일까지를 그 법인의 사업연도로 한다.

02. 다음 중 법인세법상 법인세의 납세의무자에 해당하지 않는 것은?

① 영리내국법인
② 국내원천소득이 있는 영리외국법인
③ 국가 · 지방자치단체
④ 비영리내국법인

03. 다음 중 법인세법상 세무조정 및 소득처분에 관한 설명으로 가장 옳지 않은 것은?

① 배당 · 상여 및 기타소득으로 소득처분하는 경우 소득처분하는 법인에게는 원천징수의무가 있다.

② 익금에 산입한 금액이 사외유출되지 아니한 경우에는 유보로 소득처분한다.

③ 신고조정사항은 손금산입시기를 조정할 수 없으나, 결산조정사항은 손금산입시기를 조정할 수 있다.

④ 법인의 자금이 출자임원에게 귀속된 경우 배당으로 소득처분한다.

04. 다음 중 법인세법상 익금에 대한 설명으로 가장 옳지 않은 것은?

① 특수관계인인 개인으로부터 유가증권을 시가보다 낮은 가액으로 매입한 경우 시가와 매입가액의 차액에 상당하는 금액은 익금이다.

② 모든 자산의 평가이익은 익금산입한다.

③ 주식발행초과금은 익금불산입항목이다.

④ 자산수증이익은 이월결손금 보전에 충당하지 않는 경우 익금에 해당한다.

05. 다음 중 법인세법상 현실적인 퇴직으로 보지 않는 경우로 옳은 것은?

① 법인의 직원이 해당 법인의 임원으로 취임한 때

② 법인의 임원 또는 직원이 그 법인의 조직변경, 합병, 분할 또는 사업양도에 의하여 퇴직한 때

③ 법인의 대주주 변동으로 인하여 계산의 편의, 기타 사유로 모든 사용인에게 퇴직급여를 지급한 경우

④ 「근로자퇴직급여보장법」에 따라 퇴직급여를 중간정산하여 지급한 때(중간정산 시점부터 새로이 근무연수를 기산하여 퇴직급여를 계산하는 경우에 한정한다)

06. 다음 중 법인세법상 손익의 귀속시기에 대한 설명으로 옳은 것은?

① 계약 등에 의하여 임대료의 지급일이 정하여진 경우에는 실제 지급받은 날을 귀속시기로 한다.

② 상품 등을 시용판매한 경우 그 상품의 인도일을 귀속시기로 한다.

③ 법인세법은 현금주의를 채택하고 있다.

④ 중소기업이 수행하는 계약기간 1년 미만의 단기건설 등의 경우에는 인도일이 속하는 사업연도의 익금과 손금으로 산입할 수 있다.

07. 다음 중 법인세법상 자산과 부채의 평가 방법에 관한 설명으로 옳지 않은 것은?

① 법인이 기한 내에 재고자산(유가증권 제외)의 평가 방법을 신고하지 않은 경우 총평균법으로 평가한다.

② 신설법인의 재고자산 평가 방법은 당해 법인의 설립일이 속하는 사업연도의 법인세 과세표준 신고기한 내에 신고해야 한다.

③ 재고자산의 평가 방법을 변경하고자 하는 법인은 변경할 평가 방법을 적용하고자 하는 사업연도의 종료일 이전 3월이 되는 날까지 신고해야 한다.

④ 재고자산의 평가 방법으로 저가법을 신고하는 경우에는 시가와 비교되는 원가법을 함께 신고하여야 한다.

08. 다음 중 법인세법상 경비 등의 손금에 관한 설명으로 가장 옳지 않은 것은?

① 법인이 해당 법인 외의 자와 출자에 의하여 특정 사업을 공동으로 운영하면서 발생하거나 지출한 손비로써 출자비율에 따른 분담금액을 초과하는 금액은 손금에 산입하지 아니한다.

② 법인이 임원 또는 직원이 아닌 지배주주 등에게 지급한 여비 또는 교육훈련비는 손금에 산입한다.

③ 복리후생비 중 고용보험법에 따라 사용자로서 부담하는 보험료는 손금에 산입한다.

④ 불우종업원에게 지급하는 생계비나 학비 보조금 등도 인건비로서 손금에 산입한다.

09. 다음 중 법인세법상 기업업무추진비에 대한 설명으로 틀린 것은?

① 기업업무추진비 해당 여부는 계정과목의 명칭과 관계없이 실질 내용에 따라 판단하여야 한다.

② 현물기업업무추진비는 제공하는 시점의 시가와 장부가액 중 큰 금액으로 기업업무추진비를 계산한다.

③ 원칙적으로 내국법인이 지출한 기업업무추진비의 귀속 사업연도는 실제 지출한 날이 속하는 사업연도로 한다.

④ 법인이 그 직원이 조직한 법인인 조합에 대하여 지출한 복리시설비는 기업업무추진비로 본다.

10. 다음 중 법인세법상 대손 사유가 발생한 날이 속하는 사업연도의 손금에 해당하는 대손 사유가 아닌 것은?

① 상법에 따른 소멸시효가 완성된 외상매출금

② 민사집행법에 따라 채무자의 재산에 대한 경매가 취소된 압류채권

③ 채무자 회생 및 파산에 관한 법률에 따른 회생계획인가의 결정에 따라 회수불능으로 확정된 채권

④ 채무자가 사업상 중대한 위기에 처한 경우의 채권

11. 다음 중 법인세법상 중간예납에 대한 설명으로 틀린 것은?

① 중간예납기간 중 휴업 등의 사유로 사업수입금액이 없는 것으로 납세지관할 세무서장이 확인한 휴업법인도 중간예납의 의무가 있다.

② 각 사업연도의 기간이 6월을 초과하는 법인은 해당 사업연도 개시일부터 6월간을 중간예납기간으로 한다.

③ 직전 사업연도의 중소기업으로서 직전 사업연도 산출세액을 기준으로 계산한 금액이 50만원 미만인 내국법인은 중간예납세액을 납부할 의무가 없다.

④ 중간예납세액의 계산 방법은 직전 사업연도의 산출세액을 기준으로 계산하거나 해당 중간예납기간의 법인세액을 기준으로 계산하는 방법이 있다.

12. 다음 중 법인세법상 감가상각 대상 자산과 감가상각방법을 잘못 연결한 것은?

① 건축물 외의 유형자산(광업용 유형자산은 제외한다) : 정률법 또는 정액법

② 광업권 : 생산량비례법 또는 정액법

③ 광업용 유형자산 : 생산량비례법 또는 정률법 또는 정액법

④ 건축물 : 정률법 또는 정액법

13. 다음 중 법인세법상 부동산임대업을 주업으로 하지 않는 법인의 업무용 승용차 관련 비용에 관한 설명으로 옳지 않은 것은?

① 업무용 승용차에는 배기량 1,000cc 이하인 경차도 포함된다.

② 업무용 승용차는 내용연수는 5년, 상각방법은 정액법으로 계산한 금액을 감가상각비로 하여 손금에 산입하여야 한다.

③ 업무용 승용차 관련 비용이 1천 5백만원 이하이면서 운행기록 등을 장부에 작성·비치하지 않은 경우 해당 업무용 승용차의 업무사용비율은 100%이다.

④ 업무용 승용차의 감가상각비 중 업무에 사용한 금액은 연간 800만원을 한도로 손금산입한다.

14. 다음 중 우리나라의 부가가치세법에 대한 설명으로 틀린 것은?

① 부가가치세는 국가가 과세주체인 조세에 해당한다.

② 일정기간 동안의 매출액에서 매입액을 공제한 잔액에 세율을 적용하여 부가가치세를 계산하는 전단계거래액공제법을 사용하고 있다.

③ 면세대상을 제외한 모든 재화의 소비에 대하여 과세하는 일반소비세에 해당한다.

④ 납세의무자와 담세자가 일치하지 않는 간접세에 해당한다.

15. 부가가치세법상 사업장에 대한 연결이 가장 옳지 않은 것은?

① 광업의 경우 광업사무소의 소재지

② 제조업의 경우 최종제품을 완성하는 장소

③ 부동산매매업(법인)의 경우 부동산 등기부상 소재지

④ 건설업(법인)의 법인의 등기부상 소재지

16. 부가가치세법상 주사업장총괄납부제도와 사업자단위과세제도에 대한 설명으로 가장 옳지 않은 것은?

① 주사업장총괄납부제도의 경우 주사업장에서 총괄하여 신고와 납부를 한다.

② 사업자단위과세제도의 경우 부가가치세법상의 모든 의무를 본점에서 총괄한다.

③ 사업자단위과세제도의 경우의 주된 사업장은 본점만 가능하며 지점은 선택이 불가능하다.

④ 주사업장총괄납부제도의 경우 기한 내에 신청만 하면 되며 별도의 승인은 요하지 않는다.

17. 다음 중 부가가치세법상 과세 대상에 대한 설명으로 틀린 것은?

① 사업자가 자기의 과세사업과 관련하여 매입세액 공제를 받고 취득한 재화를 면세사업에 사용하는 경우 재화의 공급으로 본다.

② 재화의 인도 대가로 다른 재화를 인도받는 교환계약도 재화의 공급으로 본다.

③ 재화란 재산적 가치가 있는 저작권, 특허권 등을 포함한다.

④ 민사집행법에 따른 경매에 따라 재화를 인도하는 것은 재화의 양도로 본다.

18. 다음 중 부가가치세법상 재화의 수입에 대한 설명으로 옳지 않은 것은?

① 수출신고가 수리된 물품을 국내에 반입하는 것은 재화의 수입으로 본다.

② 외국 선박에 의하여 공해에서 잡힌 수산물로서 수입신고가 수리되기 전의 것을 국내에 반입하는 것은 재화의 수입으로 보지 아니한다.

③ 수출신고가 수리된 물품으로서 선적되지 아니한 물품을 보세구역에서 반입하는 경우는 재화의 수입으로 보지 아니한다.

④ 외국으로부터 국내에 도착한 물품으로 수입신고가 수리되기 전의 것을 국내에 반입하는 것은 재화의 수입으로 본다.

19. 다음 중 부가가치세법상 과세표준에 대한 설명으로 틀린 것은?

① 재화를 공급하고 금전 외의 대가를 받은 경우에 과세표준은 공급한 재화의 시가로 한다.

② 특수관계인 외의 자에게 재화를 시가보다 낮은 가액으로 공급한 경우의 과세표준은 그 시가로 한다.

③ 사업자가 재화를 공급받는 자에게 지급하는 판매장려금(금전)은 과세표준에서 공제하지 않는다.

④ 대가의 일부로 받는 운송보험료, 산재보험료, 운송비, 포장비, 하역비 등도 과세표준에 포함한다.

20. 다음 중 부가가치세법상 재화의 공급시기에 관한 설명으로 옳지 않은 것은?

① 현금 판매의 경우 재화가 인도되거나 이용 가능하게 되는 때를 공급시기로 본다.

② 재화의 공급으로 보는 가공의 경우 가공된 재화가 이용 가능하게 되는 때를 공급시기로 본다.

③ 반환조건부 판매의 경우에는 그 조건이 성취되거나 기한이 지나 판매가 확정되는 때를 공급시기로 본다.

④ 사업자가 폐업하기 전에 공급한 재화의 공급시기가 폐업일 이후에 도래하는 경우에는 그 폐업일을 공급시기로 본다.

21. 부가가치세법상 영세율과 면세에 대한 설명으로 옳지 않은 것은?

① 가공하지 않은 비식용농산물은 국산과 수입산 모두 부가가치세 면세대상이다.

② 구매확인서에 의해 공급되는 재화도 영세율적용이 가능하다.

③ 면세포기신고를 한 사업자는 면세포기신고일로부터 3년간 부가가치세를 면제받지 못한다.

④ 은행업법에 의한 은행업은 부가가치세 면제 대상이다.

22. 다음 중 부가가치세법상 의제매입세액공제의 공제율로 틀린 것은?

① 개별소비세법에 따른 과세유흥장소의 경영자 : 102분의 2

② 과세기간의 과세표준이 1억원인 음식점을 경영하는 개인사업자 : 108분의 8

③ 제조업 중 떡방앗간을 경영하는 개인사업자 : 106분의 6

④ 음식점을 경영하는 법인사업자 : 106분의 6

23. 다음 중 부가가치세법상 공제대상 매입세액에 해당하는 것은?

① 토지의 취득 및 형질변경, 공장 부지 및 택지의 조성 등에 관련된 매입세액

② 기업업무추진비 및 이와 유사한 비용의 지출에 관련된 매입세액

③ 공급시기가 속하는 과세기간이 끝난 후 20일 이내에 사업자등록을 신청한 경우 등록 신청일부터 공급시기가 속하는 과세기간 기산일까지 역산한 기간 내의 매입세액

④ 개별소비세법에 따른 자동차(운수업, 자동차판매업 등 업종에 직접 영업으로 사용되는 것은 제외한다)의 구입과 임차 및 유지에 관한 매입세액

24. 다음 중 부가가치세법상 세금계산서의 필요적 기재사항을 모두 고른 것은?

가. 공급하는 사업자의 등록번호	나. 공급하는 사업자의 성명 또는 명칭
다. 공급받는 자의 등록번호	라. 공급받는 자의 성명 또는 명칭
마. 전송 연월일	바. 작성 연월일

① 가, 다, 라, 마   ② 가, 나, 라, 바
③ 가, 다, 마, 바   ④ 가, 나, 다, 바

25. 다음 중 부가가치세법상 간이과세자가 일반과세를 적용받기 위한 간이과세포기신고서 제출기한으로 옳은 것은?

① 적용받으려는 달의 전달 마지막 날까지   ② 적용받으려는 달의 개시일 10일 전
③ 적용받으려는 과세기간 개시일 10일 전   ④ 적용받으려는 과세기간 개시일 30일 전

1부 주관식　　**문항 당 5점**

26. 다음은 내국법인 갑의 손금불산입 내역이다. 법인세법상 기타사외유출로 소득처분되는 금액의 합계는 몇 원인가?

• 단기매매증권평가손실	700,000원	• 벌금, 과태료 등	330,000원
• 기업업무추진비 한도초과액	150,000원	• 대손충당금 한도초과액	100,000원

27. 법인세법상 다음의 괄호 안에 들어갈 숫자는 무엇인가?

내국법인이 사업과 관련하여 사업자로부터 재화 또는 용역을 공급받고 적격증명서류를 받지 아니하거나 사실과 다른 증명서류를 받은 경우 증명서류수취불성실가산세 (　　)%가 적용된다.

28. 법인세법상 다음의 괄호 안에 들어갈 숫자는 무엇인가?

내국법인이 각 사업연도 중 천재지변이나 그 밖의 재해로 인하여 대통령령으로 정하는 자산총액의 100의 (　　)이상을 상실하여 납세가 곤란하다고 인정되는 경우에는 재해손실세액공제를 적용한다.

29. 부가가치세법상 다음의 괄호 안에 들어갈 숫자는 무엇인가?

> 납세지관할 세무서장은 과세기간별로 그 과세기간에 대한 환급세액을 확정신고한 사업자에게 그 확정
> 신고기한이 지난 후 (   )일 이내(조기환급에 해당하는 경우에는 15일 이내)에 대통령령으로 정하
> 는 바에 따라 환급하여야 한다.

30. 부가가치세법상 다음의 괄호 안에 들어갈 숫자는 무엇인가?

> 세금계산서는 사업자가 재화 또는 용역의 공급시기에 발급하여야 한다. 다만, 거래처별로 1역월의 공
> 급가액을 합하여 해당 달의 말일을 작성연월일로 하여 세금계산서를 발급하는 경우에는 재화 또는
> 용역의 공급일이 속하는 달의 다음 달 (   )일까지 세금계산서를 발급할 수 있다.

세법2부 국세기본법, 소득세법, 조세특례제한법

01. 다음 중 국세기본법상 국세에 해당하지 않는 것은?

① 종합부동산세　　　② 소득세　　　③ 부가가치세　　　④ 재산세

02. 다음 중 국세기본법상 세법 적용의 원칙에 대한 설명으로 옳지 않은 것은?

① 세법을 해석·적용할 때는 과세의 형평(衡平)과 해당 조항의 합목적성에 비추어 납세자의 재산권
　이 부당하게 침해되지 아니하도록 하여야 한다.
② 세법의 해석이나 국세행정의 관행이 일반적으로 납세자에게 받아들여진 후에는 그 해석이나 관
　행에 의한 행위 또는 계산은 정당한 것으로 보며, 새로운 해석이나 관행에 의하여 소급하여 과세
　되지 아니한다.
③ 세무공무원이 재량으로 직무를 수행할 때는 과세의 형평과 해당 세법의 목적에 비추어 일반적으
　로 적당하다고 인정되는 한계를 엄수하여야 한다.
④ 세무공무원이 국세의 과세표준을 조사·결정할 때는 해당 납세의무자가 계속하여 적용하고 있는
　기업회계의 기준 또는 관행으로서 일반적으로 공정·타당하다고 인정되는 것은 세법에 특별한
　규정이 있더라도 존중하여야 한다.

03. 다음 중 국세기본법상 납세의무성립시기에 대한 연결로 옳지 않은 것은?

① 부가가치세 : 과세기간이 끝나는 때

② 증여세 : 증여계약일

③ 인지세 : 과세문서를 작성한 때

④ 종합부동산세 : 매년 6월 1일

04. 다음 중 국세기본법상 서류의 송달에 대한 설명으로 옳은 것은?

① 납세의 고지와 독촉에 관한 서류는 연대납세의무자 중 대표자에게 송달한다.

② 서류 송달은 반드시 교부, 우편 두 가지 방법으로 해야한다.

③ 송달하는 서류는 등기우편을 발송한 때부터 효력이 발생한다.

④ 소득세법에 따른 중간예납세액의 납세고지서로서 50만원 미만인 경우 일반우편에 의해 송달할
수 있다.

05. 다음 중 국세기본법상 소멸시효 중단사유로 옳지 않은 것은?

① 납부고지   ② 독촉

③ 교부청구   ④ 징수유예

06. 국세기본법상 제2차 납세의무에 대한 설명으로 옳지 않은 것은?

① 법인(상장법인 제외)의 재산으로 해당 법인이 납부할 국세에 충당하여도 부족할 경우 해당 법인
의 무한책임사원은 제2차 납세의무를 진다.

② 무한책임사원 및 과점주주가 출자자의 제2차 납세의무를 질 때는 징수부족한 국세 및 강제징수
비 전액에 대하여 납세의무를 진다.

③ 사업양수인은 주된 납세자인 사업양도인의 재산으로 징수부족한 금액의 한도 내에서 양수한 재
산의 가액을 한도로 제2차 납세의무를 진다.

④ 주주 또는 유한책임사원 1명과 그 특수관계인으로서 그들의 소유주식 합계 또는 출자액 합계가
해당 법인의 발행주식총수 또는 출자총액의 50% 초과하면서 그에 관한 권리를 실질적으로 행사
하는 자들은 제2차 납세의무를 지는 과점주주에 포함된다.

07. 다음 중 국세기본법상 국세부과의 제척기간에 대한 설명으로 옳지 않은 것은?(단, 역외거래는 제외한다.)
① 납세자가 국세를 법정신고기한까지 과세표준신고서를 제출하지 아니한 경우엔 해당 국세를 부과할 수 있는 날부터 7년이다.
② 납세자가 부가가치세법상 부정행위를 하여 가산세 부과대상이 되는 경우 해당 가산세를 부과할 수 있는 날로부터 10년으로 한다.
③ 납세자가 부정행위로 상속세·증여세를 포탈한 경우 부과제척기간은 국세를 부과할 수 있는 날부터 10년으로 한다.
④ 국외에 있는 상속재산이나 증여재산을 상속인이나 수증자가 취득한 경우 과세관청은 상속 또는 증여가 있음을 안 날부터 1년 이내에 상속세 및 증여세를 부과할 수 있다.

08. 다음 중 국세기본법상 국세우선권에서 다음의 채권이 경합하는 경우 가장 우선이 되는 것은?
① 소액임차보증금   ② 공익비용(강제집행 등에 든 비용)
③ 국세   ④ 지방세

09. 다음 중 국세기본법상 납세자보호위원회가 심의할 내용으로 옳지 않은 것은?
① 세무조사 대상자가 세금탈루혐의에 대한 해명 등을 위하여 세무조사 기간의 연장을 신청한 경우
② 중소규모납세자 이외의 납세자에 대한 세무조사 범위의 확대
③ 위법·부당한 세무조사 및 세무조사 중 세무공무원의 위법·부당한 행위에 대한 납세자의 세무조사 일시 중지 및 중지 요청
④ 납세자의 권리보호를 위하여 납세자보호담당관이 심의가 필요하다고 인정하는 안건

10. 다음 중 국세기본법상 수정신고 사유에 해당하는 것은?
① 과세표준신고서에 기재된 환급세액이 세법에 따라 신고하여야 할 환급세액을 초과할 때
② 법정신고기한까지 과세표준신고서를 제출하지 아니한 때
③ 과세표준신고서에 기재된 결손금액이 세법에 따라 신고하여야 할 결손금액에 미치지 못한 때
④ 과세표준신고서에 기재된 세액이 세법에 따라 신고하여야 할 세액을 초과할 때

11. 다음 중 국세기본법상 국세청장에게 과세전적부심사를 청구할 수 없는 경우는?

① 법령과 관련하여 국세청장의 유권해석을 변경해야 하거나 새로운 해석이 필요한 것

② 국세청장의 예규 등과 관련하여 새로운 해석이 필요한 것

③ 세무서에 대한 국세청장의 업무감사 결과에 따라 세무서장이 하는 과세예고 통지에 관한 것

④ 과세전적부심사 청구금액이 5억원 미만인 것

12. 다음 중 소득세법상 용어에 대한 정의로 가장 옳지 않은 것은?

① 거주자란 국내에 주소를 두거나 183일 이상 거소를 둔 개인을 말한다.

② 비거주자란 거주자가 아닌 개인을 말한다.

③ 주소는 국내에서 주민등록법에 의하여 등록된 곳을 의미하며 형식에 따라 판단한다.

④ 국내에 거주하는 개인이 국내에 생계를 같이하는 가족이 있고, 그 직업 및 자산 상태에 비추어 계속하여 183일 이상 국내에 거주할 것으로 인정되는 때 국내에 주소를 가진 것으로 본다.

13. 다음 중 소득세법상 과세 대상 이자소득이 아닌 것은?

① 비영업대금의 이익

② 국외에서 받는 예금의 이자

③ 「공익신탁법」에 따른 공익신탁의 이익

④ 내국법인이 발행한 채권의 할인액

14. 다음 중 소득세법상 근로소득에 대한 설명으로 가장 옳지 않은 것은?

① 근로소득이란 근로자가 종속적인 지위에서 근로를 제공하고 대가로 지급받는 모든 금품을 말한다.

② 법인세법에 따라 상여로 처리된 근로소득은 해당 법인의 결산확정일을 수입시기로 본다.

③ 퇴직함으로써 받는 소득으로서 퇴직소득에 속하지 아니하는 소득은 근로소득으로 본다.

④ 원천징수의무자가 근로소득을 지급할 때는 근로소득 간이세액표에 따라 원천징수액을 차감하고 지급한다.

15. 다음 중 소득세법상 사업소득에 대한 설명으로 틀린 것은?

① 지상권을 양도하는 경우 사업소득으로 과세한다.

② 복식부기의무자의 사업용 차량 양도로 인한 소득은 사업소득으로 과세한다.

③ 사업소득은 영리를 목적으로 자기의 계산과 책임하에 계속적·반복적으로 행하는 활동을 통하여 얻는 소득을 말한다.

④ 해당 과세기간에 필요경비가 총수입금액을 초과하는 경우 그 금액을 결손금이라 한다.

16. 다음 중 소득세법상 총수입금액에 대응하는 필요경비에 해당하지 않은 것은?

① 판매한 상품 또는 제품에 대한 원료의 매입가격(매입에누리와 매입할인을 포함한다.)

② 종업원의 급여

③ 사업과 관련이 있는 제세공과금

④ 단체순수보장성보험 및 단체환급부 보장성보험의 보험료

17. 다음 중 소득세법상 기타소득에 해당하지 않은 것은?

① 복권, 경품권, 그 밖의 추첨권에 당첨되어 받는 금품

② 저작권사용료인 인세(印稅)

③ 고용관계 없이 다수인에게 강연을 하고 강연료 등 대가를 받는 용역

④ 종업원 등 또는 대학의 교직원이 근로기간 내에 지급받는 직무발명보상금

18. 다음 중 소득세법상 양도소득세 과세 대상이 아닌 것은?

① 개인이 보유하고 있는 토지의 도시개발법에 따른 환지처분으로 인한 지목 변경

② 개인이 보유하고 있는 골프회원권의 양도

③ 개인이 보유하고 있는 토지의 양도

④ 개인이 보유하고 있는 주택을 법인에 현물출자

19. 다음 중 소득세법상 소득공제에 대한 설명으로 옳지 않은 것은?

① 배우자에 대한 기본공제는 배우자의 나이가 만 30세 이상인 경우에 적용이 가능하다.

② 기본공제대상자의 나이가 만 70세 이상인 경우 연 100만원의 추가공제를 적용한다.

③ 기본공제대상자 해당 여부의 판정은 원칙적으로 과세기간 종료일 현재 상황에 따른다.

④ 기본공제대상자가 장애인에 해당하는 경우 연 200만원의 추가공제를 적용한다.

20. 다음 중 소득세법상 특별세액공제에 대한 설명으로 옳지 않은 것은?

① 근로소득이 있는 거주자가 기본공제대상자 중 장애인을 피보험자 또는 수익자로 하는 장애인전용보장성보험료를 지급한 경우 그 금액의 100분의 12에 해당하는 금액을 세액공제 한다.

② 근로소득이 있는 거주자가 대학생인 기본공제대상자를 위하여 교육비를 지급한 경우 1명당 연간 900만원을 한도로 그 금액의 100분의 15에 해당하는 금액을 세액공제한다.

③ 근로소득이 있는 거주자가 기본공제대상자인 중·고등학생의 교복구입비용을 지출한 경우 1명당 연간 50만원을 한도로 교육비세액공제 대상 금액으로 한다.

④ 근로소득이 있는 거주자가 기본공제대상자를 위하여 의료비를 지급하는 경우 보험회사 등으로부터 지급받은 실손의료 보험금을 제외하고 의료비세액공제액을 계산하여야 한다.

21. 다음 중 소득세법상 부당행위계산부인에 대한 설명으로 가장 옳지 않은 것은?

① 특수관계인으로 부터 무수익자산을 매입하여 그 자산에 대한 비용을 부담하는 경우 부당행위계산부인을 적용한다.

② 직계존비속에게 주택을 무상으로 대여하고 직계존비속이 실제 거주하는 경우 사용자가 대신 부담하는 주택 관련 경비도 필요경비로 인정된다.

③ 출자공동사업자의 배당소득은 부당행위부인 적용 대상 소득이다.

④ 특수관계인으로 부터 자산을 고가로 매입한 때는 그 매입가액과 시가와의 차액이 시가의 5% 이상이거나 3억원 이상인 경우에만 부당행위계산부인을 적용한다.

22. 다음 중 소득세법상 기장세액공제에 대한 설명으로 옳지 않은 것은?

① 복식부기대상자가 과세표준확정신고를 할 때 복식부기에 따라 장부를 작성하여 소득금액을 계산하고 관련 서류를 제출한 경우 기장세액공제를 적용한다.

② 비치·기록한 장부에 의하여 신고하여야 할 소득금액의 100분의 20 이상을 누락하여 신고한 경우 기장세액공제를 배제한다.

③ 기장세액공제와 관련된 장부를 해당 과세표준 확정신고기간 종료일로부터 5년간 보관하여야 기장세액공제 적용이 가능하다.

④ 기장세액공제의 한도액은 100만원이다.

23. 다음 중 소득세법상 지급명세서 제출시기가 다른 소득은? 단, 휴업·폐업한 경우가 아님.

① 배당소득   ② 퇴직소득

③ 원천징수 대상 사업소득   ④ 근로소득(일용근로소득 제외)

24. 다음 중 소득세법상 공동사업장에 대한 설명으로 옳지 않은 것은?

① 사업소득이 발생하는 사업을 공동으로 경영하고 그 손익을 분배하는 공동사업의 경우에는 해당 사업을 경영하는 장소를 1 거주자로 보아 공동사업장별로 그 소득금액을 계산한다.

② 공동사업장에서 발생한 소득금액에 대하여 원천징수된 세액은 공동사업자 중 대표공동사업자에게 배분한다.

③ 공동사업장의 구성원 변동이 있는 경우에도 기장의무는 당해 공동사업장의 직전 연도 수입금액에 의하여 판정한다.

④ 대표공동사업자란 출자공동사업자 외의 자로서 공동사업자 중에서 선임된 자로 하며, 선임되어 있지 아니한 경우에는 손익분배비율이 가장 큰 자이다.

25. 다음 중 소득세법상 종합소득금액 계산 시 사업소득의 결손금을 공제하는 순서로 옳은 것은?

㉠	근로소득금액	㉡	배당소득금액	㉢	기타소득금액
㉣	이자소득금액	㉤	연금소득금액		

① ㉠-㉣-㉢-㉡-㉤   ② ㉢-㉠-㉤-㉡-㉣
③ ㉠-㉤-㉢-㉣-㉡   ④ ㉢-㉤-㉠-㉡-㉣

2부 주관식　**문항 당 5점**

---

26. 국세기본법상 다음의 괄호 안에 들어갈 내용은 무엇인가?

> 국세기본법상 과세표준신고서를 법정신고기한까지 제출하지 아니한 자가 법정신고기한이 지난 후 1개월 이내에 기한 후 신고를 한 경우 해당 가산세액의 100분의 (   )에 상당하는 금액을 감면한다.

27. 국세기본법상 다음의 괄호 안에 들어갈 내용은 무엇인가?

> 심사청구는 해당 처분이 있음을 안 날(처분의 통지를 받은 때에는 그 받은 날)부터 (   )일 이내에 제기하여야 한다.

28. 소득세법상 다음의 괄호 안에 들어갈 알맞은 숫자는 무엇인가?

> 배당세액공제액 = Min(①, ②)
> ① 귀속법인세 = 조정대상 배당소득 총수입금액 × (   )%
> ② 한도액 = 종합소득산출세액 − 비교산출세액

29. 소득세법상 다음의 괄호 안에 들어갈 금액은 얼마인가?

> 근로소득이 있는 거주자로서 특별소득공제 및 월세액에 대한 세액공제 신청을 하지 아니한 사람에 대
> 해서는 연 (   )원을 종합소득산출세액에서 공제한다.

30. 소득세법상 다음의 괄호 안에 들어갈 금액은 얼마인가?

> 원천징수세액이 (   )원 미만인 경우(이자소득 제외)에는 해당 소득세를 징수하지 아니한다.

제94회 세무회계2급 답안 및 해설

세법1부 - 법인세법, 부가가치세법

1	2	3	4	5	6	7	8	9	10	11	12	13	14	15
①	③	④	②	③	④	①	②	③	④	①	④	①	②	③

16	17	18	19	20	21	22	23	24	25
①	④	②	②	②	①	②	③	④	①

26	27	28	29	30
480,000원	2	20	30	10

01. 회계기간은 1년을 초과하지 못한다.

02. 내국법인 중 국가와 지방자치단체(지방자치단체조합을 포함한다.)는 그 소득에 대한 법인세를 납부할 의무가 없다.

03. 출자임원에게 귀속되는 경우 상여로 소득처분한다.

04. 자산의 평가이익은 익금불산입한다. 단, 「보험업법」이나 그 밖의 법률에 따른 유형자산 및 무형자산 등의 평가(장부가액을 증액한 경우만 해당한다), 재고자산(在庫資産) 등 대통령령으로 정하는 자산과 부채의 평가는 제외한다.

06. ① 약정에 의한 지급일 ② 구입의사 표시일 ③ 권리의무확정주의를 채택

07. 법인이 기한 내에 재고자산의 평가방법을 **무신고시 선입선출법으로 평가**한다.

08. 법인이 임원 또는 직원이 아닌 지배주주 등(특수관계에 있는 자를 포함)에게 지급한 여비 또는 교육훈련비는 해당 사업연도의 소득금액을 계산할 때 손금에 산입하지 아니한다.

09. 기업업무추진비는 **접대행위를 한 날이 속하는 사업연도**로 한다.

10. 사업상 중대한 위기가 처한 경우는 대손 사유가 아니다.

11. **휴업법인에 대하여 중간예납의무가 없다.**

12. 건축물과 무형자산의 상각은 정액법에 의하여 계산한다.

13. **1,000cc 이하 경차는 업무용 승용차에 해당하지 않는다.**

14. 부가가치세는 전단계세액공제법을 채택하여 사용하고 있다.

15. 부동산매매업(법인)의 경우 법인의 등기부상 소재지를 사업장으로 한다.

16. 주사업장총괄납부제도의 경우 **납부만 주사업장에서 총괄**한다.

17. 경매재화의 공급자는 대부분 체납자 등으로 부가가치세 납부를 기대하기 어렵고, 공급받는 자인 경락인에게는 환급이 이루어지기 때문에 국가 입장에서 손실이 발생하므로 공급으로 보지 않는다.

18. 공해에서 잡힌 수산물로서 수입신고가 수리되기 전의 것을 국내에 반입하는 것은 재화의 수입으로 본다.

19. 특수관계인 외의 자에게 저가로 공급한 경우에도 거래금액을 과세표준으로 한다.

20. **가공된 재화를 인도하는 때를 공급시기**로 본다.

21. **가공하지 않은 비식용농산물은 국산**만 부가가치세 면세대상이다.

22. 음식점을 경영하는 개인사업자는 과세표준 2억원 이하인 경우에는 109분의 9를 적용한다.

26. 기업업무추진비 한도초과액(150,000)+벌금, 과태료 등(330,000)=480,000원
     단기매매증권평가손실과 대손충당금 한도초과액은 유보로 처리한다.

■■■■ 세법2부 - 국세기본법, 소득세법, 조세특례제한법

1	2	3	4	5	6	7	8	9	10	11	12	13	14	15
④	④	②	④	④	②	③	②	①	①	④	③	③	②	①

16	17	18	19	20	21	22	23	24	25					
①	④	①	①	①	②	①	①	②	③					

26	27	28	29	30
50	90	10	130,000	1,000

01. 재산세는 지방세이다.

02. 세무공무원이 국세의 과세표준을 조사·결정할 때에는 해당 납세의무자가 계속하여 적용하고 있는 기업회계의 기준 또는 관행으로서 일반적으로 공정·타당하다고 인정되는 것은 존중하여야 한다. 다만, 세법에 특별한 규정이 있는 것은 그러하지 아니하다.

03. 증여세의 납세의무 성립시기는 **증여에 의하여 재산을 취득하는 때**이다.

04. ① **연대납세의무자 각각에게 송달**하여야 한다.
    ② 전자송달도 가능하다.
    ③ **송달의 효력은 도달주의가 원칙**이다.

05. **징수유예는 소멸시효 정지사유이다.**

06. 과점주주는 **징수부족액에 지분비율을 곱하여 산출한 금액**을 한도로 제2차 납세의무를 진다.

07. 납세자가 부정행위로 상속세·증여세를 포탈하거나 환급·공제받은 경우에는 상속세·증여세의 부과제척기간은 국세를 부과할 수 있는 날부터 15년으로 한다.

10. 세법상 환급액보다 과다하게 받은 경우에는 수정신고 하여야 한다.
    ② 기한후신고 ③④ 경정청구사항임.

11. **과세전적부심사 청구금액이 5억원 이상**인 것에 대해 국세청장에게 청구할 수 있다.

12. 주소는 국내에서 생계를 같이하는 가족 및 국내에 소재하는 자산의 유무 등 생활관계의 객관적 사실에 따라 판정한다.

13. **공익신탁은 비과세소득**으로 열거되어 있다.

14. **인정상여는 근로제공일을 수입시기**로 본다.

15. 지상권(부동산에 관한 권리)의 양도는 양도소득세로 과세한다.

16. 판매한 상품 또는 제품에 대한 원료의 매입가격(매입에누리 및 매입할인금액을 제외한다)과 그 부대비용은 필요경비로 본다

17. 종업원 등 또는 대학의 교직원이 **퇴직한 후에 지급받는 직무발명보상금은 기타소득으로 본다.**
    ☞저작자가 받는 저작권사용료인 인세는 사업소득이나 저작자 이외의 자가 받는 경우에는 기타소득으로 본다.

18. 「도시개발법」이나 그 밖의 법률에 따른 **환지처분으로 지목 또는 지번이 변경되거나 보류지(保留地)로 충당되는 경우는 과세 대상이 아니다.**

19. 배우자의 경우 나이요건이 없다.

20. 기본공제대상자 중 장애인을 피보험자 또는 수익자로 하는 **장애인전용보장성보험료를 지급한 경우 그 금액의 100분의 15에 해당하는 금액**을 세액공제한다.

21. **주택 관련 경비는 가사관련경비이므로 필요경비불산입**한다.

22. **간편장부대상자가 복식부기에 따라 기장**한 경우에만 기장세액공제가 적용된다.

23. 배당소득은 2월 말이며 나머지 소득은 다음연도 3월 10일이다.

24. 공동사업장에서 발생한 소득금액에 대하여 **원천징수된 세액은 각 공동사업자의 손익분배비율에 따라 배분**한다.

제93회 세무회계2급

합격율	시험년월
34%	2021.06

법인세법, 부가가치세법

01. 다음 중 법인세법상 과세 대상이 아닌 것은?

① 비영리 내국법인의 국외원천 수익사업소득

② 영리 내국법인의 청산소득

③ 영리 외국법인의 국내원천 모든 소득

④ 영리 외국법인의 청산소득

02. 다음 중 법인세법상 납세지에 관한 설명으로 가장 옳지 않은 것은?

① 관할 세무서장은 납세지를 지정할 수 없다.

② 국내사업장이 없는 외국법인으로서 국내원천소득 중 부동산소득이 있는 외국법인의 납세지는 해당 외국법인이 신고하는 장소를 납세지로 한다.

③ 법인의 납세지가 변경된 경우 변경 후의 납세지 관할 세무서장에게 변경 신고를 하여야 한다.

④ 법인으로 보는 단체로서 주된 소득이 부동산임대소득인 경우에는 해당 부동산 소재지를 납세지로 한다.

03. 다음 중 법인세법상 소득처분에 대한 설명으로 옳은 것은?

① 소득처분한 금액이 사외로 유출되지 않은 것은 항상 기타로 처리한다.

② 기업업무추진비의 손금산입한도액을 초과하여 익금에 산입한 금액은 유보로 처리한다.

③ 귀속자가 출자임원인 경우에는 그 귀속자에 대한 상여로 소득처분한다.

④ 소득의 귀속자가 불분명한 경우 기타사외유출로 처리한다.

04. 법인세법상 의제배당으로 인한 귀속시기에 대한 설명으로 가장 옳지 않은 것은?

① 감자·퇴사·탈퇴로 인한 의제배당 : 주식소각·자본감소결의일, 퇴사·탈퇴일
② 해산으로 인한 의제배당 : 해당 법인의 해산등기일
③ 합병으로 인한 의제배당 : 해당 법인의 합병등기일
④ 분할로 인한 의제배당 : 해당 법인의 분할등기일

05. 다음 중 법인세법상 손금불산입에 관한 내용 중 옳지 않은 것은?

① 법인세 또는 지방소득세는 손금불산입한다.
② 반출하였으나 판매하지 아니한 제품에 대한 개별소비세 미납액은 손금불산입한다.
③ 벌금, 과료, 과태료, 가산금 및 강제징수비(체납처분비)는 손금불산입한다.
④ 내국법인이 지급한 손해배상금 중 실제 발생한 손해를 초과하여 지급하는 금액은 손해액이 불분명하여도 전액 손금불산입한다.

06. 다음의 채권 중 법인세법상 대손금에 해당하지 않는 것은?

① 상법에 따른 소멸시효가 완성된 외상매출금 및 미수금
② 채무자의 파산, 강제집행, 형의 집행, 사업의 폐지, 사망, 실종 또는 행방불명으로 회수할 수 없는 채권
③ 부도발생일부터 3개월 이상 지난 수표 또는 어음상의 채권 및 외상매출금. 다만, 해당 법인이 채무자의 재산에 대하여 저당권을 설정하고 있는 경우는 제외한다.
④ 재판상 화해 등 확정판결과 같은 효력을 가지는 것으로서 기획재정부령으로 정하는 것에 따라 회수불능으로 확정된 채권

07. 다음 중 법인세법상 감가상각자산의 자본적지출에 해당하지 않는 것은?

① 본래의 용도를 변경하기 위한 개조
② 재해를 입은 자산에 대한 외장의 복구·도장 및 유리의 삽입
③ 엘리베이터 또는 냉난방장치의 설치
④ 빌딩 등에 있어서 피난시설 등의 설치

08. 다음 중 법인세법상 지급이자에 대한 설명으로 가장 틀린 것은?

① 건설자금에 충당된 일반차입금의 이자는 해당 자산의 취득원가에 항상 산입하여야 한다.

② 특정차입금의 차입일과 건설개시일 사이에 발생한 이자는 손금으로 처리한다.

③ 채권자가 분명하지 아니한 채권의 이자는 손금으로 산입하지 아니한다.

④ 비실명채권의 이자는 손금불산입하고 대표자상여로 소득처분한다.

09. 다음 중 법인세법상 기부금에 대한 설명으로 가장 옳지 않은 것은?

① 기부금이란 내국법인이 사업과 직접적인 관계없이 무상으로 지출하는 금액을 말한다.

② 기부금은 지출한 사업연도의 손금으로 한다.

③ 천재지변으로 생기는 이재민을 위한 구호금품의 가액은 기부금으로 본다.

④ 기부금은 한도없이 전액 손금산입된다.

10. 다음 중 법인세법상 자산의 취득가액에 대한 설명으로 옳지 않은 것은?

① 타인으로부터 매입한 자산의 취득가액은 매입가액에 취득세, 등록면허세를 포함한다.

② 특수관계인인 개인으로부터 유가증권을 시가에 미달하는 가액으로 매입하는 경우에는 시가와 매입가액의 차액은 취득가액에 포함한다.

③ 교환으로 취득한 자산의 취득가액은 제공한 자산의 시가로 한다.

④ 단기금융자산의 취득부대비용은 취득가액에 포함되지 않는다.

11. 다음 중 납세의무가 있는 내국법인이 법인세 과세표준 신고시 필수로 제출해야 하는 첨부서류에 해당하는 항목을 모두 고른 것은?

ⓐ 기업회계기준을 준용하여 작성한 재무상태표
ⓑ 기업회계기준을 준용하여 작성한 포괄손익계산서
ⓒ 기업회계기준을 준용하여 작성한 이익잉여금처분계산서
ⓓ 세무조정계산서

① ⓐ   ② ⓐ, ⓑ   ③ ⓐ, ⓑ, ⓒ   ④ ⓐ, ⓑ, ⓒ, ⓓ

12. 다음 중 법인세법상 외국납부세액공제에 대한 설명으로 옳지 않은 것은?

① 외국납부세액공제는 국제적 이중과세의 문제를 해결하기 위하여 세액을 조정하는 방법이다.

② 국외사업장이 2 이상의 국가에 있는 경우에는 국가별로 구분하여 공제한도금액을 계산한다.

③ 외국납부세액공제액이 법인세법상 한도를 초과하는 경우 이월공제가 허용되지 아니한다.

④ 외국납부세액공제액은 해당 사업연도의 국외원천소득에 대한 산출세액을 한도로 한다.

13. 법인세법상 결손금에 대한 설명이다. 가장 옳지 않은 것은?

① 결손금 소급공제는 중소기업에 한하여 적용가능하다.

② 결손금이 발생한 과세기간의 종료일로부터 15년 이내에 이월결손금공제를 할 수 있다.

③ 천재지변으로 장부나 그 밖의 증명서류가 멸실되어 추계하는 경우에는 결손금이월공제를 적용한다.

④ 중소기업의 경우 각 사업연도 소득금액의 80%를 한도로 결손금을 이월공제한다.

14. 다음 중 부가가치세에 대한 설명으로 옳은 것은?

ⓐ 우리나라 부가가치세는 간접세이다.
ⓑ 우리나라 부가가치세는 생산지국과세원칙을 적용하고 있다.
ⓒ 우리나라 부가가치세는 국세가 아닌 지방세이다.
ⓓ 우리나라 부가가치세는 법으로 열거된 것만 면세로 규정하고 있다.

① ⓐ, ⓑ   ② ⓑ, ⓒ   ③ ⓒ, ⓓ   ④ ⓐ, ⓓ

15. 다음 중 부가가치세법상 과세기간에 대한 설명으로 틀린 것은?

① 신규사업자가 사업개시일 이전에 사업자등록을 신청한 경우에는 사업자등록증 발급일로부터 과세기간 종료일까지의 기간을 과세기간으로 본다.

② 사업자가 폐업하는 경우의 과세기간은 폐업일이 속하는 과세기간의 개시일부터 폐업일까지로 한다.

③ 간이과세자의 과세기간은 1월 1일부터 12월 31일까지로 한다.

④ 제조업을 신규로 사업개시하는 경우의 사업개시일은 제조를 시작하는 날로 본다.

16. 다음 중 부가가치세법상 사업자등록증 정정시 당일 재발급 사유는?

① 상속으로 사업자의 명의가 변경되는 경우

② 사업자단위 과세사업자가 종된 사업장을 신설하는 경우

③ 법인이 대표자를 변경하는 경우

④ 통신판매업자가 사이버몰의 도메인이름을 변경하는 경우

17. 다음 중 부가가치세법상 주사업장총괄납부에 관한 설명 중 옳지 않은 것은?

① 주사업장총괄납부의 주된 사업장은 법인의 경우 본점(주사무소를 포함)만 가능하며, 지점을 주된 사업장으로 할 수 없다.

② 주된 사업장에서 총괄하여 납부하는 사업자가 되려는 자는 그 납부하려는 과세기간 개시 20일 전에 주사업장총괄납부신청서를 주된 사업장의 관할 세무서장에게 제출하여야 한다.

③ 주사업장총괄납부변경신청서를 제출하였을 때는 그 변경신청서를 제출한 날이 속하는 과세기간부터 총괄하여 납부한다.

④ 주사업장총괄납부사업자가 주된 사업장의 이동이 빈번한 경우에 해당하면 관할 세무서장은 주사업장 총괄납부를 적용하지 않을 수 있다.

18. 다음 중 부가가치세법상 재화의 공급에 관한 설명 중 옳지 않은 것은?

① 재화의 공급은 계약상 또는 법률상의 모든 원인에 따라 재화를 인도하거나 양도하는 것으로 한다.

② 자기가 주요 자재를 전혀 부담하지 않고 상대방으로부터 인도받은 재화를 가공하여 단순히 가공만 해주는 경우 재화의 공급으로 본다.

③ 경매, 수용, 현물출자와 그 밖의 계약상 또는 법률상의 원인에 따라 재화를 인도하거나 양도하는 것은 재화의 공급으로 본다.

④ 재화의 인도 대가로서 다른 재화를 인도받거나 용역을 제공받는 교환계약에 따라 재화를 인도하거나 양도하는 것은 재화의 공급으로 본다.

19. 다음 중 부가가치세법상 세금계산서의 필요적 기재사항이 아닌 것은?

① 공급하는 사업자의 등록번호와 성명 또는 명칭

② 공급받는 자의 등록번호

③ 공급가액과 부가가치세액

④ 공급하는 자의 주소

20. 다음 중 부가가치세법상 사업장과 의제매입세액공제율이 잘못 연결된 것은?

	구 분	공제율
①	음식점과 제조업 이외의 사업장을 영위하는 법인사업자	2/102
②	과세표준이 1억 이하인 음식점업을 영위하는 법인사업자	9/109
③	과세표준이 2억 이하인 음식점업을 영위하는 개인사업자	9/109
④	개별소비세법에 따라 과세 유흥장소를 영위하는 개인사업자	2/102

21. 다음 중 부가가치세법상 영세율에 대한 설명으로 옳지 않은 것은?

① 간이과세자도 영세율을 적용할 수 있다.
② 선박 또는 항공기에 의한 외국항행용역의 공급에 대하여는 영세율을 적용한다.
③ 사업자가 대한적십자사에 공급하는 재화는 모두 영세율을 적용한다.
④ 부가가치세 부담을 완전히 면제하는 완전면세제도이다.

22. 다음 중 부가가치세법상 과세표준에 포함하여야 하는 것은?

① 매출환입 및 매출할인
② 장기할부판매 조건으로 판매한 재화의 이자상당액
③ 공급받는 자에게 도달하기 전에 파손된 재화의 가액
④ 재화·용역의 공급과 직접 관련되지 않는 국고보조금

23. 다음 중 부가가치세법상 겸영사업자의 안분계산에 대한 설명으로 틀린 것은?

① 과세사업과 면세사업에 공통으로 사용할 재화를 매입한 경우 과세사업분에 해당하는 매입세액만을 공제받아야 한다.
② 매입세액공제된 재화를 과세사업에 사용하다 면세사업으로 전용하는 경우 면세사업으로 전용한 것에 대하여 부가가치세를 납부하여야 한다.
③ 매입세액공제된 재화를 과세사업에 사용하다 면세사업으로 전용하는 경우 세금계산서를 발급하여야 한다.
④ 면세사업용으로 사용하던 재화를 과세사업으로 전용하는 경우 과세전환에 따른 매입세액을 계산하여 공제받을 수 있다.

24. 다음 중 부가가치세법상 간이과세자가 될 수 있는 사업자는?

① 광업
② 재생용 재료수집 및 판매업
③ 부동산매매업
④ 개별소비세법에 따른 과세유흥장소를 경영하는 사업

25. 다음 중 부가가치세법상 환급에 대한 설명으로 틀린 것은?

① 결정 또는 경정에 의하여 추가로 발생한 환급세액이 있는 경우에는 환급을 결정한 날로부터 30일 이내로 사업자에게 환급하여야 한다.
② 각 과세기간별로 그 과세기간에 대한 환급세액을 확정신고한 사업자에게 그 확정신고기한 지난 후 30일 이내에 환급하여야 한다.
③ 사업자가 사업 설비(감가상각자산)를 확장 또는 증축하는 경우에 조기환급을 받을 수 있다.
④ 조기환급을 신청하려는 사업자는 조기환급기간이 끝난 날로부터 25일 이내에 조기환급신고를 하여야 한다.

1부 주관식   문항 당 5점

26. 다음의 자료를 활용하여 ㈜한국(사업연도 : 매년 1.1.~12.31.)의 법인세 산출세액을 계산하시오.

• ㈜한국은 제조업 및 도매업을 영위하는 법인으로 20x1년 10월 1일에 설립되었다. • ㈜한국의 1기 사업연도의 과세표준은 80,000,000원이다.

27. 법인세법상 과세표준의 계산은 다음의 순서에 따라 계산된다. 빈칸에 알맞은 말은 무엇인가?

	각 사업연도 소득금액
(−)	이 월 결 손 금
(−)	( )
(−)	소 득 공 제
=	과 세 표 준

28. 다음은 법인세법상 업무용승용차 관련비용의 손금불산입 등 특례에 대한 설명이다. (   )에 들어갈
알맞은 숫자를 적으시오.

> 업무용승용차를 처분하여 발생하는 손실로서 업무용승용차별로 800만원(해당 사업연도가 1년 미만인
> 경우 800만원에 해당 사업연도의 월수를 곱하고 이를 12로 나누어 산출한 금액을 말한다)을 초과하는
> 금액은 대통령령으로 정하는 방법에 따라 이월하여 손금에 산입한다. 다만, 부동산임대업을 주된 사업
> 으로 하는 등 대통령령으로 정하는 요건에 해당하는 내국법인의 경우에는 (   )원으로 한다.

29. 다음의 자료 중 부가가치세법상 공제받지 못하는 매입세액의 합계액은 몇 원인가?

내 역	매입세액
기업업무추진비 및 이와 유사한 비용 관련	300,000원
토지의 자본적지출 관련	1,100,000원
비영업용 소형승용자동차 구입 및 임차비용	3,300,000원
사업장 임차료	1,000,000원
소모품비	200,000원

30. 빈칸에 들어갈 알맞은 숫자를 적으시오.

> 납세지 관할 세무서장은 예정고지세액이 (   )원 미만이거나 해당 과세기간 개시일 현재 간이과세자
> 에서 일반과세자로 변경된 경우에는 징수하지 아니한다.

세법2부 **국세기본법, 소득세법, 조세특례제한법**

---

01. 다음 중 국세기본법상 용어에 대한 설명으로 가장 옳지 않은 것은?
① 가산세란 납세의무의 성실한 이행을 확보하기 위하여 세법에 따라 산출한 세액에 가산하여 징수
하는 금액을 말한다.
② 과세표준이란 세액산출의 기초가 되는 과세대상의 수량 또는 가액을 의미한다.
③ 세무공무원이란 국세징수법에 따라 국세를 구청장에게 위탁하여 징수하는 경우 해당 구청장 또
는 소속 공무원을 포함한다.
④ 임원, 사용인 등 경제적 연관관계가 있는 경우 세법상 특수관계인으로 본다.

02. 다음 중 국세기본법상 실질과세원칙에 대한 내용과 가장 거리가 먼 것은?

① 회사의 주주로 명부상 등재되어 있더라도 회사의 대표자가 임의로 등재한 것일 뿐 회사의 주주로서 권리행사를 한 사실이 없는 경우에는 그 명의자인 주주를 세법상 주주로 보지 않는다.

② 공부상 등기 등이 타인의 명의로 되어 있더라도 사실상 해당 사업자가 취득하여 사업에 공하였음이 확인되는 경우에는 이를 그 사실상 사업자의 사업용자산으로 본다.

③ 별도로 사실상의 사업자가 있는 경우에는 사실상의 사업자를 납세의무자로 본다.

④ 납세의무자가 세법에 따라 장부를 갖추어 기록하고 있는 경우에는 해당 국세 과세표준의 조사와 결정은 그 장부와 이에 관계되는 증거자료에 의하여야 한다.

03. 다음 중 국세기본법상 관할 세무서장에게 신청 후 승인을 받는 법인으로 보는 단체에 대한 설명으로 틀린 것은?

① 단체의 조직과 운영에 관한 규정을 가지고 대표자 등을 선임할 것

② 단체 자신의 계산과 명의로 수익과 재산을 독립적으로 소유, 관리할 것

③ 단체의 수익을 구성원에게 분배하지 않을 것

④ 공익을 목적으로 출연된 기본재산이 있는 재단으로서 등기되지 아니한 경우

04. 다음 중 국세기본법상 납세의무소멸사유가 아닌 것은?

① 납부

② 부과철회

③ 납부할 국세 및 강제징수비(체납처분비) 상당액과 상계시키는 충당

④ 국세징수권 소멸시효의 완성

05. 다음 중 국세기본법상 납세의무의 성립시기로 틀린 것은?

① 소득세 · 법인세 : 과세기간이 끝나는 때. 다만, 청산소득에 대한 법인세는 그 법인이 해산을 하는 때를 말한다.

② 부가가치세 : 과세기간이 끝나는 때. 다만, 수입재화의 경우에는 세관장에게 수입신고를 하는 때를 말한다.

③ 증여세 : 증여에 의하여 재산을 취득하는 때

④ 종합부동산세 : 해당 부동산을 취득하는 때

06. 다음 중 국세기본법상 수정신고와 경정 등의 청구에 대한 설명으로 옳지 않은 것은?

① 과세표준신고서에 기재된 과세표준 및 세액이 세법에 따라 신고하여야 할 과세표준 및 세액에 미치지 못할 때 수정신고를 할 수 있다.

② 기한후과세표준신고서에 기재된 과세표준 및 세액이 세법에 따라 신고하여야 할 과세표준 및 세액에 미치지 못할 때 수정신고를 할 수 있다.

③ 과세표준신고서를 법정신고기한까지 제출한 자는 최초 신고한 국세의 과세표준 및 세액의 결정 또는 경정을 법정신고기한이 지난 후 10년 이내에 관할 세무서장에게 청구할 수 있다.

④ 경정청구에 의하여 세액감액 효력이 발생하는 것은 아니다.

07. 다음 중 국세기본법상 제2차 납세의무의 납부책임 한도에 대한 설명으로 옳지 않은 것은?

① 청산인 등의 제2차 납세의무에서 청산인 : 분배하거나 인도한 재산의 가액

② 출자자의 제2차 납세의무에서 무한책임사원 : 징수부족액에서 지분비율을 곱한 금액

③ 법인의 제2차 납세의무에서 법인 : 순자산가액에서 지분비율을 곱한 금액

④ 사업양수인의 제2차 납세의무에서 사업양수인 : 양수한 재산가액

08. 다음 중 국세기본법상 세무조사에 관한 설명으로 옳지 않은 것은?

① 세무공무원은 거래상대방에 대한 조사가 필요한 경우에는 같은 세목 및 같은 과세기간에 대한 재조사를 할 수 있다.

② 세무공무원은 납세자가 장부 등의 제출거부 등 조사를 기피하는 행위가 명백한 경우 세무조사기간을 연장할 수 있다.

③ 납세자가 세법이 정하는 신고 등의 납세협력의무를 이행하지 아니한 경우 정기선정에 의한 조사 외에 세무조사를 실시할 수 있다.

④ 성실신고확인서를 제출하면 세무조사를 면제해 준다.

09. 다음 중 국세기본법상 조세구제제도에 대한 설명으로 가장 틀린 것은?

① 심사청구는 처분이 있음을 안 날(처분통지를 받은 때에는 그 받은 날)부터 90일이내 경정을 청구할 수 있다.

② 기한까지 우편으로 제출한 심사청구서가 청구기간 이내에 도달하여야 적법한 청구로 본다.

③ 국세청장의 과세표준 결정에 따른 처분은 이의신청이 배제된다.

④ 동일한 처분에 대해서는 심사청구와 심판청구를 중복하여 제기할 수 없다.

10. 다음 중 국세기본법상 가산세의 감면사유 또는 부과하지 않는 경우에 해당하지 않는 것은?

① 납세의무자가 세법을 숙지하지 못하여 세법에 위반된 신고를 하고 과세관청도 이를 인정하여 시정지시 등을 하지 않은 경우

② 과세전적부심사 결정·통지기간 이내에 그 결과를 통지하지 아니한 경우

③ 세법에 따른 제출, 신고, 가입, 등록, 개설의 기한이 지난 후 1개월 이내에 해당 세법에 따른 제출 등의 의무를 이행하는 경우(제출 등의 의무위반에 대하여 세법에 따라 부과되는 가산세만 해당한다)

④ 과세표준신고서를 법정신고기한까지 제출한 자가 법정신고기한이 지난 후 2년 이내에 수정신고를 한 경우

11. 다음 중 국세기본법상 납세자관리헌장에 포함하여야 할 내용 중 옳지 않은 것은?

① 납세자의 성실성 추정

② 세무조사권 남용 금지

③ 세무조사시 조력을 받을 권리

④ 통합조사 금지의 원칙

12. 다음 중 소득세법에 관한 설명으로 옳지 않은 것은?

① 소득세는 종합소득과 퇴직소득, 양도소득을 과세대상으로 하는 조세이다.

② 소득세의 과세기간은 1.1.~12.31.을 원칙으로 하며 사업자의 선택에 의하여 이를 변경할 수 없다.

③ 소득세법은 종합과세제도이므로 거주자의 모든 소득을 합산하여 과세한다.

④ 사업소득이 있는 거주자의 소득세 납세지는 납세자의 주소지(거소지)로 한다.

13. 다음 중 소득세법상 이자소득을 모두 포함한 것을 고르시오.

> ㉠ 채권 또는 증권의 환매조건부 매매차익
> ㉡ 국내 또는 국외에서 받는 집합투자기구로부터의 이익
> ㉢ 국외에서 받는 예금의 이자
> ㉣ 비영업대금(非營業貸金)의 이익

① ㉠, ㉡, ㉢   ② ㉠, ㉡, ㉣   ③ ㉠, ㉢, ㉣   ④ ㉡, ㉢, ㉣

14. 다음 중 소득세법상 근로소득의 수입시기에 대한 내용 중 옳지 않은 것은?

① 급여 – 근로를 제공한 날

② 잉여금 처분에 의한 상여 – 당해 법인의 잉여금처분 결의일

③ 인정상여 – 상여처분이 확정된 날

④ 임원의 퇴직소득 중 소득세법에 따른 퇴직소득 한도초과금액 – 지급받거나 지급받기로 한 날

15. 다음 중 소득세법상 비과세 사업소득에 해당하지 않는 것은?

① 논·밭을 작물 생산에 이용하게 함으로써 발생하는 소득

② 기준시가 12억원을 초과하는 1개의 주택을 소유하는 자의 주택임대소득

③ 농어민이 부업으로 영위하는 민박, 음식물 판매 등 이와 유사한 활동에서 발생하는 연 1,000만원의 소득

④ 조림기간 5년 이상인 임지(林地)의 임목(林木)의 벌채 또는 양도로 발생하는 소득으로서 연 600만원 이하의 금액

16. 다음 중 소득세법상 사업소득에 대한 총수입금액의 계산에 대한 설명 중 옳지 않은 것은?

① 부동산을 임대하고 받은 선세금(先貰金)에 대한 총수입금액은 그 선세금을 계약기간의 월수로 나눈 금액의 각 과세기간의 합계액으로 한다.

② 환입된 물품의 가액과 매출에누리는 해당 과세기간의 총수입금액에 산입하지 아니한다.

③ 관세환급금 등 필요경비로 지출된 세액이 환입되었거나 환입될 경우에 그 금액은 총수입금액에 이를 산입한다.

④ 거래상대방으로부터 받는 장려금 기타 이와 유사한 성질의 금액은 총수입금액에 이를 산입하지 아니한다.

17. 다음 중 소득세법상 기타소득의 60% 필요경비 의제에 해당하지 않은 것은?

① 산업재산권 등을 양도하거나 대여하고 그 대가로 받는 금품

② 일시적인 문예창작소득으로 원작자로써 지급받은 원고료

③ 서화·골동품의 양도로 발생한 소득

④ 고용관계 없이 다수인에게 강연을 하고 강연료 등 대가를 받는 용역

18. 다음 중 소득세법상 퇴직소득에 대한 설명으로 옳은 것은?

① 종업원이 연임이 된 경우에는 무조건 퇴직으로 본다.

② 공무원연금법에 따라 받은 일시금은 기타소득에 해당한다.

③ 임원의 퇴직소득 중 법인세법에 따른 임원 퇴직급여 한도초과액으로 손금불산입된 금액은 근로소득에 해당한다.

④ 퇴직소득에 대한 총수입금액의 수입시기는 원칙적으로 퇴직급여를 실지로 지급받는 날로 한다.

19. 다음 중 소득세법상 기장세액공제에 대한 설명으로 옳지 않은 것은?

① 장부에 의하여 계산한 사업소득금액이 종합소득금액에서 차지하는 비율을 종합소득 산출세액에 곱하여 계산한 금액의 100분의 20에 해당하는 금액을 종합소득 산출세액에서 공제한다.

② 공제세액이 100만원을 초과하는 경우에는 100만원을 공제한다.

③ 비치·기록한 장부에 의하여 신고하여야 할 소득금액의 100분의 10 이상을 누락하여 신고한 경우 기장세액공제를 적용하지 아니한다.

④ 천재지변 등 부득이한 사유를 제외하고 기장세액공제와 관련된 장부 및 증명서류를 해당 과세표준확정신고기간 종료일부터 5년간 보관하지 아니한 경우 적용하지 아니한다.

20. 다음 중 소득세법상 사업을 폐업하는 경우 종합소득세 신고기한으로 옳은 것은?

① 폐업일이 속하는 달의 다음 달 31일까지

② 폐업일이 속하는 분기의 다음 달 31일까지

③ 폐업일이 속하는 과세기간의 다음 달 31일까지

④ 폐업일이 속하는 과세기간의 다음 과세기간 5월 31일까지

21. 다음 중 소득세법상 성실신고확인제도에 대한 설명으로 옳지 않은 것은?

① 성실신고확인대상사업자가 성실신고확인서를 제출하는 경우에는 종합소득과세표준 확정신고를 그 과세기간의 다음 연도 6월 1일부터 6월 30일까지 하여야 한다.

② 세무사가 성실신고확인대상사업자에 해당하는 경우에는 자신의 사업소득금액의 적정성에 대하여 해당 세무사가 성실신고확인서를 작성·제출해서는 아니 된다.

③ 성실신고확인대상 개인사업자가 성실신고 확인서를 제출하는 경우에는 성실신고 확인에 직접 사용한 비용의 100분의 60에 해당하는 금액을 해당 과세연도의 소득세에서 공제한다.

④ 성실신고확인대상 개인사업자의 공제세액의 한도는 120만원이다.

22. 다음 중 소득세법상 종합소득공제가 배제되는 경우에 대한 설명으로 가장 틀린 것은?

① 분리과세 대상 기타소득만 있는 자에 대해서는 종합소득공제를 적용하지 아니한다.

② 수시부과 결정의 경우에는 거주자 본인과 배우자에 대한 기본공제만 적용한다.

③ 비거주자의 경우 인적공제 중 비거주자 본인 외의 자에 대한 공제는 적용하지 않는다.

④ 소득공제대상임을 증명하는 서류를 제출하지 아니한 경우에는 기본공제 중 본인에 대한 공제와 표준세액공제만 적용한다.

23. 소득세법상 사업자가 비치·기록한 장부에 의하여 해당 과세기간의 사업소득금액을 계산할 때 발생한 결손금은 그 과세기간의 과세표준을 계산할 때 다음의 순서대로 공제한다. 순서의 연결로 올바른 것은?

① 근로소득 → 연금소득 → 기타소득 → 이자소득 → 배당소득

② 연금소득 → 기타소득 → 근로소득 → 이자소득 → 배당소득

③ 이자소득 → 배당소득 → 근로소득 → 연금소득 → 기타소득

④ 이자소득 → 배당소득 → 기타소득 → 연금소득 → 근로소득

24. 다음 중 소득세법상 중간예납에 관한 설명으로 옳지 않은 것은?

① 거주자는 퇴직소득·양도소득에 대해서도 중간예납을 한다.

② 속기·타자 등 사무지원 서비스업의 사업소득은 중간예납의무를 지지 않는다.

③ 해당 과세기간 중 신규로 사업을 시작한 자는 중간예납의무를 지지 않는다.

④ 관할세무서장은 11월 1일부터 11월 15일까지의 기간에 중간예납세액의 납세고지서를 발급하여야 하며, 거주자는 그 중간예납세액을 11월 30일까지 납부하여야 한다.

25. 다음 중 소득세법상 과세표준확정신고를 반드시 해야 하는 경우에 해당하는 것은?

① 근로소득 및 퇴직소득만 있는 자   ② 연말정산되는 사업소득만 있는 자

③ 분리과세 이자소득 및 근로소득이 있는 자   ④ 사업소득 및 근로소득이 있는 자

2부 주관식　**문항 당 5점**

26. 국세기본법상 다음 괄호 안에 들어갈 내용은 무엇인가?

> 납세자가 부정행위로 증여세를 포탈하는 경우로서 제3자 명의로 되어 있는 증여자의 재산을 수증자가 취득한 경우에는 과세관청은 해당 재산의 증여가 있음을 안 날로부터 (　　　) 이내에 증여세를 부과할 수 있다. 다만, 상속인이나 증여자 및 수증자가 사망한 경우와 포탈세액 산출의 기준이 되는 재산가액이 50억원 이하인 경우에는 그러하지 아니하다.

27. 거주자 갑은 20x0년 귀속 종합소득세를 납부하지 않았다. 따라서 관할 세무서장은 갑이 보유 중인 주택을 압류하여 매각하였다. 주택의 매각대금은 30,000,000원이다. 이 중에서 종합소득세로 징수할 수 있는 금액은 몇 원인가?

> 1. 강제징수비 : 5,000,000원
> 2. 종합소득세 체납액 : 19,000,000원
> 3. 주택에 대한 미등기 임대보증금 : 10,000,000원
>   – 이 중 법에 따른 소액주택임차보증금은 8,000,000원이다.

28. 소득세법상 다음 (가)에 알맞은 숫자를 적으시오.

> 종업원의 소유차량(임차차량 포함)을 종업원이 직접 운전하여 업무에 사용하고 소요된 실제 여비를 지급받는 대신 그 소요경비를 사업체의 규정에 따라 지급받는 금액을 자가운전보조금이라 한다. 자가운전보조금으로써 월 (가)원 이내의 금액은 과세하지 아니한다.

29. 다음 중 소득세법상 종합소득세 신고시 거주자 갑이 적용할 수 있는 인적공제와 추가공제의 합계액은 몇 원인가?

> 종합소득금액이 2,400만원인 거주자 甲(33세, 남자)씨의 동거가족은 아래와 같다.
> • 乙 : 72세 (아버지, 소득 없음)

30. 소득세법상 부당행위계산 부인이 적용되기 위한 요건 중 (   )에 들어갈 알맞은 내용을 적으시오.

> 부당행위 계산부인은 특수관계인과의 거래에서 조세 부담을 부당하게 감소시킨 것으로 인정되는 경우적
> 용하는 규정으로 해당 거래가 시가와 거래가액의 차액이 3억원 이상이거나 시가의 100분의 (   )에 상
> 당하는 금액 이상인 경우만 해당한다.

제93회 세무회계2급 답안 및 해설

세법1부 – 법인세법, 부가가치세법

1	2	3	4	5	6	7	8	9	10	11	12	13	14	15
④	②	③	②	④	③	②	①	④	③	④	③	④	④	①

16	17	18	19	20	21	22	23	24	25
④	①	②	④	②	③	②	③	②	①

26	27	28	29	30
10,200,000원	비과세소득	4,000,000	4,700,000원	500,000

01. 영리 외국법인의 경우 청산소득은 외국에서 과세한다.

02. **부동산소득이 있는 경우 그 자산의 소재지**로 한다.

03. ① 사외유출이외는 기타 또는 유보로 처리한다.

② 기업업무추진비한도초과액은 기타사외유출로 처리한다.

④ 사외유출된 것은 분명하나 귀속자가 불분명한 경우 귀속자를 밝히도록 강제하기 위하여 대표자 상여로 처리한다.

04. 해산으로 인한 의제배당시의 귀속시기는 **잔여재산가액이 확정된 날**이다.

05. 실제손해액이 분명하지 아니한 경우에는 다음의 산식의 금액을 손금불산입한다.

> **손금불산입액＝A×(B－1)÷B**
> A : 지급한 손해배상금   B : 실제발생한 손해액 대비 손해배상액의 배수 상한

06. **부도발생일로부터 6개월 이상 경과**하여야 한다.

07. 외장의 복구 등은 수익적 지출에 해당한다.

08. **일반차입금의 이자는 자본화를 선택**할 수 있다.

09. 손금산입한도를 초과하는 기부금은 손금에 산입하지 않는다.

10. 교환취득시 취득가액은 **취득 당시 취득한 자산의 시가**로 한다.

12. 해당 사업연도의 다음 사업연도 개시일 부터 **10년 이내**에 끝나는 각 사업연도로 이월하여 그 이월된 사업연도의 공제한도금액 내에서 공제받을 수 있다.

13. **중소기업의 경우 각사업연도 소득금액의 100%를 한도**로 결손금을 이월공제한다.

14. 부가가치세는 국세이며, 소비지국과세원칙을 적용한다.

15. 신규사업의 경우 과세기간은 **사업자등록증 신청일로부터 과세기간 종료일까지**로 한다.

16. 사이버몰에 인적사항 등의 정보를 등록하고 재화 또는 용역을 공급하는 사업을 하는 사업자(이하 "통신판매업자"라 한다)가 사이버몰의 명칭 또는 인터넷 도메인이름을 변경하는 경우는 사업자등록증 정정 당일 재발급 사유이다.

17. 주사업장총괄납부의 주된 사업장은 법인의 경우 본점(주사무소를 포함) 또는 지점(분사무소포함)을 주된 사업장으로 할 수 있다.

18. **단순히 가공만 해주는 경우 용역의 공급**에 해당한다.

19. 공급하는 자의 주소는 임의적 기재사항이다.

20. **음식점업을 영위하는 법인사업자의 공제율은 6/106**이다.

21. 대한적십자사에 공급하는 재화도 영세율이 적용되나, 사업을 위하여 외국에 무상으로 반출하는 재화로 한정한다.

22. 장기할부판매 조건으로 판매한 재화의 이자상당액은 과세표준에 포함한다.

23. 간주공급(예외 : 직매장 반출)의 경우 세금계산서 발급 의무가 면제된다.

25. 결정에 의하여 발생한 환급세액은 지체없이 환급하여야 한다.

26. (1년 환산)과세표준 = 80,000,000 ÷ 3개월 × 12개월 = 320,000,000원

(1년 환산)산출세액 = 18,000,000 + 120,000,000 × 19% = 40,800,000원

(3개월)산출세액 = 40,800,000 ÷ 12개월 × 3개월 = 10,200,000원

29. 불공제 매입세액 = 기업업무추진비(300,000) + 토지관련 자본적지출(1,100,000) + 비영업용소승용자동차 관련(3,300,000) = 4,700,000원

■■■■■■ 세법2부 - 국세기본법, 소득세법, 조세특례제한법

1	2	3	4	5	6	7	8	9	10	11	12	13	14	15
③	④	④	②	④	③	②	②	②	①	④	③	③	③	②

16	17	18	19	20	21	22	23	24	25					
④	③	③	③	④	①	②	①	①	④					

26	27	28	29	30
1년	17,000,000원	200,000	4,000,000원	5

01. 구청장은 세무공무원에 해당하지 않는다.

02. ④은 근거과세원칙에 대한 설명이다.

03. **공익을 목적으로 출연된 기본재산이 있는 재단으로서 등기되지 아니한 경우** 관할 세무서장의 승인을 요하지 않고 **항상 법인으로 보는 단체**로 본다.

04. 부과철회는 추후 납세자로부터 징수할 수 있으므로 납세의무 소멸사유가 아니다.

05. 종합부동산세의 납세의무 성립시기는 과세기준일(매년 6월 1일)이다.

06. **경정청구기한은 5년 이내**이다.

07. 무한책임사원은 **징수부족액 전액에 대하여 제2차 납세의무를 진다.**

08. 성실신고확인서를 제출한다고 해서 세무조사를 면제해주는 것은 아니다.

09. 기한 내에 우편으로 제출한 심사청구서가 청구기간을 지나서 도달한 경우에는 그 기간의 만료일에 적법한 청구를 한 것으로 본다.(**우편청구에 의한 경우 발신주의 특례적용**)

10. 납세의무자가 세법을 숙지하지 못하여 세법에 위반된 신고를 하고 과세관청도 이를 인정하여 시정지시 등을 하지 않은 경우에는 가산세가 감면되지 않는다.

11. 세무조사는 납세자의 사업과 관련하여 세법에 따라 신고·납부의무가 있는 세목을 통합하여 실시하는 것을 원칙으로 하고, 납세자 권리헌장에는 포함되어 있지 않다.

12. 분류과세와 분리과세 대상 소득은 합산하지 아니한다.

13. 집합투자기구로 부터의 이익은 배당소득에 해당한다.

14. **인정상여의 수입시기는 해당 사업연도 중의 근로를 제공한 날**이다.

16. 장려금은 총수입금액 산입항목이다.

17. **서화골동품의 양도로 발생한 소득에 대해서 80%(90%) 필요경비의제**에 해당한다.

18. ① 종업원이 연임은 현실적인 퇴직으로 보지 않는다.

② 공무원연금법에 따라 받은 **일시금은 퇴직소득**에 해당한다.

④ 퇴직소득의 원칙적 **수입시기는 퇴직한 날**이다.

19. 비치·기록한 장부에 의하여 신고하여야 할 **소득금액의 100분의 20 이상을 누락하여 신고한 경우**에는 기장세액공제가 적용되지 않는다.

20. 폐업하더라도 종합소득세 신고는 익년도 5월 31일까지이다.

21. 성실신고확인대상사업자가 성실신고확인서를 제출하는 경우에는 종합소득과세표준 확정 신고를 그 과세기간의 **다음 연도 5월 1일부터 6월 30일까지 하여야 한다.**

22. 수시부과 결정의 경우에는 **본인에 대한 기본공제만 적용**한다.

24. 종합소득(사업소득)이 있는 거주자만 중간예납의무를 부담하며, 퇴직소득·양도소득에 대해서는 중간예납을 하지 않는다.

26. 납세자가 부정행위로 상속세·증여세를 포탈하는 경우로서 과세관청은 해당 재산의 **상속 또는 증여가 있음을 안 날부터 1년 이내에 상속세 및 증여세를 부과**할 수 있다.(평생과세제도)

27. 국세우선원칙의 예외로 **강제징수비와 소액주택임차보증금은 국세에 우선**한다.

매각(30,000,000) - 강제징수비(5,000,000) - 소액주택임차보증금(8,000,000) = 17,000,000원

29. 기본공제(본인, 아버지) = 1,500,000 × 2명 = 3,000,000원

추가공제(경로, 아버지) = 1,000,000원

제91회 세무회계2급

합격율	시험년월
37%	2021.02

세법1부 **법인세법, 부가가치세법**

---

01. 다음 중 법인세법상 사업연도에 대한 설명으로 옳지 않은 것은?

① 내국법인인 경우 설립등기일이 최초 사업연도 개시일이 된다.

② 특수한 경우 법인의 사업연도는 1년을 초과할 수 있다.

③ 정관 규정이 없거나 따로 사업연도를 신고하지 않은 경우 매년 1월1일부터 12월 31일까지를 사업연도로 한다.

④ 사업연도를 변경하려는 법인은 직전 사업연도 종료일부터 3개월 이내에 신고하여야 한다.

02. 다음 중 법인세법상 납세의무에 관한 설명으로 틀린 것은?

① 내국 비영리법인은 청산소득에 대한 법인세 납세의무가 없다.

② 외국 비영리법인은 국내 토지 등 양도소득에 대하여 납세의무를 진다.

③ 내국 영리법인은 국내원천소득에 대하여만 법인세 납세의무가 있다.

④ 국세기본법에 따라 법인으로 보는 법인 아닌 단체는 법인세법상 납세의무자에 포함된다.

03. 다음 중 법인세법상 납세지에 대한 설명으로 잘못된 것은?

① 내국영리법인의 납세지는 등기부에 따른 본점 소재지로 한다.

② 내국비영리법인의 납세지는 등기부에 따른 주사무소의 소재지로 한다.

③ 국내에 본점 또는 주사무소가 없는 내국법인의 경우에는 사업을 실질적으로 관리하는 장소의 소재지로 한다.

④ 외국법인의 납세지는 국세청장이 지정하는 장소로 한다.

04. 다음 중 법인세법상 손익의 귀속사업연도에 관한 설명으로 옳지 않은 것은?

　① 법인세법은 권리의무확정주의를 채택하고 있다.

　② 중소기업이 수행하는 계약기간 1년 미만의 단기건설 등의 경우에는 인도기준(완성기준)도 적용
　　할 수 있다.

　③ 이자수익의 귀속시기는 실제 받은 날로만 할 수 있다.

　④ 상품 등을 시용판매한 경우 구매자가 그 상품 등에 대한 구입의사를 표시한 날을 귀속사업연도로
　　한다.

05. 다음 중 법인세법상 소득처분이 유보인 것은?

　① 가지급금 인정이자 　　　　　　　　② 대손충당금 한도초과액

　③ 매출누락(사외유출됨) 　　　　　　　④ 기업업무추진비 한도초과액

06. 다음 중 법인세법상 반드시 장부에 비용을 계상한 경우에만 각 사업연도 소득금액 계산시 손금으로 산입
할 수 있는 경우는 무엇인가?

　① 고유목적사업준비금 설정

　② 소멸시효 완성된 채권에 대한 대손금

　③ 사채할인발행차금 상각액

　④ 파손으로 인한 재고자산의 평가차손

07. 다음 중 법인세법상 익금으로 산입하지 않는 것에 대한 설명으로 옳지 않은 것은?

　① 주식발행초과액은 익금산입하지 않는다.

　② 자기주식처분이익은 익금산입하지 않는다.

　③ 부가가치세의 매출세액은 익금산입하지 않는다.

　④ 지방세 과오납금의 환급금에 대한 이자는 익금산입하지 않는다.

08. 다음 중 법인세법상 업무용승용차 관련비용 손금불산입에 관한 설명 중 잘못된 것은?
(단, 부동산임대업을 주된 사업으로 영위하는 법인에 해당하지 않음)

① 운수업, 자동차판매업 등에서 사업상 수익을 얻기 위하여 직접 사용하는 승용자동차는 업무용승용차 관련비용 손금불산입 규정을 적용받지 않는다.

② 해당 사업연도의 업무용승용차 관련비용이 1,500만원을 초과하는 경우로서 업무용자동차 운행기록을 작성하지 않은 경우 업무사용비율은 1,500만원을 업무용승용차 관련비용으로 나눈 비율로 한다.

③ 업무용승용차의 감가상각비가 800만원을 초과하는 경우 그 초과하는 금액은 해당 사업연도에 손금불산입하고, 다음 사업연도부터 감가상각비가 800만원에 미달하는 경우 그 미달하는 금액을 한도로 손금으로 추인한다.

④ 업무용승용차 처분손실로서 1,000만원을 초과하는 금액은 이월하여 손금에 산입한다.

09. 다음은 법인세법상 세금과공과금에 대한 설명이다. 옳지 않은 것은?

① 가산세 및 벌금 등과 법령에 따른 의무의 불이행 또는 금지·제한 등의 위반에 대한 제재로서 부과되는 벌과금 및 과태료는 손금에 불산입한다.

② 기업업무추진비 지출에 관련된 매입세액은 기업업무추진비에 합산하여 기업업무추진비한도액 범위 내에서 손금에 산입한다.

③ 폐수배출부담금은 전액 손금에 산입한다.

④ 의제매입세액 및 재활용폐자원 등에 대한 매입세액 공제액은 해당 원재료의 취득가액에서 차감한다.

10. 다음 중 법인세법상 감가상각제도에 대한 특징 중 틀린 것은?

① 감가상각 시부인 계산은 개별 감가상각자산별로 행한다.

② 감가상각은 그 신고한 상각방법을 변경하지 않는 한 그 후의 사업연도에도 이를 계속하여 적용하여야 한다.

③ 기중 신규취득한 자산은 월할상각하되, 1개월 미만의 일수는 개월 수에서 제외한다.

④ 정액법은 각 사업연도의 상각범위액이 매년 균등하게 되는 상각방법이다.

11. 다음 중 법인세법상 대손금으로 인정되지 않는 것은?

① 채무보증(대통령령으로 정하는 채무보증 제외)으로 인하여 발생한 구상채권

② 채무자의 파산으로 인하여 회수할 수 없는 채권

③ 회수기일이 6개월 이상 지난 채권 중 채권가액이 30만원 이하(채무자별 채권가액의 합계액을 기준으로 한다)인 채권

④ 채무자 회생 및 파산에 관한 법률에 따른 회생계획인가의 결정 또는 법원의 면책결정에 따라 회수불능으로 확정된 채권

12. 다음 중 법인세법상 기부금에 대한 설명으로 가장 잘못된 것은?

① 국가나 지방자치단체에 무상으로 기증하는 금품의 가액은 특례기부금에 해당한다.

② 기부금이란 사업과 직접 관련하여 무상으로 지출하는 재산적 증여의 가액을 말한다.

③ 기부금은 그 지출한 날이 속하는 사업연도에 귀속한다.

④ 새마을금고에 지출하는 기부금은 비지정기부금이다.

13. 법인세법상 과세표준의 계산에 관한 설명이다. 옳은 것은?

① 중소기업이 전기 사업연도에 대한 법인세 과세표준과 세액을 신고기한 내에 신고하고, 결손금이 발생한 당기 사업연도에 대한 법인세 과세표준과 세액은 기한 후 신고한 경우 결손금 소급공제를 받을 수 있다.

② 결손금 소급공제 한도인 직전 사업연도 법인세액은 가산세를 포함하며 토지 등 양도소득에 대한 법인세는 제외한다.

③ 천재지변 등으로 장부나 그 밖의 증명서류가 멸실되어 과세표준과 세액을 추계결정하는 경우 결손금이월공제가 적용된다.

④ 각사업연도소득금액에서 비과세소득, 소득공제, 이월결손금의 순서로 차감하여 과세표준을 계산한다.

14. 다음 중 우리나라 부가가치세의 특징에 대한 설명으로 옳은 것은?

① 납세의무자의 부양가족 수, 가족 생계비 등의 인적 사항이 고려되는 인세에 해당한다.

② 소비지국과세원칙을 채택함으로써 수출재화에 대해서는 면세를 적용하여 수출을 촉진한다.

③ 부가가치세는 생산자(사업자)가 납부하고 소비자가 부담하는 간접세이다.

④ 우리나라의 부가가치세법은 매출액에서 매입액을 공제하여 세율을 적용한 값을 납부세액으로 하는 전단계거래액공제법을 채택하고 있다.

15. 다음 중 부가가치세법상 과세 대상인 것은?

① 기술개발을 위하여 시험용으로 재화를 사용·소비하는 경우

② 자가생산한 제품을 홍보 목적으로 불특정 다수에게 무상증여하는 경우

③ 주사업장 총괄납부를 하는 사업자가 판매 목적으로 제품을 직매장으로 반출하는 경우. 단, 세금 계산서 발행은 하지 않음.

④ 회사가 생산한 제품을 직원의 필요에 따라 임의로 무상지급하는 경우

16. ㈜이현은 수출을 하고 그에 대한 대가를 외국통화로 수령하였다. 이 경우 부가가치세법상 공급가액으로 올바르지 않은 것은?

① 공급시기 이후에 대가를 수령한 경우 그 공급가액은 공급시기의 기준환율 또는 재정환율로 환산 한 가액으로 한다.

② 공급시기 이전에 대가를 수령하여 공급시기 도래 전에 환가한 경우 그 공급가액은 공급시기의 기준환율 또는 재정환율로 환산한 가액으로 한다.

③ 공급시기 이전에 대가를 수령하여 공급시기 도래 이후 환가한 경우 그 공급가액은 공급시기의 기준환율 또는 재정환율로 환산한 가액으로 한다.

④ 공급시기 이전에 대가를 수령하여 공급시기 도래 이후 계속 외국환 상태로 보유 중인 경우 그 공급가액은 공급시기의 기준환율 또는 재정환율로 환산한 가액으로 한다.

17. 다음 중 부가가치세법상 사업자등록의 정정사유가 아닌 것은?

① 상속으로 사업자의 명의가 변경되는 경우

② 공동사업자의 구성원이 변경되는 경우

③ 법인의 대표자를 변경하는 경우

④ 개인사업장을 포괄양수도하는 경우

18. 다음 중 부가가치세법상 재화의 공급시기로 틀린 것은?

① 장기할부판매 : 대가의 각 부분을 받기로 한 때

② 재화의 외상판매 : 대금을 수령한 때

③ 재화의 공급으로 보는 가공 : 가공된 재화를 인도하는 때

④ 사업상 증여 : 재화를 증여하는 때

19. 다음 중 부가가치세법상 영세율과 면세제도에 대한 설명으로 잘못된 것은?

① 면세를 포기하는 경우 포기신고일이 속하는 과세기간 종료일로부터 3년간은 면세를 적용받을 수 없다.

② 영세율은 완전면세제도이고, 면세는 불완전면세제도라 칭한다.

③ 면세사업자는 부가가치세법상 사업자는 아니지만 매입처별세금계산서합계표제출과 같은 협력의무는 있다.

④ 국내거래일지라도 기한 내에 개설된 내국신용장이 있다면 영세율 적용이 가능하다.

20. 다음 중 부가가치세법상 겸영사업자가 공통으로 사용한 재화를 공급시 과세표준 안분계산을 생략하는 경우가 아닌 것은?

① 재화의 공급단위별 공급가액이 50만원 미만인 경우

② 해당 과세기간에 폐업한 경우

③ 재화를 공급하는 날이 속하는 과세기간에 신규로 사업을 시작하여 직전 과세기간이 없는 경우

④ 재화를 공급한 날이 속하는 과세기간의 직전 과세기간의 총공급가액 중 면세공급가액이 5% 미만인 경우 (단, 해당 재화의 공급가액은 5,000만원 미만임)

21. 다음 자료는 일반과세자인 ㈜이현(음식점업)의 20x1년 1기 예정신고기간에 대한 세금계산서 수취내역이다. 부가가치세법상 공제받을 수 있는 매입세액은 몇 원인가?

내 역	매입세액
① 1월11일 : 음식원재료인 면세농산물 가공을 위한 기계구입비	5,400,000원
② 1월15일 : 카니발(7인승)유류대금	300,000원
③ 2월 6일 : 종업원 회식비	500,000원

① 500,000원   ② 5,400,000원   ③ 5,900,000원   ④ 6,200,000원

22. 다음은 부가가치세법상 거래징수와 세금계산서발급에 대한 설명이다. 옳은 것은?

① 세관장은 수입하는 재화에 대하여 수입하는 자에게 수입세금계산서를 발급하여야 한다.

② 법인사업자와 직전 연도 사업장별 재화 및 용역의 공급가액(면세공급가액 포함)의 합계액이 1억원 이상인 개인사업자는 전자세금계산서를 의무발급하여야 한다.

③ 재화(용역)의 공급자가 세금계산서 발급 시기에 세금계산서를 발급하지 않은 경우 공급받는자는 해당 재화(용역)의 공급시기가 속하는 과세기간의 종료일부터 6개월 이내에 거래사실을 객관적으로 입증할 수 있는 서류를 첨부하여 공급자 관할 세무서장에게 매입자발행세금계산서를 신청할 수 있다.

④ 거래처별로 1역월(1曆月)의 공급가액을 합하여 해당 월의 말일을 작성일자로 하여 재화 또는 용역의 공급일이 속하는 달의 25일까지 월합계세금계산서를 발급할 수 있다.

23. 부가가치세의 환급에 대한 설명 중 옳지 않은 것은?

① 일반환급의 경우에는 예정신고시 환급되지 않는다.

② 사업장이 2 이상의 사업자가 한 사업장에서만 조기환급 사유가 발생한 경우 해당 사업장만 조기환급을 신청할 수 있다.

③ 재고자산을 매입한 경우 조기환급을 받을 수 있다.

④ 영세율을 적용받는 사업자는 조기환급을 신청할 수 있다.

24. 다음은 부가가치세법상 납부세액 또는 환급세액 재계산에 대한 설명이다. 다음 중 옳지 않은 것은?

① 납부세액 또는 환급세액의 재계산은 감가상각자산에 한하여 적용한다.

② 납부세액 또는 환급세액의 재계산 대상 매입세액은 당초 매입세액 공제 또는 안분계산의 대상이 되었던 매입세액에 한정한다.

③ 납부세액 또는 환급세액의 재계산액은 예정신고와 확정신고와 함께 신고·납부한다.

④ 과세사업에 사용하던 감가상각자산이 간주공급에 해당하는 경우에는 재계산을 적용하지 아니한다.

25. 다음은 부가가치세법상 간이과세에 대한 설명이다. 가장 옳지 않은 것은?

① 변호사업은 간이과세자 적용배제 업종이다.

② 간이과세자는 재고매입세액공제를 받을 수 없다.

③ 간이과세자는 환급세액이 발생하지 않는다.

④ 간이과세자 중 의제매입세액공제를 적용받을 수 있는 업종은 음식점만 가능하다.

1부 주관식 **문항 당 5점**

26. 법인세법상 다음 (   )안에 들어갈 날짜는 무엇인가?

> 자진납부할 세액이 있고 사업연도가 20x1년 9월 30일로 종료하는 내국법인은 20x1년 (   )까지
> 법인세를 납부하여야 한다. (단, 성실신고 확인서를 제출해야 하는 법인은 아님)

27. 다음은 법인이 사용하던 기계장치의 양도에 대한 자료이다. 해당 자료로 인한 법인세법상 과세대상 소득
금액은 몇 원인가?

• 취득가액	:	100,000,000원	• 양도가액	:	120,000,000원
• 감가상각누계액	:	60,000,000원	• 상각부인액	:	10,000,000원

28. 법인세법상 다음 (   )안에 들어갈 금액은 몇 원인가?

> 특수관계가 없는 법인으로부터 시가 1,000,000원의 유가증권을 정당한 사유 없이 정상가액보다 높은
> 가액인 1,500,000원으로 매입한 경우에 세법상 취득가액은 (   )원이다.

29. 다음 자료를 통해 부가가치세법상 빈칸에 들어갈 숫자는?

> 사업자등록을 신청하기 전의 거래에 대한 매입세액은 공제하지 아니한다. 다만, 공급시기가 속하는 과
> 세기간이 끝난 후 (   )일 이내에 사업자등록을 신청한 경우 등록신청일부터 공급시기가 속하는 과세
> 기간 기산일까지 역산한 기간 이내의 매입세액은 공제한다.

30. 부가가치세법상 신용카드 등의 사용에 따른 세액공제(신용카드발급세액공제)에 대한 설명이다. 빈칸에
들어갈 금액은 몇 원인가?

> 법인사업자와 직전연도의 재화 또는 용역의 공급가액의 합계액이 사업장별로 (   )원을 초과하는 개
> 인사업자는 신용카드 등의 사용에 따른 세액공제를 적용받을 수 없다.

세법2부 **국세기본법, 소득세법, 조세특례제한법**

---

01. 다음 중 국세기본법상 국세가 아닌 것은?

① 상속세와 증여세   ② 개별소비세   ③ 농어촌특별세   ④ 취득세

02. 다음 중 국세기본법상 기간과 기한에 대한 설명으로 틀린 것은?

① 납부 또는 징수에 관한 기한이 공휴일, 토요일이거나 근로자의 날일 때에는 공휴일, 토요일 또는 근로자의 날의 다음 날을 기한으로 한다.

② 신고기한 만료일 또는 납부기한 만료일에 국세정보통신망이 대통령령으로 정하는 장애로 가동이 정지되어 전자신고 또는 전자납부를 할 수 없는 경우에는 그 장애가 복구되어 신고 또는 납부할 수 있게 된 날의 다음 날을 기한으로 한다.

③ 천재지변 등의 사유로 정해진 기한까지 신고, 납부를 할 수 없다고 인정하는 경우 관할 세무서장은 대통령령으로 정하는 바에 따라 그 기한을 연장할 수 있다.

④ 납세자가 신고·납부의 기한연장을 신청한 경우에 관할 세무서장은 무조건 그 기한을 연장하여야 한다.

03. 국세기본법상 국세 부과제척기간이란 국가가 결정, 경정결정 등을 할 수 있는 기간을 의미한다. 다음 중 국세 부과제척기간이 잘못 연결된 것은 무엇인가? (단, 역외거래 제외)

① 일반적인 세목의 국세를 사기, 부정한 행위로 포탈한 경우 : 20년

② 상속세와 증여세의 일반적인 경우 : 10년

③ 일반적인 세목의 국세를 무신고한 경우 : 7년

④ 상속세와 증여세를 무신고한 경우 : 15년

04. 국세기본법상 납세의무 성립시기에 대하여 올바르게 설명한 항목은 몇 개인가?

① 원천징수하는 소득세·법인세 : 소득금액 또는 수입금액을 지급하는 때
② 수시부과하여 징수하는 국세 : 수시부과할 사유가 발생한 때
③ 인지세 : 인지를 첩부할 때
④ 종합부동산세 : 과세기준일
⑤ 수입재화에 대한 부가가치세 : 세관장에게 수입신고를 하는 때

① 1개   ② 2개   ③ 4개   ④ 5개

05. 국세기본법상 수정신고와 기한 후 신고에 대한 설명으로 틀린 것은?

① 기한 후 신고는 납세의무를 확정하는 효력이 있다.

② 기한 후 과세표준신고서를 제출하고 세액을 납부하는 경우 관할 세무서장은 세법에 따라 신고일부터 3개월 이내에 해당 국세의 과세표준과 세액을 결정하여야 한다.

③ 세무서장이 결정·경정하여 통지하기 전으로서 제척기간이 끝나기 전까지는 수정신고를 할 수 있다.

④ 신고납세세목, 정부부과세목에 관계없이 법정 신고기한 내에 과세표준 및 세액을 신고한 자는 수정신고를 할 수 있다.

06. 국세기본법상 서류의 송달에 대한 설명으로 옳지 않은 것은?

① 서류의 송달을 받을 자가 주소 또는 영업소 중에서 송달을 받을 장소를 신고한 때에는 그 신고된 장소에 송달하여야 한다.

② 송달할 장소에서 서류를 송달받아야 할 자를 만나지 못하였을 때에는 그 사용인이나 그 밖의 종업원 또는 동거인으로서 사리를 판별할 수 있는 사람에게 서류를 송달할 수 있다.

③ 연대납세의무자에게 납세의 고지와 독촉에 관한 서류를 송달할 때에는 그 대표자를 명의인으로 하며, 대표자가 없을 때에는 연대납세의무자 중 국세징수상 유리한 자를 명의인으로 하여 송달하여야 한다.

④ 서류를 송달받아야 할 자 또는 그 사용인이나 그 밖의 종업원 또는 동거인으로서 사리를 판결할 수 있는 사람이 정당한 사유 없이 서류 수령을 거부할 때에는 송달할 장소에 서류를 둘 수 있다.

07. 다음 중 국세기본법상 국세징수권의 소멸시효 중단 사유가 아닌 것은?

① 납세고지   ② 교부청구   ③ 압류   ④ 연부연납기간

08. 다음은 국세기본법상 사업양수인의 제2차 납세의무에 대한 설명이다. 가장 옳지 않은 것은?

① 사업양수인의 제2차 납세의무대상 국세는 해당 사업에 관한 모든 국세로 양도소득세도 포함된다.

② 사업양수인의 제2차 납세의무대상 국세는 사업양도일 이전에 양도인의 납세의무가 확정된 국세이다.

③ 사업양수인의 납세의무의 한도는 양수한 재산가액을 한도로 한다.

④ 사업에 관한 모든 권리와 의무를 승계할 때 미수금과 미지급금은 모든 권리와 의무에서 제외된다.

09. 다음 중 국세기본법상 수정신고를 할 수 있는 때가 아닌 것은?

① 과세표준신고서에 기재된 과세표준이 세법에 따라 신고해야 할 과세표준에 미치지 못할 때

② 과세표준신고서에 기재된 결손금액이 세법에 따라 신고해야 할 결손금을 초과할 때

③ 세무조정 과정에서 국고보조금과 공사부담금을 익금과 손금에 동시에 산입하지 아니한 경우

④ 과세표준신고서에 기재된 세액이 세법에 따라 신고해야 할 세액을 초과할 때

10. 다음 중 국세기본법상 조세불복제도에 대한 설명으로 가장 옳지 않은 것은?

① 이의신청은 세무서장·지방국세청장에게 할 수 있다.

② 동일한 처분에 대하여 심사청구를 한 후 인용되지 않을 경우 행정소송을 할 수 있다.

③ 행정소송은 심사청구·심판청구를 거치지 않고 제기할 수 있다.

④ 이의신청을 거친 후 심판청구를 하려면 이의신청 결정통지를 받은 날로부터 90일 이내에 제기하여야 한다.

11. 국세기본법상 세무공무원의 세무조사 기간에 대한 설명으로 가장 옳지 않은 것은?

① 세무조사 기간을 연장하는 경우에는 그 사유와 기간을 납세자에게 문서로 통지하여야한다.

② 납세자가 장부·서류 등의 제출을 지연하는 등으로 인하여 세무조사를 정상적으로 진행하기 어려운 경우에는 세무조사를 중지할 수 있다. 이 경우 그 중지기간은 세무조사 기간에 산입한다.

③ 세무조사 기간을 정할 경우 조사대상 과세기간 중 연간 수입금액이 가장 큰 과세기간의 연간 수입금액이 100억원 미만인 납세자에 대한 세무조사 기간은 20일 이내로 한다.

④ 세무조사 기간은 최소한이 되도록 하여야 하나 거래처 조사, 금융거래 현지확인 등이 필요한 경우에는 세무조사 기간을 연장할 수 있다.

12. 다음 중 소득세법에 관한 설명으로 가장 옳지 않은 것은?

① 소득세는 신고납세주의를 채택하고 있으며, 납세자가 과세표준확정신고를 함으로써 소득세의 납세의무가 확정된다.

② 거주자는 국내·외 원천소득에 대해 무제한 납세의무가 있으나 비거주자는 국내원천소득에 대한 제한납세의무를 진다.

③ 계속하여 180일 이상 국내에 거주할 것을 통상 필요로 하는 직업을 가진 자는 국내에 주소가 있는 것으로 본다.

④ 분리과세소득은 원천징수로써 소득세의 과세가 종결된다.

13. 다음 중 소득세법상 원천징수와 관련한 설명으로 옳지 않은 것은?

① 원천징수의무자가 소득세가 과세되지 아니하거나 면제되는 소득을 지급할 때에는 소득세를 원천징수하지 아니한다.

② 국가나 지방자치단체의 장이 법에서 정하는 소득을 지급하는 때에 소득세를 원천징수하여야 한다.

③ 법에서 정하는 소득이 발생 후 지급되지 아니함으로써 소득세가 원천징수 되지 아니한 소득이 종합소득에 합산되어 종합소득에 대한 소득세가 과세된 경우에 그 소득을 지급할 때에는 소득세를 원천징수하지 아니한다.

④ 원천징수의무자가 기타소득을 지급할 때에는 지급한 총수입금액에 원천징수세율을 적용하여 계산한 소득세를 원천징수한다.

14. 다음 중 소득세법상 Gross-up(배당가산) 대상 배당소득 대상에 대한 설명이다. 옳지 않은 것은?

① 자기주식소각이익의 자본전입으로 인하여 발생한 의제배당은 대상이 아니다.

② 외국법인으로부터 받은 배당소득은 대상이 아니다.

③ 배당가산 적용 대상액은 해당 배당소득의 전액을 대상액으로 하여 계산한다.

④ 내국법인으로부터 받은 배당소득은 대상이다.

15. 다음 중 소득세법상 사업소득에 대한 설명으로 옳지 않은 것은?

① 사업자 본인의 국민연금은 필요경비로 인정되지 않는다.

② 수입이자와 수입배당금은 사업소득 총수입금액에 해당하지 않는다.

③ 자산수증이익과 채무면제이익 중 이월결손금 보전에 충당된 것은 사업소득 총수입금액에 산입한다.

④ 업무와 관련하여 고의 또는 중대한 과실로 타인의 권리를 침해한 경우에 지급되는 손해배상금은 사업소득 필요경비에 산입하지 않는다.

16. 다음 중 소득세법상 사업소득금액 계산시 필요경비에 불산입하는 이자가 아닌 것은?

① 초과인출금 관련 이자   ② 채권자불분명 사채이자

③ 장기할부 이자   ④ 업무무관자산 등 관련이자

17. 다음 중 소득세법상 기부금에 대한 설명으로 가장 틀린 것은?

① 비지정기부금은 전액 필요경비에 불산입한다.

② 현물로 기부한 특례기부금의 경우 시가와 장부가액 중 큰 금액으로 평가한다.

③ 정치기부금의 경우 10만원까지는 그 기부금액의 110분의 100을 세액공제한다.

④ 특례기부금과 일반기부금은 사업자 본인 명의로 지출한 것이 아니면 공제를 받을 수 없다.

18. 다음 자료를 이용하여 소득세법상 거주자 김성실씨의 20x1년 총급여액을 계산하시오.

김성실씨(회계관리직)의 20x1년 연간 급여내역 (직전 연도 총급여액은 23,000,000원)		
① 기본급	월	2,000,000원
② 식대(현물 식사를 제공받지 않음)	월	150,000원
③ 연장근로수당		5,000,000원

① 24,600,000원 ② 25,800,000원 ③ 29,000,000원 ④ 30,800,000원

19. 다음 중 소득세법상 기타소득에 대한 설명으로 옳지 않은 것은?

① 계약의 위약으로 인하여 받는 위약금 중 주택입주 지체상금은 지급받는 금액의 80%를 필요경비로 인정받을 수 있다.

② 저작자 외의 자가 저작권의 사용대가로 받는 소득은 지급받는 금액의 60%를 필요경비로 인정받을 수 있다.

③ 공익사업과 관련하여 지역권을 설정하여 받는 소득은 지급받는 금액의 60%를 필요경비로 인정받을 수 있다.

④ 공익사업과 관련하여 지상권을 설정하고 받는 소득 지급받는 금액의 60%를 필요경비로 인정받을 수 있다.

20. 다음 중 소득세법상 근로소득으로 과세되지 않는 것은?

① 퇴직함으로써 받는 소득으로서 퇴직소득에 속하지 않는 소득

② 근로기간 중에 받은 직무발명보상금으로써 연 700만원을 초과하는 금액

③ 회사로부터 받은 의료비 보조금

④ 근무기간 중에 부여받은 주식매수선택권으로써 퇴직 후에 행사하여 얻은 이익

21. 다음 중 소득세법상 부당행위 계산이 적용되지 않는 소득은 무엇인가?

① 비상장법인으로부터 지급받은 배당소득

② 부동산의 양도소득

③ 산업재산권을 대여하고 그 사용대가로 지급받은 소득

④ 연금저축 해지 일시금

22. 다음 중 소득세법상 중간예납 및 분납에 대한 설명으로 옳지 않은 것은?

① 신규사업자는 중간예납의무가 없다.

② 납부할 세액이 1천만원을 초과하면서 2천만원 이하인 때에는 그 세액의 50% 이하의 금액을 납부기한이 지난 후 2개월 이내에 분납할 수 있다.

③ 중간예납은 고지납부가 원칙이지만 전년도 수입금액이 일정 금액에 미달하는 때에는 납세자가 관할 세무서장에게 신고납부할 수 있다.

④ 중간예납에 대한 고지를 받은 자는 11월 30일까지 고지세액을 납부하여야 한다.

23. 다음은 소득세법상 양도소득에 대한 설명이다. 옳지 않은 것은?

① 거주자가 국내 건물과 비상장주식을 동일한 과세기간에 양도한 경우 양도소득금액에서 국내 건물과 비상장주식 각각 양도소득기본공제 250만원이 적용된다.

② 1세대 1주택의 요건을 충족하는 경우 장기보유특별공제율은 최대 80%까지 받을 수 있다.

③ 등기된 토지를 15년 이상 보유하여야 장기보유특별공제율 30% 적용이 가능하다.

④ 미등기양도자산은 필요경비개산공제를 적용받을 수 없다

24. 다음 중 소득세법상 특별세액공제 중 교육비세액공제를 받을 수 있는 내용으로 잘못된 것은?

① 수업료 · 입학금 · 보육비용 · 수강료 및 그 밖의 공납금

② 교복구입비용(중 · 고등학교의 학생만 해당하며, 학생 1명당 연 50만원 한도)

③ 법에서 정하는 국외교육기관에 지급한 교육비

④ 법에서 정하는 학자금 대출의 원리금 상환의 연체로 인한 추가지급액

25. 다음 중 소득세법상 세액공제가 아닌 것은?

① 배당세액공제   ② 월세액에 대한 세액공제

③ 기장세액공제   ④ 자녀세액공제

2부 주관식   **문항 당 5점**

26. 국세기본법상 다음 괄호 안에 들어갈 내용은 무엇인가?

> 5억원 이상의 국세에 대한 징수권은 이를 행사할 수 있는 때부터 (   )년 동안 행사하지 아니하면 소
> 멸시효가 완성된다.

27. 국세기본법상 다음 괄호 안에 들어갈 내용은 무엇인가?

> 법정신고기한이 지난 후 1개월 이내에 수정신고한 경우 과소신고 · 초과환급신고가산세의 (   )%를 감
> 면한다.

28. 소득세법상 다음 괄호 안에 들어갈 내용은 무엇인가?

> 출자공동사업자의 배당소득에 대한 원천징수세율은 100분의 (   )이다.

29. 소득세법상 다음 괄호 안에 들어갈 내용은 무엇인가?

> 종합소득세 신고시 기본공제대상자인 생계를 같이 하는 부양가족의 나이요건은 직계존속 (   )세 이
> 상, 직계비속 20세 이하이다.

30. 소득세법상 일용근로자의 근로소득은 종합소득과세표준에 합산하지 않고 원천징수로서 과세를 종결한
다. 1일 급여액에서 차감하는 일용근로자의 근로소득공제액은 몇 원인가?

제91회 세무회계2급 답안 및 해설

세법1부 - 법인세법, 부가가치세법

1	2	3	4	5	6	7	8	9	10	11	12	13	14	15
②	③	④	③	②	④	②	④	③	③	①	②	③	③	④

16	17	18	19	20	21	22	23	24	25
②	④	②	①	②	③	①	③	③	④

26	27	28	29	30
12월31일	70,000,000원	1,300,000	20	10억

01. 법령이나 법인의 정관에서 정하는 1회계기간을 사업연도로 하되, **그 기간은 1년을 초과하지 못한다.**

02. 내국 영리법인은 국내·외 원천소득에 대하여 법인세 납세의무가 있다.

03. 외국법인의 법인세 납세지는 국내사업장이 있는 경우 그 소재지, 둘 이상의 국내사업장이 있는 경우 주된 사업장의 소재지, 국내사업장이 없는 외국법인으로서 국내원천 부동산소득 또는 국내원천 부동산등 양도소득있는 경우 각각 그 자산의 소재지로 한다.

04. 이자수익의 수입시기는 소득세법상 이자소득의 수입시기(약정에 의한 지급기일, 무기명 공사채의 이자·할인액, 예금이자 등은 지급을 받은 날)로 하되, 금융보험업을 영위하는 법인의 경우 실제로 수입된 날(선수이자 제외)로 한다. 다만, 발생주의에 따라 기간 경과분 미수이자(원천징수되는 이자 제외) 계상시 이를 인정한다.

05. 대손충당금 한도초과액은 유보로 처분한다.

06. 재고자산을 파손 또는 부패 등의 사유로 정상가액으로 판매할 수 없는 경우 사업연도종료일 현재 처분가능한 시가와 취득가액의 차액을 평가손실로 계상한 경우에만 재고자산의 장부가액을 감액할 수 있다.(결산조정사항)

07. 자기주식처분이익은 원칙적으로 익금에 해당한다.

08. 업무용승용차 처분손실로서 **800만원을 초과하는 금액은 해당 사업연도에 손금불산입**하고 다음 사업연도부터 800만원/년을 10년간 손금에 산입하되, 남은 금액이 800만원 미만인 사업연도에는 남은 금액을 모두 손금에 산입한다.

09. 폐수배출부담금은 법령에 따른 의무의 불이행 또는 금지·제한 등의 위반에 대한 제재로서 부과되는 공과금으로 손금에 불산입한다.

10. **1개월 미만의 일수는 1개월로 한다.**

11. 채무보증으로 인하여 발생한 구상채권은 대손사유를 충족해도 대손금으로 손금에 산입할 수 없다.

12. 기부금이란 내국법인이 사업과 직접적인 관계없이 특수관계인 외의 자에게 무상으로 지출하는 금액을 말한다.

13. 법인세의 과세표준과 세액을 추계결정하는 경우 결손금 이월공제를 적용하지 않으나 천재지변 기타 불가항력으로 장부나 그 밖의 증명서류가 멸실되어 추계하는 경우에는 결손금 이월공제를 적용한다.

　① 법인세 과세표준과 세액의 신고기한 내에 결손금이 발생한 사업연도와 그 직전 사업연도 소득에 대한 법인세 과세표준과 세액을 각각 신고한 경우에 결손금 소급공제를 적용받을 수 있다.

　② 결손금 소급공제 한도인 직전 사업연도 법인세 납부세액은 가산세와 감면분 추가납부세액, 토지 등 양도소득에 대한 법인세를 제외한다.

　④ 법인세 과세표준은 각사업연도 소득금액에서 **이월결손금, 비과세소득, 소득공제의 순서로 차감**하여 계산한다.

14. 부가가치세의 담세자는 최종소비자이지만 납세의무자는 사업자(생산자)로 담세자와 납세의무자가 다른 간접세이다.

　① 부가가치세는 사업자가 행하는 재화 또는 용역의 공급, 재화의 수입에 대하여 과세하는 물세이다.

　② 재화의 공급이 수출에 해당하는 경우 영세율을 적용하여 완전면세효과를 구현함으로써 수출을 촉진한다.

　④ 우리나라의 부가가치세법은 매출액에 세율을 곱하여 계산한 매출세액에서 매입시 징수당한 매입세액을 공제하여 납부세액을 계산하는 전단계세액공제법을 채택하고 있다.

15. 사업자가 자기생산·취득재화를 사업과 직접적인 관계없이 자기의 개인적인 목적이나 그 밖의 다른 목적을 위하여 사용·소비하거나 그 사용인 또는 그 밖의 자가 사용·소비하는 것으로서 사업자가 그 대가를 받지 않거나 시가보다 낮은 대가를 받는 경우는 재화의 공급으로 본다.

16. 공급시기가 되기 전에 대가를 수령하여 원화로 환가한 경우 그 **환가한 금액을 공급가액**으로 하고, 공급시기 이후에 외국통화나 그 밖의 외국환 상태로 보유하고 있거나 지급받은 경우 공급시기의 기준환율 또는 재정환율에 따라 환산한 가액을 공급가액으로 한다.

17. 사업을 포괄양수도하는 경우 **양도자는 폐업신고**를 하고 **양수자는 사업자등록을 하는** 것이다.

18. 외상판매의 경우 재화가 인도되거나 이용가능하게 되는 때를 공급시기로 한다.

19. 면세의 포기를 신고한 사업자는 **신고한 날부터 3년간 부가가치세를 면제받지 못한다.**

20. 폐업한 경우는 과세표준 안분계산 생략의 사유가 아니다.

21. 기계구입비(5,400,000)+종업원 회식비(500,000)=5,900,000원

　개별소비세 과세 대상 자동차(8인승 이하)의 유지를 위한 매입세액은 불공제 대상이다.

22. ② 전자세금계산서 의무발급사업자는 모든 법인사업자와 직전 연도 사업장별 재화 및 용역의 공급가액(면세공급가액 포함)의 합계액이 **0.8억원 이상**인 개인사업자이다.

　③ 매입자발행세금계산서를 발행하려는 자는 해당 재화 또는 용역의 공급시기가 속하는 **과세기간의 종료일부터 1년 이내**에 거래사실확인신청서에 거래사실을 객관적으로 입증할 수 있는 서류를 첨부하여 신청인 관할 세무서장에게 거래사실의 확인을 신청하여야 한다.

　④ 거래처별로 1역월의 공급가액을 합하여 해당 달의 말일을 작성연월일로 하여 세금계산서를 발급하는 경우 재화 또는 용역의 공급일이 속하는 달의 다음 달 10일까지 월합계세금계산서를 발급할 수 있다.

23. 사업자가 감가상각자산에 해당하는 사업 설비를 신설·취득·확장 또는 증축하는 경우 조기환급을 신청할 수 있다.

24. 납부세액 또는 환급세액의 재계산액은 확정신고와 함께 신고·납부하고, 예정신고시에는 적용하지 않는다.

25. **간이과세자는 의제매입세액공제 적용이 되지 않는다.**

26. 납세의무가 있는 내국법인은 각 사업연도의 종료일이 속하는 달의 말일부터 3개월 이내에 법인세 과세표준과 세액을 납세지 관할 세무서장에게 신고·납부하여야 한다.

27. 소득금액 = 양도가액(120,000,000) − [취득가액(100,000,000) − 감가상각누계액(60,000,000)
    　　　　　　 + 상각부인액(10,000,000)] = 70,000,000원

28. 특수관계인 외의 자로부터 정상가액(시가의 130%)보다 고가매입한 경우 취득가액은 정상가액으로 한다.

세법2부 – 국세기본법, 소득세법, 조세특례제한법

1	2	3	4	5	6	7	8	9	10	11	12	13	14	15
④	④	①	③	①	③	④	①	④	③	②	③	④	③	③

16	17	18	19	20	21	22	23	24	25		
③	④	④	②	③	①	②	④	④	②		

26	27	28	29	30
10	90	25	60	150,000원

01. 취득세는 지방세이다.

03. 상속세·증여세 이외의 국세를 납세자가 사기나 그 밖의 부정한 행위로 포탈하거나 환급·공제받은 경우 부과제척기간은 10년으로 한다.

04. 인지세의 납세의무 성립시기는 **과세문서를 작성한 때**이다.

05. **기한후신고는 납세의무를 확정하는 효력이 없다.**

06. 연대납세의무자에게 **서류송달을 할 때에는 그 대표자를 명의인**으로 하며, 대표자가 없는 때에는 연대 납세의무자 중 국세를 징수하기에 유리한 자를 명의인으로 한다. 다만, **납세의 고지와 독촉에 대한 서류는 연대납세의무자 모두에게 각각 송달**하여야 한다.

07. 소멸시효의 중단 사유는 납세고지, 독촉(납부최고), 교부청구, 압류이다. 연부연납은 소멸시효의 정지 사유이다.

08. 사업용 부동산을 양도함으로써 납부하여야 할 양도소득세는 당해 사업에 관한 국세가 아니므로 **양도 소득세에 대해서는 사업양수인이 제2차 납세의무를 지지 않는다.**

09. 초과신고시에는 경정청구의 사유이다.

10. 위법한 국세처분에 대한 행정소송은 행정소송법에도 불구하고 국세기본법에 따른 심사청구나 심판청 구(감사원법에 따른 심사청구를 포함한다)와 그에 대한 결정을 거치지아니하면 제기할 수 없다.

11. 납세자가 장부·서류 등을 은닉하거나 제출을 지연 또는 거부하는 등으로 세무조사를 진행하기 어려운 경우에는 세무조사를 중지할 수 있다. 이 경우 그 **중지기간은 세무조사 기간 및 세무조사 연장기간에 산입**하지 않는다.

12. 국내에 거주하는 **개인이 계속하여 183일 이상 국내에 거주할 것**을 요하는 직업을 가진 때에는 국내에 주소가 있는 것으로 본다.

13. 기타소득을 원천징수하는 경우 기타소득금액에 원천징수세율을 적용하여 계산한 소득세를 원천징수한다.

14. Gross-up은 **내국법인의 법인세 과세소득**으로 지급된 **배당소득금액 중 2천만원을 초과하여 기본세율로 종합과세되는 부분**에 대하여만 적용된다.

15. 자산수증이익과 채무면제이익 중 이월결손금보전에 충당한 것은 사업소득 총수입금액에 산입하지 않는다.

16. 장기할부 이자는 필요경비에 산입한다.

17. 사업자의 기본공제대상자에 해당하는 배우자 및 생계를 같이하는 부양가족이 지급한 특례기부금과 일반기부금은 해당 사업자의 기부금에 포함한다.

18. 기본급(2,000,000)×12개월+연장근로수당(5,000,000)=29,000,000원
연장근로수당은 생산직 및 그 관련 직무에 종사하는 근로자가 비과세대상이고, **식대는 월 200,000원이 비과세임.**

19. **저작자 외의 자가 저작권의 사용대가로 받는 소득**은 **실제 소요된 필요경비**만 인정된다.

20. 퇴직 전에 부여받은 주식매수선택권을 퇴직 후에 행사하거나 고용관계 없이 주식매수선택권을 부여받아 이를 행사함으로써 얻는 이익은 기타소득으로 구분한다.

21. 소득세법상 부당행위계산은 출자공동사업자의 배당소득, 사업소득, 기타소득, 양도소득에 한하여 적용한다.

22. 납부할 세액이 1천만원을 초과하면서 2천만원 이하인 때에는 1천만원을 초과하는 금액을 납부기한이 지난 후 2개월 이내에 분납할 수 있다.

23. **미등기양도자산**의 **필요경비개산공제액은 기준시가에 0.3%**를 곱한 금액으로 한다.

24. 학자금 대출의 원리금 상환의 연체로 인하여 추가로 지급하는 금액은 학자금 대출의 원리금 상환에 지출한 교육비에서 제외한다.

저자약력

■ **김영철 세무사**
· 고려대학교 공과대학 산업공학과
· 한국방송통신대학 경영대학원 회계 · 세무전공
· (전)POSCO 광양제철소 생산관리부
· (전)삼성 SDI 천안(사) 경리/관리과장
· (전)강원랜드 회계팀장
· (전)코스닥상장법인CFO(ERP. ISO추진팀장)
· (전)농업진흥청/농어촌공사/소상공인지원센타 세법 · 회계강사

로그인 세무회계2급 기출문제집

6 판 발 행 : 2025년 2월 12일

저 자 : 김 영 철

발 행 인 : 허 병 관

발 행 처 : 도서출판 어울림

주 소 : 서울시 영등포구 양산로 57-5, 1301호 (양평동3가)

전 화 : 02-2232-8607, 8602

팩 스 : 02-2232-8608

등 록 : 제2-4071호

Homepage : http://www.aubook.co.kr

저자와의
협의하에
인지생략

ISBN 978-89-6239-960-8 13320

정 가 : 17,000원